簡裁事件における

事実認定の在り方

―民事裁判，刑事裁判，民事調停における異同を中心として―

東京簡易裁判所判事　髙 倉　　武 著

司 法 協 会

まえがき

　刑事公判事件,民事通常訴訟事件及び民事調停事件,いずれの事件を担当する場合も,それぞれの分野の個別の論点について調べたいと思うときには,詳細な論考ないし文献が刊行されておりますので,多くの場合,それらを参考にすれば対応できると思います。

　簡裁裁判官の場合,大規模,中規模,小規模庁各間の異動,配置換えなどを繰り返し,その度に民事訴訟部門と刑事公判部門,さらに令状部門,調停部門間など異なる手続分野に変ることも多く,ときには久方ぶりに他の異なる分野の事件を担当することになったり,また,民事事件と刑事事件を交互あるいは並行に処理する状況になることもあります。そのような場合でも時間的制約を伴う刑事事件など不慣れになった他分野の事件を,速やかに,かつ,的確に処理しなければなりません。また,法廷においても,当事者の求釈明等に対し,速やかに,かつ,的確に処理しなければなりません。この点は,裁判官ばかりでなく,民事事件の代理人として,また,刑事事件の弁護人として,交互に法廷に立つ機会の多い弁護士の方も同様ではないでしょうか。

　本書は,その際に,記憶を呼び起こす手立てとし,速やかな切換えと的確・スムースな対応・処理ができるよう,それぞれの手続の異同・特異性を明らかにし,常にそれを意識しておくことが的確な審理・判断および過誤防止のためにも重要であるとの認識のもとに整理し,記したものです。本書は,筆者が,異動の度に各裁判所においてこのような場面に遭遇し,苦慮したことを基に,民事事件と刑事事件の異同を基本的観点から覚書としてまとめたものをベースにしております。

　したがいまして,本書は,民事裁判,刑事裁判,民事調停における事実認定の在り方とその異同を中心に述べるものですが,各手続における事実認定が導く主文ないし合意の意味あるいは効果には大きな違いがあることから,それを意識しながら,とりわけ民事裁判,刑事裁判においては,それぞれの裁判の本質的違いからくる事実認定の在り方の異同を確認し,その事実認定に資する証拠方法の1つである人証(供述)を取り上げ,その意味,それぞれの事実認定における人証の位置づけなどを書証等物証と対比しながら考え,さらに適正・的確な審理,判断のための事前準備及び裁判所・当事者間のコミュニケーション(意思の疎通)の場である三者打合わせ,そのコートマネージメントの重要性を考えることにしました。また,民事調停においては,裁判とは異なる位置付けにある事実認定の在り方を確認し,それを拠り所に,さらに適切な解決策を見出すための,調停委員のスキル向上の施策を考えることにしました。

ところで，本書のコンセプトとして，各手続における『事実認定の在り方の基本的異同』をあげましたが，刑事裁判，民事裁判，民事調停における主文ないし合意を導くに至った根拠としての事実認定の意味ないし効果には大きな違いがあることはすでに述べたとおりです。しかも，簡易裁判所と地方裁判所では扱う対象事案も大きく異なります。したがって，それを論ぜずして事実認定の在り方を題材とすることは，あまりにも無謀過ぎるとのご批判もあると思います。
　そのような批判にも耳を傾けたうえで，改めて事実認定を考えますと，私たちは，日常生活においても日々事実を認識し，判断する場面に遭遇することも多いと思います。ことは裁判（調停）という場においての，求められた請求（起訴）について，どのような手続を経て，（要証）事実を認定して主文を導くか，あるいは合意を生みだすか，ということではないでしょうか。そうだとしますと，刑事裁判，民事裁判及び調停において，それぞれに求められる適正・的確な事実認定に至るための基本的な事柄やプロセスを正確に把握することが，第一義的に求められることではないでしょうか。本書は，以上のような考えから，各簡易裁判所において異なる手続の事件を，久方ぶりに担当することになった場合や交互に，あるいは並行して多数処理するような場合において，各手続における事実認定の在り方についての基本的異同を考えることの大切さを説いた次第です。もとより，蟷螂の斧との嘲笑・ご批判もあろうかと思います。その点は謙虚に受け止めたいと思います。
　なお，民事訴訟と刑事訴訟の間には，根本的な違いから，各種手続に大きな違いがあり，刑事訴訟手続については，適正手続の保障，実体的真実発見主義から厳格な手続が求められ，その特質を十分把握しておかないと誤りに陥る危険があります。また，近時，刑事関係法令，手続の改正も多く，戸惑うことも多いことと思われます。そこで，簡裁刑事公判手続について，折々にファイルしていた覚書を基に，改正点を織り交ぜ，別稿（第2部）として掲載しました（同稿の内容は，新任簡裁判事研鑽において使用したレジュメに加筆したものです）。

　近年，簡裁事件に限って感じたことを申し上げますと，通常は民事事件を担当しているが，たまに国選弁護人を受任して簡裁刑事法廷に出廷する方，新しく弁護士になられたばかりの方などが多く簡裁の法廷に見えるように思われます。そうした方の場合，民事事件で立会い，処理していたときの余韻を残したまま刑事法廷に臨まれる場合もありますし，あるいは，調停の申立代理人又は相手方代理人に就いた場合，主張書面の作成や調停の席上において，弁論主義の妥当しない調停の場で，民事訴訟と同様の対応をする方も少なからずいると感じることもあります。
　したがって，本書が，簡裁の民事，刑事訴訟事件を担当する裁判官はもとより，

裁判官のパートナーであり，コートマネージャーでもある裁判所書記官，民事訴訟事件に関わる司法委員，民事調停事件に関わる調停委員などの裁判所関係者の方ばかりでなく，民事，刑事各訴訟及び調停当事者の代理人又は弁護人となる弁護士の方，そして司法書士の方，訴訟や調停を自身で申し立てる方々にも利用され，いささかでもお役にたつことができれば幸いです。

　最後に，本書の意見に係る部分は参考文献に掲げる筆者の意見のほかは個人的意見であることをお断りします。

　本書は，上記のような思いを持ってまとめていたものを，同僚の簡裁判事の方からのお勧めもあり，司法協会のご協力を得て出版することになったものです。
　出版に際しましては，民事裁判官の立場から元地家裁所長，刑事裁判官の立場から元東京高裁刑事部総括判事のお二人の方より，貴重なご意見，ご教示を賜り，推敲を重ねることができました。また代理人・弁護人の立場から弁護士渡瀬耕氏，同佐藤充裕氏のお二人からも，貴重なご意見を頂戴しました。出版に当たり，この場をお借りしまして厚く御礼を申し上げます。
　そして，当初からご助言・ご協力・ご支援を下さった簡裁判事杉原隆治氏，同横川保廣氏，出版に至るまでいろいろとお世話をして下さった方々に感謝申し上げる次第です。

　平成30年6月

　　　　　　　　　　　　　　　　　　　　　　　　　　髙　倉　　　武

出版に寄せて

　本書の筆者である髙倉判事とは，小生が東京簡裁の司法委員を務めた数年間仕事を共にさせて頂いたが，その際は大規模庁だったこともあり，小生には，簡裁判事がこれだけ幅の広い分野をカバーしていることを意識する機会がなかった。今回初めて髙倉判事の経歴を詳細に知るにつけ，簡裁判事の専門領域の広さに瞠目した。

　本書はそのような広い職域を全うしてこられた髙倉氏であるからこその労作であるが，同時に同氏の法律実務家としての知識の正確さ深さと法律家離れした教養，さらにはどこまでも謙虚な人柄が滲み出ていることにも，刮目させられる。

　たとえば，本書が裁判とは何か，刑事裁判，民事裁判，民事調停の特質から説き起こされ，各分野の事実認定手法を体系的に整理していること，時に難解な哲学，論理学の用語が顔を出すこと，にもかかわらず，「顧客満足」という書記官の諫言を座右の銘のようにして現役を続けていること等に，小生は強く印象付けられた。

　小生は現在髙倉判事とは職場を異にし，弁護士業務のほか，司法研修所民事弁護教官，東京労働局紛争調整委員など，法律家として様々な職務に携わっている。そのような立場の者から見て本書は，日頃民事刑事両分野を行き来し，簡潔適切な訴訟指揮と判断を求められている簡裁裁判官にとって，自らの職域を俯瞰しつつ日々の執務で頻出する勘所を押さえるのに格好の指南書たりうることはもちろん，簡裁実務を日頃余り顧みる機会のない法律実務家あるいは事実認定について学び始めたばかりの法曹の卵や雛たちにも広く読んでもらいたい見識を含んだ書である。

　髙倉氏が本書を執筆されたことは，そのようなニーズに好適な類書がこれまでなかったということの裏返しであり，刑事民事を問わず裁判の中核的作用を占める事実認定というプロセスを要領よく学べる数少ない教材が世に出されたということである。本書の後半で展開される事例からのアプローチは，これまで幾多の簡裁裁判官が悩み歩んできた足跡を，髙倉判事が代表して刻印するかのように小生には映る。かかるニッチな小品が，今後多くのファンを射止める予感がするのは小生だけであろうか。髙倉判事の一ファンとして，本書の出版とそこに至る道程に心からの賞賛と慰労の言葉を捧げたい。

　　平成30年6月

　　　　　　　　　　　　　　　　　　　　　　　　弁護士　榎　本　英　紀

目　　　　次

第1部　民事裁判，刑事裁判，民事調停の事実認定の在り方の異同
1　はじめに ………………………………………………………………………… 1
2　コンセプト ……………………………………………………………………… 1
第1章　民事裁判（民事訴訟手続）と刑事裁判（刑事訴訟手続） …………… 3
第1節　総　論 …………………………………………………………………… 3
1　判決の基礎となる事実認定の在り方 …………………………………… 3
2　審理，その事前の準備の在り方 ………………………………………… 3
第2節　民事裁判（民事訴訟手続）と刑事裁判（刑事訴訟手続）の異同 …… 4
1　民事裁判（民事訴訟手続）の場合【基本的視点】 …………………… 5
(1)　民事裁判の目的 ……………………………………………………… 5
(2)　争いのない事実（動かし難い事実）等の確定 …………………… 5
(3)　証拠上あるいは弁論の全趣旨から容易に認められる事実の確定 …… 6
(4)　争いのない事実等を確定するための方法 ………………………… 7
(5)　立証によって明らかにすべき命題としての事実 ………………… 7
2　刑事裁判（刑事訴訟手続）の場合【基本的視点】 …………………… 7
(1)　刑事裁判の目的 ……………………………………………………… 7
(2)　争点と証拠構造の把握 ……………………………………………… 7
(3)　証拠構造 ……………………………………………………………… 7
(4)　争いのない事実（動かない事実）等の確定 ……………………… 8
(5)　争いのない事実等を確定するための方法 ………………………… 9
(6)　立証により明らかにすべき命題としての事実 …………………… 9
(7)　動かない事実の層の意義（供述信用性判断への寄与） ………… 9
3　民事裁判（民事訴訟手続）と刑事裁判（刑事訴訟手続）の異同
【各論】 ……………………………………………………………………… 11
(1)　民事裁判，刑事裁判の根底にあるもの …………………………… 11
(2)　当事者能力及び訴訟能力 …………………………………………… 12
(3)　審判の対象 …………………………………………………………… 14
(4)　事実認定 ……………………………………………………………… 16
　　　　ア　総論 …………………………………………………………………… 17
　　　　イ　裁判官による事実認定のプロセス ………………………………… 17

ウ　事実認定の資料（判断資料） …………………………………………… 19
　　　エ　証拠と証明 ……………………………………………………………… 22
　　　　(ｱ)　証明の対象 …………………………………………………………… 22
　　　　(ｲ)　証明の程度 …………………………………………………………… 23
　　　　(ｳ)　自白の作用 …………………………………………………………… 24
　　　　(ｴ)　その他の証明を要しないもの ……………………………………… 25
　　　　(ｵ)　弁論の全趣旨 ………………………………………………………… 25
　　　オ　民事事実認定における人証の位置づけ（書証等客観証拠
　　　　　の重要性） ……………………………………………………………… 27
　　　　(ｱ)　証拠方法の種類 ……………………………………………………… 27
　　　　(ｲ)　事実認定における書証と人証の関係 ……………………………… 28
　　　　(ｳ)　人証調べの効用と工夫 ……………………………………………… 28
　　　カ　民事事実認定における人証調べの問題点（最近増加傾向
　　　　　にある交通事故事案を中心に検討） ………………………………… 29
　　　キ　刑事事実認定における人証の位置づけ ……………………………… 31
　　　ク　刑事事実認定における人証の問題点（識別供述を中心に） ……… 33
　　　　(ｱ)　犯人の特定 …………………………………………………………… 33
　　　　(ｲ)　犯人識別供述の問題性 ……………………………………………… 34
　　　　(ｳ)　犯人識別供述の一般的問題点 ……………………………………… 34
　　　　(ｴ)　犯人と被告人との同一性（結びつき）が問題となった事例
　　　　　　【ケース１】 …………………………………………………………… 36
　(5)　争点及び証拠の整理手続 …………………………………………………… 36
　　　ア　民事の場合における整理手続等 ……………………………………… 36
　　　イ　刑事の場合における整理手続等 ……………………………………… 38
　　　ウ　公判前整理手続など事前準備等における書記官の役割及
　　　　　びその意義 ……………………………………………………………… 38
　(6)　攻撃防御方法の提出時期 …………………………………………………… 39
　　　ア　民事の場合における提出時期 ………………………………………… 39
　　　イ　刑事の場合における提出時期 ………………………………………… 40
　(7)　判決スタイル ………………………………………………………………… 40
　　　ア　民事判決と刑事判決のスタイルの相違 ……………………………… 40
　　　イ　供述調書省略の問題 …………………………………………………… 41
　(8)　裁判官交代の場合と事件審理の見極め ………………………………… 41
　　　ア　民事訴訟における手続の更新 ………………………………………… 41

　　　　イ　刑事訴訟における公判手続の更新 ……………………………… 42
　　　　ウ　事件審理の見極め ………………………………………………… 43
　　4　民事事件，刑事事件の事実認定の在り方に基づいて事例検討
　　　（各ケースは第3部に掲載） ……………………………………………… 43
　第3節　まとめ ……………………………………………………………………… 44
　　1　「当事者を納得させる裁判」と「当事者が納得できる裁判」 ……………… 44
　　2　民事裁判の立ち位置と判決書 ……………………………………………… 45
　　3　刑事裁判の立ち位置と判決書 ……………………………………………… 46
第2章　民事裁判（民事訴訟手続）と民事調停手続
　第1節　総論 ………………………………………………………………………… 48
　　1　民事裁判と民事調停の事実認定の在り方及びその意義 ………………… 48
　　2　民事訴訟手続と民事調停手続の基本的視点及びその異同 ……………… 48
　　　(1)　民事訴訟手続と民事調停手続の構造上の相違 ………………………… 48
　　　(2)　民事調停手続の法的性格 ………………………………………………… 49
　　3　民事調停手続と労働審判手続及び他の裁判外手続（ADR）との異同 …… 50
　第2節　民事調停手続の効用（メリット） ……………………………………… 51
　　1　調停手続の特徴（訴訟との対比） ………………………………………… 51
　　2　本人による申立て ………………………………………………………… 52
　　3　弁護士の立場からの調停手続選択のメリット …………………………… 52
　　4　調停前置主義による申立て ………………………………………………… 52
　　5　電話会議システム等の活用 ………………………………………………… 53
　　6　付随申立て ………………………………………………………………… 54
　　7　付調停 ……………………………………………………………………… 55
　　8　経済的再生手続としての特定調停 ………………………………………… 55
　　　(1)　特定調停手続 ……………………………………………………………… 55
　　　(2)　廃業支援型特定調停スキーム …………………………………………… 56
　　9　その他改正による当事者への権利付与等 ………………………………… 57
　第3節　民事調停手続の特質 …………………………………………………… 59
　　1　調停手続の機能強化 ………………………………………………………… 59
　　2　調停事件の類型化 ………………………………………………………… 59
　　　　調停事件の類型について（第Ⅰから第Ⅳ） …………………………… 60
　　3　的確な事実認定と合理的な解決案の策定・提示 ………………………… 61
　　　(1)　視点 ………………………………………………………………………… 61
　　　(2)　調停委員の役割 …………………………………………………………… 61

(3)　調停における事実認定（訴訟の事実認定との違い） ················ 62
　　(4)　評議の重要性 ·· 62
　　　ア　事前評議の重要性 ·· 62
　　　イ　事前評議，中間評議，事後評議の方法，タイミング ·············· 63
　　(5)　解決案の策定と当事者の説得調整 ································ 63
　　　ア　訴訟と異なる解決案 ·· 63
　　　イ　法的観点を踏まえた解決と柔軟で落ち着きのよい解決 ············ 63
　　　ウ　解決案の策定 ·· 63
　　　エ　具体的に目指すもの ·· 64
　　(6)　運用の実際 ·· 65
　第4節　民事訴訟と調停との係わり ······································ 65
　　　民事訴訟手続における調停手続の利用（主に専門性の高い事
　　　案について） ·· 65
　第5節　調停のプロセス（the mediation process）における調停技法と
　　　　機能強化論 ·· 67
　　1　紛争の不可避性 ·· 67
　　2　調停者の基本姿勢 ·· 68
　　3　調停者が行う介入 ·· 68
　　4　信頼と協調の関係 ·· 69
　　5　その他 ·· 69
　第6節　調停手続から学ぶこと ·· 69
　第3章　事実認定の思考スキル ·· 71
　　　判断の思考スキルとしての『弁証法的思考』 ························ 71

第2部　刑事公判

はじめに ·· 74
第1章　総論 ·· 75
　第1節　刑事手続を貫く基本原則 ·· 75
　　1　当事者主義と職権主義 ·· 75
　　2　審理に関わる諸原則 ·· 75
　第2節　具体的な原理・原則，制度 ······································ 76
　　1　起訴状一本主義・予断排除の原則 ·································· 76
　　2　訴因制度 ·· 77
　　3　証拠裁判主義 ·· 77

4　自白等の証拠能力・証明力の制限 …………………………………… 77
　　5　伝聞法則 ……………………………………………………………… 77
　第3節　簡裁刑事事件の特色 ………………………………………………… 78
第2章　第1回公判期日前の手続 ……………………………………………… 79
　第1節　起訴状の点検 ………………………………………………………… 79
　第2節　身柄関係 ……………………………………………………………… 79
　第3節　事前準備 ……………………………………………………………… 80
　　1　予断排除の原則の変容 …………………………………………………… 80
　　2　公判前整理手続とこれまでの制度との相違点 ………………………… 80
　　　(1)　これまでの事前準備 ………………………………………………… 80
　　　(2)　公判前整理手続における「争点及び証拠の整理」と「審理
　　　　　計画の策定」 ………………………………………………………… 80
　　3　簡裁刑事事件と公判前整理手続 ………………………………………… 81
　　　(1)　簡裁刑事事件での必要性 …………………………………………… 81
　　　(2)　弁護人からの事前連絡 ……………………………………………… 81
　　　(3)　簡裁刑事における工夫 ……………………………………………… 81
　第4節　犯罪被害者への配慮 ………………………………………………… 82
第3章　公判手続 ………………………………………………………………… 83
　第1節　審理の進め方 ………………………………………………………… 83
　　1　第1回（又は裁判官交代後初回）公判期日 …………………………… 83
　　　(1)　新件の場合（冒頭手続等）について ……………………………… 83
　　　(2)　開廷後裁判官が代わった場合について …………………………… 85
　　2　訴訟指揮 ………………………………………………………………… 86
　　　(1)　訴訟指揮権 …………………………………………………………… 86
　　　(2)　異議申立て …………………………………………………………… 87
　　3　自白の取調請求の時期 ………………………………………………… 88
　　4　証拠調べの方法 ………………………………………………………… 88
　　　(1)　証人の取調方法 ……………………………………………………… 88
　　　(2)　証拠書類の取調方法 ………………………………………………… 88
　　　(3)　証拠物の取調方法 …………………………………………………… 88
　　　(4)　証拠物たる書面の取調方法 ………………………………………… 88
　第2節　否認事件の場合 ……………………………………………………… 88
　　1　冒頭手続について ……………………………………………………… 88
　　2　証拠調べについて ……………………………………………………… 88

目　次

　　　◎「不同意」の場合についての問題点 …………………………………………… 89
　　⑴　「被告人の捜査段階の供述調書」の一部又は全部を不同意
　　　　とする場合の手続 ……………………………………………………………… 89
　　　　ア　不同意部分の撤回 ……………………………………………………… 89
　　　　イ　322条の採否要件 ……………………………………………………… 89
　　　　ウ　同種前科及び余罪についての問題 ………………………………… 90
　　　　　㈎　悪性格の証拠 ………………………………………………………… 90
　　　　　㈏　実際の対処（取扱例） ………………………………………………… 91
　　⑵　実況見分調書をめぐる問題 ………………………………………………… 92
　　3　非供述証拠の重要性と問題点 ………………………………………………… 95
　　4　動かない〈争いのない〉事実の確定 ………………………………………… 96
第4章　判決 ……………………………………………………………………………… 98
　第1節　否認事件と自白事件 ………………………………………………………… 98
　第2節　量刑 …………………………………………………………………………… 98
　　1　量刑の考え方 …………………………………………………………………… 98
　　2　余罪と量刑～不告不理の原則 ………………………………………………… 99
　　3　量刑の理由で記載する際の注意点 ………………………………………… 100
　　4　いわゆる2項破棄 …………………………………………………………… 100
　第3節　更生緊急保護の措置について ………………………………………… 100
第5章　犯罪被害者等の権利利益の保護を図るための刑事訴訟法等
　　　　の一部改正関係 …………………………………………………………… 101
　第1節　犯罪被害者等が刑事裁判に参加する制度 …………………………… 101
　第2節　刑事手続において犯罪被害者等の氏名等の情報を保護するための
　　　　制度 ………………………………………………………………………… 101
　　1　被害者特定事項の秘匿 ……………………………………………………… 101
　　2　証人等特定事項の秘匿 ……………………………………………………… 101
　　3　1と2の差異 ………………………………………………………………… 101
　　4　秘匿に係る問題 ……………………………………………………………… 101
　　5　ビデオリンク方式，遮蔽等による証人尋問 …………………………… 102
　　6　刑法の一部を改正する法律（平成29年法律第72号） ………………… 102
第6章　刑の一部執行猶予制度 ……………………………………………………… 103
　第1節　一部執行猶予制度の趣旨 ………………………………………………… 103
　第2節　一部執行猶予の要件（刑法27条の2，薬物法2条，3条） ………… 103
　　1　形式的要件 …………………………………………………………………… 103
　　2　実質的要件 …………………………………………………………………… 104

	(1)	条文上の差異	104
	(2)	3ステップの検討	104
	(3)	3ステップに関する情状審理の方法	105
第3節	主文及び法令の適用の記載例		106
1	基本型主文		106
2	法令の適用		106
3	その他		106
第4節	一部執行猶予制度の効用		107
1	制度効用の姿		107
2	簡裁刑事対象事件における問題点		107

第7章 刑事責任能力 109

第1節 責任能力（刑法39条）について 109
第2節 精神鑑定の位置付け 111
第3節 精神鑑定の留意点 112
第4節 その他 113
 1 クレプトマニア 113
 2 司法精神科医学における可知論と不可知論 114

第8章 即決裁判手続 116

第1節 総論 116
第2節 手続 116
 1 検察官による申立て 116
 2 要件 116
 3 有罪である旨の陳述 116
 4 証拠調べ等手続の簡略化，伝聞証拠排斥の適用除外 116
 5 即日判決の要請 116
 6 必要的刑の執行猶予 116

第3部　資料編

刑事事件ケース1～6 117
民事事件ケース7～12 160
個別労働関係民事紛争に関する各種手続比較表 183
事業者の廃業・清算を支援する手法としての特定調停スキーム利用の手引き 185

事項索引 201

略語例
  民事訴訟関係

民事判決起案の手引	10訂民事判決起案の手引	(司法研修所，平成19年版)
民事事実認定（司研）	民事訴訟における事実認定	(司法研修所)
民訴法（三ヶ月）	民事訴訟法［第3版］	(三ヶ月章，弘文堂)
民訴法（伊藤）	民事訴訟法［第5版］	(伊藤眞，有斐閣)
講義民訴（藤田）	講義民事訴訟［第3版］	(藤田広美，東京大学出版会)
民訴法講義案	民事訴訟法講義案（三訂版）	(裁判所職員総合研修所)
民実Ⅰ	民事実務講義案Ⅰ（五訂版）	同上
裁判の客観性（中村）	裁判の客観性をめぐって	(中村治朗，有斐閣)
民事事実認定（田尾他）	民事事実認定	(田尾桃二，加藤新太郎，判例タイムズ社)
座談会	座談会事実認定と供述心理	(判例タイムズNo.897号，判例タイムズ社)
新民訴法体系（加藤）	新民事訴訟法体系第3巻［不熱心訴訟追行］300頁	(加藤新太郎，青林書院)
判決とはどういうものか（倉田）	判決とはどういうものか－民事判決文の構造と機能と作成－	(倉田卓次，日本語学)
ハンドブック－ダイアグラム（河村他）	「要件事実・事実認定ハンドブック－ダイアグラムで紐解く法的思考のヒント」	(河村浩，中島克巳，日本評論社)
建築訴訟の審理	建築訴訟の審理	(東京地方裁判所建築訴訟対策委員会編著判例タイムズ社)
労働事件審理ノート	労働事件審理ノート［改訂版］	(判例タイムズ社)

交通損害賠償訴訟判決研究（司法研究）	簡易裁判所における交通損害賠償訴訟事件の審理・判決に関する研究	（司法研修所）
裁判の迅速化に係る報告書（最高裁）	裁判の迅速化に係る検証に関する報告書（概要）［平成27年7月版］	（最高裁事務総局）

刑事訴訟関係

刑事判決起案の手引	刑事判決書起案の手引	（司法研修所，平成19年版）
刑訴法講義（前田，池田）	刑事訴訟法講義［第5訂版］	（前田雅英，池田修，東京大学出版会）
注釈刑訴法	注釈刑事訴訟法［新版］	（植村立郎，立花書房）
条解刑訴法	条解刑事訴訟法［第4版増補版］	（松本時夫他，弘文堂）
刑事証拠法	刑事実務証拠法［第5版］	（石井一正，判例タイムズ社）
刑事事実認定入門（石井）	刑事事実認定入門［第2版］	（同上）
プロシーディング刑裁	プロシーディング刑事裁判	（司法研修所）
小林，佐藤先生古希祝賀論集	小林充先生・佐藤文哉先生古希祝賀刑事裁判論集上下巻	（判例タイムズ社）
合意書面を活用した『動かし難い事実』の形成」	小林充先生・佐藤文哉先生古希祝賀刑事裁判論集下巻，杉田宗久,661頁	（判例タイムズ社）
思索と実践（虎井）	令状審査・事実認定・量刑 刑事裁判官の思索と実践	（虎井寧夫，日本評論社）
刑事事実認定（上，下，小林，香城）	刑事事実認定（上）（下）	（小林充，香城敏磨編，判例タイムズ社）
大コンメ刑法	大コンメ刑法［第二版］3巻	（島田仁郎＝島田聡一郎，青林書院）

条解刑法	条解刑法［第3版］	（前田雅英他（弘文堂））
調書講義案	公判手続と調書講義案（三訂版）	（裁判所職員総合研修所）
令状事務	令状事務（三訂版）	（同上）
犯人識別供述（司研）	犯人識別供述の信用性	（司法研修所）
量刑判断の実際（原田）	量刑判断の実際［第3版］	（原田國男，立花書房）
警察学論集（入江）	警察学論集No.69巻12号	（入江猛，立花書房）
精神鑑定（福島）	精神鑑定犯罪心理と責任能力	（福島章，有斐閣選書）
刑法等の一部改正解説	刑法等の一部を改正する法律及び薬物使用等の罪を犯した者に対する刑の一部執行猶予に関する法律について（法曹時報68巻1号25頁）	（法曹会）
刑の一部執行猶予（論究ジュリスト）	刑の一部執行猶予制度の施行とその課題（論究ジュリスト2016年春号）	（有斐閣）
窃盗癖－嗜癖治療モデルによる対応（竹村）	「窃盗癖－嗜癖治療モデルによる対応」（第107回日本精神神経学会学術総会2011年特集号）	（竹村道夫，精神神経学雑誌2012vol114（電子版））
条件反射制御法（平井）	覚醒剤の静脈注射を反復した者に対する条件反射制御法	（条件反射制御法研究33-41頁 vol2013 March）
矯正の現場から（瀧井）	「矯正の現場から～万引を繰り返す摂食障害患者の病態とその取扱に関して」	（瀧井正人（研修809号の47頁）誌友会事務局研修編集部）
薬物犯罪対策（前田）	刑事政策時評「薬物犯罪対策　心理学・教育学的視点から医学的視点へ」	（前田雅英，罪と罰，日本刑事政策研究会（平成27年3月第52巻2号））

民事調停関係

略語	正式名称	出典
座談会民事調停の機能強化	座談会簡裁民事調停の機能強化について	（判例タイムズNo.1383号，判例タイムズ社）
民事調停の紛争解決機能強化方策	民事調停の紛争解決機能を強化するための方策について	（判例タイムズNo.1369号，判例タイムズ社）
民事調停の運営方法に関する研究（司法研究）	簡易裁判所における民事調停事件の運営方法に関する研究	（司法研修所）
民事調停の実務（日本加除）	簡易裁判所民事調停の実務	（林隆峰編著，日本加除出版株式会社）
民事調停の実務（青林）	民事調停の実務	（羽成守他，青林書院）
民事調停手続の実践的利用法	新非訟法制定に伴う民事調停手続の実践的利用法	（今田健太郎，自由と正義（2013年8月）日本弁護士連合会）
注解民事調停法	注解民事調停法［改訂］	（石川明他，青林書院）
注解非訟法	注解非訟事件手続法［改訂］	（伊東乾他，青林書院）
逐条解説非訟法	逐条解説非訟事件手続法	（金子修他，商事法務）
調停時法193号	調停時報193号	
東調連会報（69号）	東調連会報平成28年度第69号	
調停のプロセス	調停のプロセス（the mediation process）	（クリストファー・W・ムーア著〈レビン小林久子訳〉，日本加除出版）
廃業支援型特定調停の運用（髙井他）	廃業支援型特定調停の運用開始ついて	（髙井章光他（消費者法ニュース，No.112，2017.7））
経営者保証ガイドラインの実務（銀行法務）	特定調停を利用したスキームと経営者保証ガイドラインの実務	（銀行法務21，No.805〈2016年9月増刊号〉）

凡　　　例

【法　令】
刑訴法	刑事訴訟法
刑訴規則	刑事訴訟規則
民訴法	民事訴訟法
民訴規則	民事訴訟規則
民調法	民事調停法
民調規則	民事調停規則
民訴費用法	民事訴訟費用等に関する法律
特定調停法	特定債務等の調整の促進のための特定調停に関する法律
特定調停規則	特定調停手続規則
非訟法	非訟事件手続法
非訟規則	非訟事件手続規則
家事法	家事事件手続法
労基法	労働基準法
裁判員法	裁判員の参加する刑事裁判に関する法律
薬物法	薬物使用等の罪を犯した者に対する刑の一部の執行猶予に関する法律

【判例集等】
刑集	最高裁判所刑事判例集
民集	最高裁判所民事判例集
大コンメ刑訴法	大コンメンタール刑事訴訟法
大コンメ刑法	大コンメンタール刑法

第1部　民事裁判，刑事裁判，民事調停の事実認定の在り方の異同

1　はじめに

　簡裁においては，民事（通常）訴訟事件，刑事公判事件（以下「刑事訴訟事件」といいます。），民事調停事件など手続の異なる各事件を同時期に交互に，あるいは並行して処理するような状況になることが少なからずあります。そのような場合でも時間的制約を伴う刑事事件など手続の異なる他事件を，速やかに，かつ，的確に処理しなければなりません。この点は，裁判官ばかりでなく，他の裁判実務に携わる方々も同様ではないでしょうか。そのような場合，各事件について迅速かつ的確に対応したり，また処理するためには，基本的観点から各事件の手続の特質，異同を認識しておくことが極めて有用であると考えられます。本書は，そのような観点に立ち，筆者の経験に基づいて，実務上，とりわけ必要と思われる事項を取り上げ，簡裁事件を担当した裁判官の視点から，それぞれの事実認定の在り方やそれぞれの事実認定手続を対比し，基本的観点からその異同を明らかにしようとしたものです。

2　コンセプト

　本書の主なコンセプトは，民事裁判，刑事裁判，民事調停における事実認定の在り方の基本的な異同を確認することにあります。

　もとより，民事裁判，刑事裁判，民事調停，それぞれの手続における事実認定が導く主文ないし合意の意味あるいは効果には大きな違いがあります。そこで，それぞれの特質を明らかにすることにより相違点を浮き彫りにすることを心がけました。したがって，民事裁判，刑事裁判においては，それぞれの裁判の本質的な違いからくる事実認定の在り方の基本的異同を確認するとともに，その事実認定に資する証拠方法の1つである人証（供述）を取り上げ，その意味，それぞれの事実認定における人証の位置づけなどを書証等と対比しながら考え，さらに適切な審理・的確な判断を確保するために事前の準備及び意思疎通の場である裁判所

と当事者（代理人又は検察官及び弁護人）間の打合わせの在り方について考えるものです。また，民事調停においては，裁判における事実認定との相違点を明らかにし，かつ，事実認定を拠り所にして当事者による自主的合意形成に資するための調停運営の在り方についても併せて考えるものです。民事訴訟手続，刑事訴訟手続，民事調停手続を掘り下げ，くまなく解説するものではありません。それぞれの手続の詳細な解説は多くの専門家及び裁判官の方々の著作，論考が数多くありますのでそれをお読みいただきたいと思います。

　なお，まえがきにも書いたとおり，本書の意見にかかる部分は，参考文献に掲げる筆者の意見のほかは個人的意見であることをお断りします。

　それでは，民事裁判と刑事裁判，民事裁判と民事調停の順に，それぞれを対比させながらその異同を以下検討することにします。

第1章　民事裁判（民事訴訟手続）と刑事裁判（刑事訴訟手続）

第1節　総　論

1　判決の基礎となる事実認定の在り方

(1) 民事裁判，刑事裁判において，その根底にあるものは大きく異なります。したがって，事実認定が導く主文の意味あるいは効果には大きな違いがあります（第2節3(1)11頁）。しかし，いずれの場合においても，判決の基礎となる事実を，適正・的確に判断することが求められ，簡易裁判所においては，とりわけ迅速性も求められます。それはとりもなおさず，法廷（各期日）における充実した審理・的確な心証形成であり，そのためには，法廷に臨む前の事前の準備が重要であると考えられます。

〔事実認定が導く主文の意味・効果の差違〕

(2) 民事裁判の場合は，仮に法廷での訴訟指揮を間違えても進捗に影響することだけで済む場合が多いですが，刑事裁判の場合には，即断即決が求められることが多く，その際，不適切な訴訟指揮をすると，その後の審理及び判断に大きな影響を与えたり，手続違背になることもあります（適正手続保障からの要請）。したがって，訴訟指揮について，民事裁判と刑事裁判の場合とでどのように違ってくるのか，それぞれの主張・申出に対し，どう対応すればよいのかなど，法廷において迅速・的確に対応し，審理をスムースに進行させるために，事前の情報により，可能な限り審理の見通し・進行計画を立てることが大切だと思います。

〔的確な訴訟指揮〕

2　審理，その事前の準備の在り方

(1) 民事裁判の場合には，第1回口頭弁論期日から争点を中心とした効率的で充実した審理を行うために，訴状から訴訟物や要件事実を検討し，答弁書，既出の証拠等に基づいて，早めの段階からできる限り主張整理を行い，主張が不明な点は期日前に釈明を行うなどして，予想される争点を把握しておくことが必要です。

(2) 刑事裁判の場合は，起訴状一本主義や予断排除の原則から，裁判官は当該事件の事前情報を得ることはできませんが，否認事件か否かは把握できますので，起訴状の公訴事実及び罪名・罰条等から，主張や争点を想定し，可能な限り事前の準備をしてから公

判期日に臨むとよいと思います。他方，第1回公判期日から争点を中心とした効率的で充実した審理を行うためには，当事者の事前準備が重要です。計画的な集中審理を行うためには，事前に争点が整理され，双方の立証計画が確定していることが必要だからです。したがって，公判前整理手続が行われるか否かを問わず，訴訟関係人は第1回公判期日前に，できる限り証拠の収集・整理をし，審理が迅速に行われるよう準備しなければなりません（刑訴規則178条の2）。書記官は，コートマネージャーとして，訴訟関係人が第1回公判期日前に準備した証拠の収集・整理状況，検察官及び弁護人の打合せ状況，取調べ請求予定証拠の閲覧状況，請求予定証拠に対する弁護人の意見等（刑訴規則178条の6），当該事件の審理，訴訟運営に係る情報収集に努め，公判期日前の準備を怠らないように心がけることが重要であると思われます。

|コートマネージャーの役割|

　それでも，想定外の展開になることもあります。そのような場合に備えた対応は常に心がけておく必要があります（※1）。

　以上が各訴訟事件において，第1回公判期日前（刑事）又は第1回口頭弁論期日前（民事）及びそれぞれの第2回以降の各期日前に行うべき基本的な事前（期日間）の準備ということができます。

※1　筆者が，今まで経験した想定外であったいくつかの例は，被告人と弁護人との間で，信頼関係が十分築けないでいたと思われる事件や精神的に不安定な被告人のケースでした。
　　双方（検察官，弁護人）の了解を得て，一旦休廷し，三者打合せを試みた結果，スムースに進行することができました。

第2節　民事裁判（民事訴訟手続）と刑事裁判（刑事訴訟手続）の異同

　民事裁判あるいは刑事裁判のそれぞれの事実認定過程において，行わなければならないことは，立証すべき命題を明かにするために，争いのない事実あるいは動かない事実又は動かし難い事実などの前提事実を確定することです（いずれの事実も前提事実という点では同一であり，内容もほぼ同一と考えられます。以下同様です。）。

　以下，民事裁判（民事訴訟手続）と刑事裁判（刑事訴訟手続）の

事実認定の在り方を基本的視点に立って確認した上，各論として，それぞれの在り方を対比させながらその異同について考えてみることにします。

1 民事裁判（民事訴訟手続）の場合【基本的視点】
(1) 民事裁判の目的

　民事裁判の目的は，事実を認定し，紛争の実態に即して，適正迅速に紛争解決を図ることです。平成10年に施行された民事訴訟法によりこの点は明確になりました。つまり，的確に争点整理を行って争点を絞り，それを裁判官と当事者との共通認識とした上で，その絞り込まれた争点について集中的に証拠調べを行い，その過程を通じて適切な事実認定を行い，新鮮な記憶のうちに早期に争点を中心とした分かりやすい判決を行うというものです。また，争点整理の過程や証拠調べを経た段階でも随時和解を試みるというものです。

> 適正迅速な紛争解決
>
> 当事者との争点共有

(2) 争いのない事実（動かし難い事実）等の確定

　的確に争点整理を行って争点を絞り，集中した審理を行うためには，まず，争いのない事実（動かしがたい事実）等を確定することが必要です（※2）。この事実は，「当事者間にも争いのない事実」及び「客観的証拠によって認定できる事実」，「証拠上明らかに認められる事実」など（いわゆる法的三段論法における小前提をなす具体的事実（※3））を指します。

　民事における争いのない主要事実は，刑事の場合における争いのない事実等の場合とは異なり，立証は不要です。

　その理由は，以下のように考えられます。

　刑事の場合には争いのない事実等は客観証拠などによりだれでも同じ判断，見立てになるもの，明らかに認められる事実つまり実体真実に合致するものですが，事実認定は証拠によること（刑訴法317条）から立証が必要です。これに対し，民事における争いのない事実は，弁論主義・処分権主義から，例え真実に反する場合であっても当事者が争わないかぎり，そのまま裁判の基礎，前提事実として進めてよいことになります。証拠調べの結果，これと異なる事実の認定はできません。つまり自白に拘束力があり，その意味では，当事者に対し，事実審理の範囲を限定する権

能を認めるにとどまらず，その審理内容をもコントロールする権能も認めることになります（民訴法179条）。
※2　動かしがたい事実等関連事実の認定
　　　動かしがたい事実及び重要な間接事実を把握し，当事者の主張の矛盾から可能な限りの事実認定をする。
(1)　動かしがたい事実については，一致した見解はないが，差し当たり①当事者間に争いのない事実，②客観的証拠（成立の認められる証明力（信用性）の高い書証等［登記，戸籍，手形は宝の山といわれている「ハンドブック－ダイアグラム（河村他）」］）によって認められる事実，③当事者双方の一致する供述に係る事実，④一方当事者にとって不利益な内容を自認する主張・供述に係る事実などといえよう。
(2)　間接事実とは，要件事実（直接の立証命題）の存在又は不存在を推認させる前提事実（プラス間接事実とマイナス間接事実）である。
(3)　経験則（経験から帰納される概念・知識・法則〈論理的・科学的法則を含む。〉）は，①証拠の証明力（信用性）の判定，②間接事実による事実上の推定，③法律行為（契約）の解釈，④法の解釈・法規への当てはめなど事実認定の際の各局面で利用される（前掲書）。
※3　法的三段論法における小前提をなす具体的事実
　　　機械的裁判観とよばれる伝統的な裁判観においては，裁判は，厳密な論理的推論の方式である三段論法の適用の過程として説明される。すなわち，一般的法規範命題が大前提をなし，個別的事実が小前提をなし，後者の前者への包摂によって，論理必然的に結論が導かれる，とされる。つまり，その構成概念が明晰な内包と明確な外延を持ち，上記の個別的事実がこの概念に包摂されることにつき疑いを生ぜしめないようなものであるときは，その法規の当該事実への適用は，あたかも三段論法の推論に類似し，その結論は，その法規の下では，絶対的ともいうべき説得価値を主張することができる。現に多くの訴訟事件においては，適用されるべき法規範の存在やその内容については問題がなく，争いはもっぱら，小前提たる個別的事実の存否に関し，したがってかかる事実さえ確定される限り，結論に至る推論過程そのものの客観的な正しさについては，ほとんど問題を生じないといってよい（「裁判の客観性（中村）」3 裁判における推論89頁）。

(3)　証拠上あるいは弁論の全趣旨から容易に認められる事実の確定
　　証拠上あるいは弁論の全趣旨から容易に認められる事実（客観証拠から容易に，あるいは明らかに認められる事実，当事者が争点化してない事実であり，前提事実としてよい事実）の確定が必要です。
　　例）双方の主張書面あるいは甲号証，乙号証，双方の陳述書等の

証拠調べの結果から一致している事実，争いのない事実等などを探す（前記※2(1)②③④）。

(4) 争いのない事実等を確定するための方法
　　上記争いのない事実等を確定して立証命題を明らかにする方法としては，口頭弁論期日や期日間で行う求釈明（民訴法149条1項，規則63条），弁論準備手続等や進行協議期日（民訴法164条以下，規則95条）での当事者との打合せなどの手続を利用することができます（3民事裁判（民事訴訟手続）と刑事裁判（刑事訴訟手続）の異同【各論】(5)ア36頁）。

〔欄外〕弁論準備手続や進行協議期日で当事者との打合せ

(5) 立証によって明らかにすべき命題としての事実
　　上記(2), (3)以外の事実が，まさに争点に関わる部分であり，立証によって明らかにすべき命題としての事実です。
　　原告，被告の主張を整理すれば，争いのない事実が自ずとはっきりし，さらに，各証拠を照合すれば，その中からも争いのない事実が浮かび上がってきます。それ以外の不一致または争われている部分が当該訴訟で立証を要する争点に関わる部分，すなわち立証命題です。この立証命題である事実の認定に審理を集中させることになります。

〔欄外〕立証命題

2 刑事裁判（刑事訴訟手続）の場合【基本的視点】

(1) 刑事裁判の目的
　　刑事裁判の目的は，「過去のある時点において起こった事実（出来事）について証拠によってその過去の事実を認定（推測）する」ことです。

〔欄外〕過去の事実について証拠による認定

(2) 争点と証拠構造の把握
　　刑事裁判の場合，争点と証拠構造を把握することが重要です。争点は，罪状認否で明らかになり，論告と弁論を見比べ，最終的には記録全体から明らかになります。証拠構造としては，直接証拠からの認定ができるのか，間接証拠からの認定が必要なのかということです。

〔欄外〕争点と証拠構造の把握

(3) 証拠構造
　ア　当該事件での直接証拠は何か，間接証拠は何かを考えます。
　イ　自白事件であっても否認事件であっても，自白以外の証拠から要証事実が認められるか否かを見る癖をつけます（刑訴法

〔欄外〕直接証拠，間接証拠の把握

— 7 —

319条2項)。つまり，訴訟の主題である検察官の主張する命題が客観証拠によって立証されているかどうか，甲号証から認定するようにします。

ウ　直接証拠による認定の場合と間接証拠による認定は次のようになります。

(ア)　直接証拠からの認定の場合

要証事実を直接証拠から認定する場合は当該証拠の信用性のみ判断をすればよいことになります。

(イ)　間接証拠からの認定

この場合は間接証拠から間接事実を認定し，更に経験則をとおして要証事実を認定（総合判断）することになります。

当該間接事実は要証事実についてどのくらいの強さで推認できるか（推認力），それぞれの間接事実を合わせるとどうか，など総合的に見る必要があります。

エ　否認の場合や自白調書に問題がある場合には，被害者の供述や目撃者供述など第三者の供述と被告人の供述とどちらの供述が信用できるか，ということになります。結局，争点を解決するためには，被告人の弁解及び弁護人の主張と検察官の主張とのどちらが信用できるか，の判断にかかることになります。

(4)　争いのない事実（動かない事実）等の確定

検察官の主張する命題である事実を認定していくにあたり，争いのない事実等（動かない事実等）を確定することが必要です（※4）。この事実は，「客観的証拠によって認定できる事実」，「証拠上明らかに認められる事実」であって，当事者間にも争いのない事実であり，認定の理由をいちいち示さないで摘示できます。仮に供述からこの争いのない事実等を挙げる場合には，信用性で問題になっていない部分，争点に関わらない部分になります。

心証形成の上で，客観事実や証拠上明らかな事実，これらから推定，推認できる事実（経緯，前提事実つまり動かない事実）は何かを考えます。そして可能な限り争点の近似値まで固めるようにします。

※4　動かない事実（動かし難い事実）あるいは前提事実について

初めに，争いの前提とならない，比較的客観的な証拠や多数の証拠

［欄外：争いのない事実と認定の理由］

— 8 —

が指し示す，いわば動かし難い事実（「動かない事実」あるいは「前提事実」ともいう。）を挙げてみることが有益である。これによってその事件のいわば概要や事件の全体像が浮かび上がってくることが多く，まだ予測の域を出ないものの，事件全体の大局的判断が可能になる。そのためには，証拠上認められる事実を時系列に並べたりして，事件の発端，人間関係，被害者，その周辺事情，犯行状況，犯行後の状況などを動かしがたい事実として把握することが有益である。

　これに加えて，捜査の経緯を時系列的に並べて検討してみることの重要性も指摘されている。つまり捜査の発端から，被告人が犯人として特定されていく経緯，被告人の供述経緯（取調べ状況，供述状況），弁護の状況などから被告人が犯人として特定されていく経緯が自然な流れなのか，不自然な流れなのかなどの大局的判断が可能であるし，自白をはじめとする供述証拠の信用性の判断にも極めて有益である。いきなり個々の証拠の信用性判断に入ってしまうと「木を見て森を見ない」証拠判断になりかねず，このような証拠判断は避けるべきである（「刑事事実認定入門（石井）」第5章事実認定の基本原則第2節事件全体の大局的判断56頁）。

(5)　争いのない事実等を確定するための方法

　争いのない事実等を確定して立証命題を明らかにする方法としては，公判手続の中での求釈明の他，公判前（期日間）整理手続又は事前準備あるいは第1回公判期日後の準備（以下「期日間の準備」という。）における三者打合せなどの手続を利用して行うことができます。特に，期日前での三者打合せの場は三者間でよくコミュニケーションが取れる場でもありますので積極的に利用すべきだと思います（3民事裁判（民事訴訟手続）と刑事裁判（刑事訴訟手続）の異同【各論】(5)イ38頁）。

〔公判前整理手続等における打合せ〕

(6)　立証により明らかにすべき命題としての事実

　上記(4)以外の争点に係る事実が，まさに立証により明らかにすべき命題としての事実です。中心的争点を速やかに明らかにすることにより短期集中審理ができ，迅速な裁判に資することになり，無用に未決勾留日数を増加させることの防止にもなります。裁判員制度の方向性とも軌を一にすることになると思われます。

〔立証命題の確定と短期集中審理〕

(7)　動かない事実の層の意義（供述信用性判断への寄与）

　それでは動かない事実を確定することはどのような意義を有するのでしょうか。

　動かない事実には，それぞれの事案により層が厚いものと層が

薄いものがあるといわれています（「思索と実践」（虎井））。

この層の厚さの違いは，主に，供述証拠の信用性判断への寄与貢献度としてあらわれます。

ア　その層が厚いものは，供述の信用性判断に寄与するところが大きくなります。

その層が薄いものは，供述の信用性判断への貢献は少なく，供述の信用性判断は供述そのものからの判断が必要とならざるを得ません。

イ　一般的に，供述の信用性判断の要素には２種類あると考えられます。

(ア)　人格的要素

供述者側面（人間関係，供述態度等）です。

(イ)　供述の個別具体的要素

供述そのものです。例えば，知覚・記憶条件，変遷，迫真性，自然さ，合理性，一貫性等などです。

これを信用性判断の６項目として①利害関係，②知覚・記憶の条件，③他の証拠との符合，④供述内容（具体的か，自然か，否か。），⑤供述経過（変遷の有無，程度，変遷内容等），⑥供述態度をあげる論者もおります。

いずれにしても，事案に応じてどこが（どの要素，どの項目が）問題となるのかを考える必要があります。そこに重点をおいて検討すればよく，些細な点までは判決に記載する必要はないと思いますが，ある程度具体的に記載する必要はあると思われます。

ウ　この記載例としては，以下のようなものがあります。

(ア)　証人テストでの問題性を指摘して記載したものとして「証人には自らが罪に問われるのを免れるために検察官に迎合し，虚偽供述をする動機があった」（大阪高裁平28.3.15判例時報2306号137頁）などがあります。

(イ)　「…という点は，極めて不自然，不合理な弁解である」

「証人Ａと同Ｂは，互いに面識のない第三者であり，供述態度も真摯である（人格的要素）。目撃状況（周囲の街灯の存在，目撃者の視力等）は，…であり，…ことさら不自然な点はなく，供述内容も一貫している。被告人を陥れるために虚偽の

動かない事実の信用性判断への寄与

内容を語る動機，理由も見いだせない。A，Bの供述は動かし難い事実ともよく符合しており，互いに支えあっている」（供述の個別具体的要素）等々の記載の仕方もあります。

　以上のとおり，意識的かつ，具体的に書いた方が，説得力があると思われます。どこがどのように変遷しているのか，またどのような点が自然なのか，あるいは不自然なのか，合理的なのか，一貫性があるかなどを記載するのがよいと思います。人格的要素だけを取り上げるとか，あるいは自然であるとか，迫真性があるとか，合理的とか，一貫性があるとかの決まり文句を挙げるだけでは弱い感じがします。

　それでは民事裁判と刑事裁判の事実認定の在り方について，対比しながら，以下それぞれの事実認定の意味，在り方の異同をみていきたいと思います。

3　民事裁判（民事訴訟手続）と刑事裁判（刑事訴訟手続）の異同【各論】

(1)　民事裁判，刑事裁判の根底にあるもの

　民事訴訟手続も刑事訴訟手続も当事者主義を採っていることに変わりはありません。しかし，民事訴訟と刑事訴訟との間には本質的な違いがあります。第1には，両者の根本的な差異が訴訟の客体に存在します。民事訴訟の客体は所有権や債権のように本来当事者が自由に処分できる性質のものであるから，当事者間に争いさえなければ，客観的事実と食い違っても真実と扱ってよいことになります（弁論主義，処分権主義）。

　しかし，刑事訴訟の客体は，人に対し刑罰権を発動するか否かという公的なもの，国家権力に係るものであり，客観的な真実の確保が強く要請されます。第2には，民事訴訟の当事者（原告と被告）は，同じ私人として形式的にも実質的にも平等の立場にありますが，刑事訴訟の当事者である原告（検察官）と被告（被告人）は全く異なります。検察官は，被告人と比べ，証拠を収集する力においても，訴訟を追行する力においても比較にならないほど優位にあります。

　少なくともその限りで，民事訴訟法よりも刑事訴訟法の方が職

> 民事訴訟と刑事訴訟の根本的な差違

権主義的な色彩を帯びるのは必然といえます。著しく実体的真実が失われる危険がある場合の職権介入や弱い立場の被告人に対して，裁判所が後見的役割を果たすのは合理性があります。例えば職権証拠調べ（刑訴法298条2項），裁判所が当事者に主張の変更を命じる訴因変更命令（同312条2項）などその例です（「刑訴法講義（前田，池田）」Ⅱ刑事訴訟の基本原理2職権主義との調和，民事訴訟との差違25頁，「プロシーディングス刑裁」2頁）。

以上のとおり，民事訴訟と刑事訴訟の間には，根本的な違いがあり，訴訟を追行するにあたり，証拠調べなど手続上，かなり大きな差異があります。したがって，適正手続の保障，実体的真実主義から厳格な手続が求められる刑事訴訟手続については，その特質を十分把握しておかないと誤りに陥る危険があります。そこで，刑事公判について筆者が折々に記した覚書を基にして，第2部に，刑事公判と題して掲載することとしました。

(2) 当事者能力及び訴訟能力

(1)で述べたとおり，民事訴訟と刑事訴訟の根本的な差異は訴訟の客体からもたらされます。そこで，今度は，各訴訟の主体である当事者に着目してみますと，民事訴訟と刑事訴訟における差異は以下のように考えられます。

ア　民事訴訟においては，訴訟上の請求の主体（又は相手方）となり，また，判決の名宛人となりうる資格を当事者能力といいます。当事者能力の有無は，民法の権利能力を基準として決定されるのが原則です（民訴法28条）。それは訴訟当事者となることは，処分権主義との関係では，訴えの提起，請求の放棄・認諾，訴訟上の和解などの手段によって訴訟物たる法律関係について処分を行うことを意味することになるからです。

そして，請求について審判を求めるためには，様々な訴訟行為を行わなければならず，訴訟行為の結果によって当事者は，重大な利益・不利益を受けるので，法は，訴訟能力を一定のものに限って認めています（民訴法28条，民法102条）。訴訟能力の有無は，民事訴訟法上，特別の定めがある場合を除いて，民法の行為能力を基準として決定されます。したがって，民法上の行為能力者は訴訟能力をもつことになります。民法上行為能力を制限される者のうち，未成年者及び成年被後見人は，原則

［傍注］
当事者能力の有無と権利能力

訴訟能力の有無と行為能力

として訴訟無能力者であって、法定代理人によってのみ訴訟行為をすることが許されるとしています（民訴法31条本文）。

イ 刑事訴訟においては、旧刑訴法下、被告人は、被告人尋問制度などにより、実質的には取調べの客体にすぎませんでしたが、現行法下では、被告人尋問制度を廃止し、被告人に黙秘権を付与し、また弁護人依頼権を与えるなどして、訴訟の主体であることを明らかにしました。

　刑事訴訟は刑罰を科するかどうかを決める手続ですから、受刑の可能性が全くない者は、当事者（被告人）になりうる能力がないと考えられています。自然人の場合は、年齢、国籍を問わず、当事者能力があります。責任無能力者、例えば14歳未満の少年でも、一般的には、当事者能力があると解されます（当事者能力と責任能力とは別個のものです。）。さらに、被告人には、訴訟行為をするに当たり、その行為の意義を理解し、自己の権利を守る訴訟能力（意思能力）が必要です（最決昭和29.7.30刑集8巻7号1231頁）。したがって、被告人が心神喪失の状態に至れば、訴訟能力がなく防御をすることができないので、原則として、公判手続を停止しなければなりません（刑訴法314条1項）。　| 当事者能力と受刑可能性

訴訟能力と訴訟行為の理解可能性

ウ 民事法廷、刑事法廷には、ときとして訴訟能力等に疑問を抱かせられる当事者が出廷することがあります。また、当事者（相手方）の住所が認知症などの患者が入所する施設などの場合があります。　| 訴訟能力に疑問ある場合

　このような場合、民事訴訟であれば、調査の上、法定代理人（成年後見人など）がいなければ、その選任決議などを経るのが原則ですが、それに時間がかかる場合は、特別代理人の選任手続が必要となります（民訴法35条）。特別代理人の選任については、単位の弁護士会とその選任方法について申し合わせがあることが多いです。

　刑事訴訟であれば、公訴事実記載の犯罪行為につき、刑事責任能力が争われることになってくると思われます。刑事責任能力については、重要なテーマの1つなので、第2部第7章において詳述することにします。

(3) 審判の対象

それでは裁判はどのように開始するのでしょうか。

ア　民事訴訟，刑事訴訟いずれも当事者主義構造を採っているので，「訴訟をどのように開始するか」という点では，いずれも当事者の請求（訴えあるいは公訴提起）により，裁判の対象は当事者（原告，検察官）が決めるという弁論主義を採っています（民訴法246条，刑訴法247条）。これを民事訴訟では処分権主義といい，刑事訴訟では国家（検察官）訴追主義あるいは起訴便宜主義といいます。さらに，公訴の方式に関しては，起訴状一本主義（刑訴法256条6項）を，公訴の効力に関しては不告不理の原則（原告が裁判所で明らかにして欲しいということしか審理できないということです。同378条3号）を採用しています。

イ　訴訟物と訴因

(ア)　民事裁判における審判の対象は，「訴え（訴訟の請求）」によって提示された①原告の被告に対する権利主張（＝訴訟物）と裁判所に対する審判要求（給付，確認，形成の審判形式）とから構成されていると考えられます。すなわち，請求の趣旨及び原因（民訴法133条2項2号，同規則53条1項前段）です。

(イ)　刑事裁判では，起訴状には公訴事実を記載しなければならず（刑訴法256条2項），公訴事実は訴因を明示してこれを記載する必要があり（同3項），起訴状に記載された訴因は公訴事実の同一性を害しない限度において変更できるものとされています（同312条1項）。したがって，訴因と公訴事実という2つの概念が登場することから，審判の対象を考える場合，公訴事実対象説と訴因対象説があり，やや複雑になっています。

現在の実務は，訴因の特定は被告人の防御のために重要であるとの考えを前提に，基本的には訴因対象説で運用されています。公訴事実が審判の対象だとしますと，裁判所は，起訴状に記載されていない犯罪事実についてまで常に念頭に置かなければならず，現行法が訴因制度を取り入れた趣旨や予断排除の原則（同256条6項）にも反するといえるからです。

したがって，公訴提起を受けた裁判所は，訴因として掲げられた事実を審判の対象とすべきであり，他の犯罪事実が成立す

る余地があるとしても訴因外の事情に立ち入って審理判断することはできません。例えば，業務上過失傷害で起訴された場合には，業務上過失致死の事実が認められても訴因の範囲内で審判すべきことになります（名古屋高判62.9.7判タ653号228頁，最大判平15.4.23刑集57巻4号467頁）。訴因をどのように設定するかは検察官の訴追裁量権に含まれるからです。訴因外の事実を審理したり，訴因変更手続を経ないで別個の犯罪事実を認定すると不告不理の原則に反することになります。このように審判の範囲を限定するのは，被告人にとって防御の範囲が明確化することになるからです（刑訴法256条2項，3項）。

ウ　訴訟物の変更

　裁判は「動的」な存在ですから，訴えあるいは公訴提起時に想定された事実のみの審理で足りるとは限らず，審理が進むにつれて当初の主張事実や訴因とは異なる事実が明らかになり，対象とすべき事実が変わってくることもあり得ます。このような場合に，審判対象の変更が可能であるか，またそれはどのような場合に必要となり，どの範囲で許されるのかが問題となります。

(ｱ)　民事裁判の場合

　訴訟係属中に原告が当初の訴えによって申し立てた審判事項を変更することを訴えの変更といいます。民事裁判では，「請求の基礎」に変更がない限り「請求の趣旨又は請求の原因」の一方又は双方を変更することができると規定しています（民訴法143条1項）。その他，数量的に可分な請求においては数量の拡張をすることは訴えの変更に含めて考えられておりますが，請求の数量的範囲の減縮は請求の基礎に変更はなく，拡張の場合とは異なり被告の防御にも影響がないので判例は，訴えの一部取り下げであって，訴えの変更ではないとしています（最判昭27.12.25民集6巻12号1255頁）。さらに，旧請求に代えて新請求を定立する交換的変更と旧請求を維持しつつ新請求を定立する追加的変更があります。

　訴えの変更は，既に開始されている訴訟手続を維持利用しながら申立事項を変更するもので，原告の迅速な権利救済への便宜と訴訟経済を確保するのが主な機能ですから基本的には原告

請求の基礎の同一性

にとって利点が大きいといえます。反面，被告にとっても，関連請求が1つの訴訟手続で審判されることは紛争の1回的解決の視点からは利益もあります。このような利益不利益を調和させる視点から法は「請求の基礎」に変更がないこと，つまり請求の基礎の同一性を要件としています。この同一性は二重起訴禁止の要件である事件の同一性（同142条）よりは広く，同一の手続によって解決するのに必要かつ相当であり，被告の防御にとっても不利益が生じないように許容範囲を限定する趣旨と考えられます（同143条本文，ただし書）。

(イ) 刑事裁判の場合

訴因変更の能否と公訴事実の同一性

審判の対象についての学説（公訴事実対象説と訴因対象説）によりますが，訴因対象説（実務，通説）によれば，訴因こそが審判の対象ですから，対象が変われば当然変更すべきことになります。しかし，常に審理をやり直すのは合理的でないので，同一の訴訟内で解決するのが望ましい場合には審理をやり直さずに対象の変更を認めるのが合理的であり，そのために認められたのが訴因変更の手続と解することになります。そして，訴因の変更の能否は公訴事実の同一性の範囲内によることになります（刑訴法312条1項）。これは，訴因を変更すれば審理の対象になることを意味します。言い換えれば，被告人にとってはその範囲で審判の危険にさらされ，防御活動を要求され，反面として，判決が確定すればその範囲内で一事不再理の効力（二重危険の禁止の効果）が認められることになります。

（以上，民事につき「講義民訴（藤田）」訴訟上の請求と訴訟物16頁，訴えの変更442頁，「刑訴法講義（前田，池田）」，Ⅱ公訴の対象229頁，Ⅲ訴因の変更299頁）

(4) 事実認定

次に，当事者が求めた請求（<u>訴えあるいは公訴提起</u>）により，審判（裁判）の対象となる事実（<u>原告が提示した権利や法律関係あるいは検察官が提示した犯罪事実</u>）の存否を確定しなければなりません。これが事実認定です。メインテーマですので以下詳しく述べることにします。

ア　総論

　裁判における事実認定は，民事事件であれ，刑事事件であれ，過去に生じた出来事（犯罪や交通事故，取引など）などの事実の存否について証拠から推測するものであり歴史学に似ているといわれています。しかし，その事実の認定はときに困難を伴うともいわれています（「刑事事実認定入門（石井）」第2節事実認定の困難性4頁）。

　犯罪は，多くの場合，隠密裏に行われ，犯人が誰であるかを示す痕跡をつとめて残さないように遂行されるのでその痕跡（証拠）が乏しい場合が少なくなく，痕跡の程度によって事実の認定が困難になることも多いのに対し，民事の場合には，契約等取引に関する事案を例にすれば，後の紛争に備えて，たとえば，書面を取り交わすとか，場合によってはそれを公証化し，あるいは，証人を立てるなどして，誰がいつどこでどういう行為をしたかの痕跡を明確にしておくことが少なくないので，痕跡の程度から来るバリエーションの違いはあるものの，痕跡（証拠）が少なくない場合が比較的多いと考えられます（前掲書，同7頁）。

　また，後述する証明の程度（エ(イ)23頁）において「確信」する程度に至らない場合には，立証責任（挙証責任）の構造の違いにより，民事裁判の場合には，当事者対等及び公平性との観点から，法規が規定する当該法律効果の発生によって利益を受ける者が不利益を受けるだけであるのに対し，刑事裁判の場合には，いわゆる立証責任はあげて検察官が負うことから「合理的疑い」を否定できなければ，被告人を有罪とすることはできません（(1)刑事裁判，民事裁判の根底にあるもの11頁）。

イ　裁判官による事実認定のプロセス

　次に，裁判官による事実認定のプロセスをみてみますと，当事者双方の主張及び証拠関係から争点を把握し，争点を支える証拠構造を分析し，客観的に動かしがたい事実を確定し，種々の証拠に対する評価を経て，それを取り巻く事実関係に意を払いながら，暫定ないし仮定的心証を形成しつつ，また，これに対する反論・反証の奏功などの有無・程度を経験則・論理則に基づき検討しながら精度を高めてゆき，最終的に確信レベルに

（裁判における事実認定）

（証明の程度と不利益）

至る，このように考えられます（「講義民訴（藤田）」証拠調べと事実認定，事実認定における書証と人証の関係310頁，「民訴法講義案」第7自由心証主義223頁，「民事事実認定（司研）」事実認定の精度を向上させるための留意点41頁等）。

ところで，民事裁判，刑事裁判において，それぞれの訴訟の客体の違いから裁判の根底にあるものは大きく異なり（前記(1)11頁），事実認定が導く主文の意味あるいは効果には大きな違いがあります。したがって，事実を認定する手続も大きく異なるといえます。

民事，刑事における心証形成のプロセス

しかしながら，民事，刑事の各裁判における事実認定手続の中で繰り広げられる事実認定の際の心証形成のプロセスは，民事においても，刑事においても異なるところはなく，刑事裁判における裁判官の事実認定のプロセスは，上記民事において述べた事実認定のプロセスと同様に考えられます。

事実認定のプロセスとアウフヘーベン

このプロセスはまさにアウフヘーベン（止揚）といえるのではないでしょうか（第3章71頁）。

＊止揚とは，ヘーゲル弁証法の根本概念であり，あるものをそのものとしては否定するが，契機として保存し，より高い段階で生かすことである。矛盾する諸要素を，対立と闘争の過程を通じて発展的に統一することをいうとされている（「大辞林」三省堂）。

そして，個々の事実はそれぞれ有機的な関係を持っているので，事件全体の経過の中に適切に位置づけられることによりはじめて意味を持つと考えられるので，事件全体のストーリーの組み立てや事実経過の中で全体的な観点からの思考作業も必要となります。

刑事裁判の観点から，「初めに，動かない事実を挙げてみると，事件のいわば概要や事件の全体像が浮かび上がってくることが多く，そのことにより事件全体の大局的判断が可能になり，『木を見て森を見ない』証拠判断にならないためにも事件全体からの大局的判断が有益である」旨述べている（前記※4，8頁「刑事事実認定入門（石井）」56頁）のも同趣旨と考えられます。

ウ 事実認定の資料（判断資料）
(ア) 民事の場合，判決の基礎となる事実は，証拠調べにおいて証拠方法（証人，当事者本人，鑑定人，文書と検証物）を取調べることにより感得される証言，当事者の供述，文書の記載内容などの証拠資料により，心証形成の基礎となった証拠原因となる資料，すなわち口頭弁論に現れた資料（争いのない事実と証拠調べの結果及び弁論の全趣旨）に基づいて認定しなければなりません（自由心証主義，民訴法247条）。

> 口頭弁論に現れた資料

　証拠資料を事実認定のために利用しうる資格を証拠能力といいますが，現行の自由心証主義の下では原則として証拠能力に制限はありません（証拠方法として用いる適格を証拠能力ということもあるようですが，例えば，証人適格のない証人とか忌避された鑑定人の場合などは，証拠適格の問題として扱い，証拠能力と区別するほうが分かりやすい。「民訴法（三ヶ月）」(3)証拠能力と証拠力419頁）。

　そして，証拠資料が心証形成に与える影響力（事実認定に役立つ程度）を証拠力（証明力，証拠価値）といいますが，これには形式的証拠力と実質的証拠力の二段階があり，この区別は文書を対象とする書証について意味があります。当該文書につき，挙証者の主張どおりの特定人の思想（意思，判断，報告など）の表現と認められる状態になること，つまり当該文書の成立の真正が認められる（民訴法228条）と形式的証拠力が確定され，当該文書は裁判官の心証形成に影響を与える状態になります。この係争事実の認定に役立ちうる状態を実質的証拠力といいます。

> 形式的証拠力と実質的証拠力

　それでは，以下，処分証書である借用書を例にして具体的に述べます。

　被告が借入債務を負っていることの証拠として，被告が署名又は押印する借用書を，証拠申出する場合，当該文書が署名又は押印している人（被告）の意思に基づいて作成されていることを証明しなければなりません（形式的証拠力の具備）。これに関して，民訴法は，当該文書に署名したこと又は押印していることをもって文書全体についてその者の意思に基づいて作成

されたものとの推定規定を設けており（同条4項），判例も当該文書の印影が本人の印影によって顕出された場合には，反証のない限り，当該印影は本人の意思に基づいて成立したものと推定され，その結果，本条4項の要件が満たされるので，文書全体が真正に成立したものと推定される旨判示しています（最判昭39.5.12民集18巻4号597頁）。したがって，被告が当該借用書の真正成立を争う場合，どこを認めて，どこを争うかにより立証活動が変わってくるので，原告としては，二段の推定を認めた上記最判を念頭において，被告に対し，署名ないし印影を認めるか否認するかを明らかにさせた上で人証等立証活動を行い，被告も上記規定及び最判による推定を動揺させるための反証活動をすることになります。そして，当該借用書に被告が署名又は押印したことが認められれば，当該借用書は被告の意思に基づいて真正に成立したことになり（形式的証拠力を具備する。），貸付債権が存在するという事実の認定に役立ちうる状態になった（実質的証拠力を具備する。）ということになります。（次頁〈私文書の成立の真正と二段の推定〉参照）。

証拠裁判主義と厳格な証明

(イ) 刑事の場合，事実（犯罪事実）の認定は証拠によると規定されています（証拠裁判主義，刑訴法317条，なお同319条〈被告人の自白には必ず補強証拠が必要である〉）。

事実認定の資料となり，証明の手段となり得るのは，被告人の供述，証言や痕跡などのように，合理的推論の根拠となる資料（証拠）です。そしてその「証拠」は，証拠能力・証明力があり，かつ適式の証拠調べを経た証拠を意味します。つまり，刑訴法317条には，犯罪事実の認定については厳格な証明（証拠能力が認められ，かつ，公判廷における適法な証拠調べを得た証拠による証明が厳格な証明である〈最判昭38.10.17刑集17巻10号1795頁〉）を要するという趣旨を含んでいます。

刑事における民事の真正成立証明と類似問題

＊なお，刑事の場合においても，民事の場合における文書が真正に成立したことの証明（形式的証拠力を具備する場合）と類似した問題があります。

捜査機関の検証調書は，その作成者（警察官）が証人として「真正に作成した」ものであることを供述したときは，証拠とすることができます（証拠能力の具備，刑訴法321条3項）。

〈私文書の成立の真正と二段の推定〉

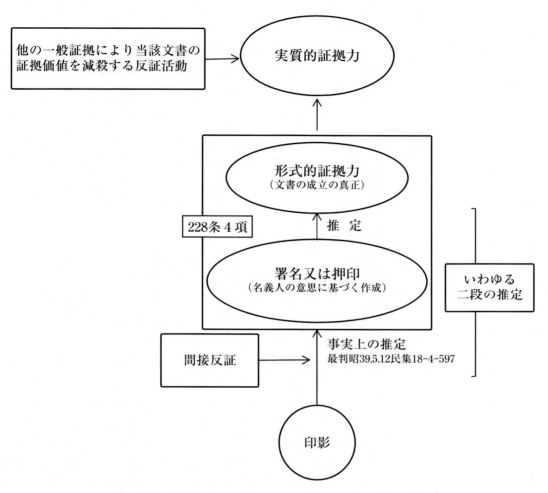

　つまり，この問題は，被告（被告人）がその文書（検証調書）の成立に疑問を呈し，そのままその文書を証拠として使うことを否認したわけです。そこで原告（検察官）は，その文書の作成名義人である警察官を証人として呼び，真正作成の立証をすることになるわけです。したがって，この真正に作成されたものであることの供述とは，間違いなく自分が作成したという供述（作成名義の真正）と，検証したところを正しく記載したという供述（記載内容の真正）を併せて意味していると解されています（「刑訴法講義（前田，池田）」検証調書438頁）。

エ　証拠と証明

(ア)　証明の対象

a　民事の場合，法律効果の発生に必要な要件事実です。

　証明責任（立証責任，挙証責任）の分配，負担によって証明すべき事実の対象が異なります。法規が規定する当該法律効果の発生によって利益を受ける者がその効果の発生に必要な要件に該当する事実について証明責任を負担するのが公平との観点からと考えられます。このことは，民事裁判は，私的な利害をめぐる紛争であり，当事者間の権利義務の存否を判定することを通じて解決しようとすることから，当事者を対等かつ公平に扱うことが必要になるとの考えからくると考えられます。

　なお，証明責任の分配の公平の観点を更に推し進め，修正を施すべき事例の1つとして「時間外労働をしていることの立証の程度」の問題があります（※5）。この問題を取り扱った事例として後記掲載の【ケース8】の事例を参照してください。

※5　時間外労働をしていることの立証の程度

　時間外労働をしたことの立証責任は，それを主張する労働者側にある。一方で，賃金全額支払の原則（労基法24条1項），時間外労働等の厳格な規制から使用者側に，労働者の労働時間を管理する義務を課していることから，厚生労働省は，使用者側に労働時間を適正に把握し，適切な労働時間管理を行うために，「労働時間を適正に把握のために使用者が講ずべき措置に関する基準」を策定し，この基準の遵守を求めている（平成13.4.6基発339号，季刊労働法198号74頁）。

　そうだとすると，労働者側に，必ずしも完全なものではなく個人的に作成している日記や手帳のような資料があれば，使用者側が，有効かつ適切な反証ができない場合には，労働者側の資料によって割増賃金の額を認容するのが適切な事例も存する（労働事件審理ノート，時間外手当請求事件4，118頁）。つまり，立証責任を負う側の立証の程度を低くし，その限りで証明責任（立証責任）を修正しているといえます。

b　刑事の場合，証明すべき事実の対象は，検察官が設定する。刑罰権の根拠となる犯罪事実及び違法阻却事由，責任阻却事由の不存在並びに刑罰の量を定める事実は厳格な証明の

（欄外見出し）
法律効果の発生に必要な要件事実
証拠責任の分配

労働者側の立証責任と使用者側の有効・適切な反証

証明すべき事実の対象の設定

対象となります。そして「疑わしきは被告人の利益に」という原則から，無罪推定の法理が働くので，挙証責任は，原則として全て検察官が負担します。

　例外として，同時傷害の特例（刑法207条），名誉棄損の事実の証明（同230条の2），労働基準法121条1項ただし書，児童福祉法60条4項ただし書，人の健康に係る公害犯罪の処罰に関する法律の推定規定5条等があげられます。

　ただし，これらの例外規定についても争いがあります（同時傷害につき，最判昭26.9.20刑集5巻10号1937頁，最決平28.3.24刑集70巻3号1頁，判例時報2332号3，7頁）。

(イ) 証明の程度

　a　民事の場合，証明とは，事実の存否について裁判官に確信を抱かせる作用又はその結果をいいます。この確信とは，高度の蓋然性ある真実，つまり経験則に照らして全証拠を総合して通常人が合理的疑いを容れない程度の心証をもって足りるとされています。その意味では，訴訟上の証明は，回顧的に過去の事実を認識する手法であるから，自然科学的証明でなく，経験則などに基づく歴史的証明で足りるとされています（最判昭50.10.24民集29巻9号1417，最判昭23.8.5刑集2巻9号1123，「講義民訴（藤田）」243頁）。故に，反証の余地が残されているのです。

　刑事の場合，犯罪事実の存在及び被告人が犯人であることなどについて，「確信」あるいは「合理的疑いを容れる余地がない程度の証明」が必要であるとされています（最判昭23.8.5刑集2巻9号1123）。この程度の証明に至ったことを高度の蓋然性ある真実との心証を得たといっています。挙証責任は検察官にあるので，「合理的な疑い」が残れば，「疑わしきは被告人の利益に」の鉄則から，被告人は無罪でよいということになります。したがって，民事の場合の証明の程度に比べ，事実の存否を決めるハードルが高いといえます（「刑事事実認定入門（石井）」6頁）。なお，民事と刑事との「確信」の程度については，見解が分かれていますが，民事よりも刑事の方が必要な証明の程度が高いとする見解が比較的多いように思われます（「民事事実認定（司研）」10頁）。

［挙証責任の負担］

［証明の程度と確信］

［訴訟上の証明の程度］

［民刑における証明の程度］

b 確信と証拠の優越と疎明
・民事あるいは刑事における「確信」については, a で述べたとおりです。
・「証拠の優越」とは, 肯定証拠が否定証拠を上回る程度の証明といわれています。一応確からしいという程度よりは高いが, 真実の高度の蓋然性よりは低い程度といわれています。

　例えば, 訴訟法上の事実（「所在不明」「特信性」, 刑訴法321条1項2号, 3号など）の心証の程度がこれに当たると考えられます。自白の「任意性」は, 同319条の文言及びその訴訟上の重要性から確信まで要する見解もあり得ます。
・疎明とは, 一応確からしいという推測で足りるとされています。疎明は, 証明度を引き下げることを内容とするものであるから, 原則として疎明で足りる旨明文で定められている場合に限られます。

　民事の場合, 証拠方法としては即時取り調べることができるものでなければなりません（民訴法44条1項, 91条2項, 188条, 198条等）。

　刑事の場合, もとより, 証拠能力及び証拠調べの方式になんらの制約はありません（刑訴法19条3項, 206条1項, 227条2項, 376条2項, 382条の2, 383条等）。

(ウ) 自白の作用

請求原因事実の自白と証明の要否	a　民事訴訟において口頭弁論における主要事実についての自白とは, いわゆる訴訟資料であり（主張レベル）, 証拠資料として用いられることはありません（請求原因事実を自白すれば証明不要となる。民訴法179条）。 　なお, 共同訴訟における共同被告である主債務者が主債務の存在を自白していることを弁論の全趣旨として保証人についての主債務存在を認定する資料とすることはできるといわれています（「民訴法（伊藤）」第1項通常共同訴訟, 3 証拠共通・主張共通の原則636頁）。
公判廷における自白と立証の要否	b　刑事訴訟において公判廷における自白は, 主張と証拠との双方の性質を持っています（被告人が公判廷で自白しても,

刑事訴訟においては，なお検察官において犯罪事実を立証しなければならず（補強証拠の必要性），自白はその証拠としても用いられます（自白の証拠能力及び自白の補強証拠適格の問題，共犯者〈共同被告人〉の自白の問題等）（刑訴法319条1項，2項，憲法38条3項）。

(エ) その他の証明を要しないもの

民訴法には179条にその規定がありますが，刑訴法には特に規定はありません。しかし，同様に考えられると思われます。

・法規及び経験法則は，事実そのものではなく，裁判官が事実を法律に当てはめる際に用いる準則である。

・公知の事実（一定地域における社会一般人が当然に知っている事実）

・裁判所に顕著な事実

裁判所に顕著な事実，すなわち裁判官が職務上知り得た事実については，判例は，刑事訴訟においても民事訴訟と同様，不要としています（最判昭和30.9.13刑集9巻10号2059頁）。例えば，「ヘロイン」「ペー」という言葉が塩酸ジアセチルモルヒネを含有する麻薬であるという事実等です。

なお，争いのない事実については，民事裁判においては証明を要しませんが，刑事裁判において証明を要することについては前述した（1民事裁判（民事訴訟手続）の場合【基本的視点】(2)5頁）とおりです。

(オ) 弁論の全趣旨

民事における弁論の全趣旨と刑事における弁論の全趣旨

a 民事訴訟では，証拠調べの結果だけではなく，弁論の全趣旨によっても，事実を認定することができます（民訴法247条）。

ここでいう弁論の全趣旨とは，口頭弁論に現れた一切の資料から証拠調べの結果を除いたものであり，当事者，代理人の陳述内容，陳述態度，攻撃防御方法の提出・陳述時期，その他陳述以外の行為態度など，口頭弁論における訴訟行為及びこれに付随する一切の状況であるとされています（大判昭3.10.20民集7巻815頁）。

通常，弁論の全趣旨は，証拠調べの結果を補充するものと

弁論の全趣旨と事実認定

して事実認定のための資料として用いられますが，弁論の全趣旨のみをもって事実認定の資料とすることも許されると解されています（最判昭27.10.21民集6巻9号841頁，10訂民事判決起案の手引66，77頁）。

b 刑事事実認定において弁論の全趣旨を事実認定の資料に用いることの可否

民事訴訟のような規定を欠き，証拠裁判主義の刑事訴訟において，弁論の全趣旨を事実認定の資料に用いることは一切不可か一定の範囲で許されるかという問題です。

弁論の全趣旨と犯罪事実の存否の認定

弁論の全趣旨を犯罪事実の存否の認定に直接用いることは許されません（刑事訴訟における証明の厳格さや刑訴法317条と民訴法247条との対比から。札幌高函館支判昭29.3.16高等裁判所刑事裁判速報集27号77頁，高等裁判所刑事判決特報32号95頁）。しかし，厳格な証明を要する事実の存否に関する証拠の証明力（信用性）の判断に当たっては，その資料とすることができるとする考えがあります（注釈刑訴法5巻73頁）。また，自由な証明で足りる事実，訴訟法上の事実（自白調書に対する弁護人の同意や任意性を争わないという意見から任意性を肯定すること）の認定でもその資料となると考えられます。

弁論の全趣旨と証拠の証明力判断等

弁論の全趣旨と黙秘権の効果

次に，弁論の全趣旨が，法廷における被告人の黙秘である場合，これをどのように考慮してよいかは，黙秘権の効果と関連して問題があります。黙秘したことから被告人に不利益な事実の存在，たとえば，被告人が犯人であることや殺意などを推認することは，許されません（不利益推認の禁止。黙秘権の趣旨を没却するから。）。しかし，黙秘の態度が結果的には不利益に扱われることになっても，それは，黙秘権を侵害したことにはならないと考えられます。例えば，被告人が，盗品を近接所持していた場合に，近接所持の理論から犯人性を事実上推定されるにもかかわらず，被告人が盗品の入手経緯を黙秘して明らかにしない場合，上記推定を覆せず，黙秘の態度が結果的に被告人に不利益に扱われることになります。

＊窃盗罪における近接所持の理論は，盗品を盗難事故近接す

る日時・場所において所持する者が，その物の入手経路について合理的弁解ができないときは，その者を窃盗犯人として構わないとする考え方です。

その他にも，弁論の全趣旨をどう捉えるかの問題になりますが，心証形成，とりわけ間接事実からの主要事実の認定や証拠の評価（証明力）の際に弁論の全趣旨を取り込むことは否定できないのではないかと思われます。

とはいえ，判決文に「弁論の全趣旨」という表現を使うことは避けた方がよいと思われます。

以上に述べたように，刑事訴訟においても，一定の範囲において，事実認定の資料に用いることを否定できませんが，いずれにしても，それは，合理的，かつ，限定された場合でなければなりません（「刑事事実認定入門（石井）」第3節事実認定の資料に関するその余の問題，弁論の全趣旨44頁）。

オ　民事事実認定における人証の位置づけ（書証等客観証拠の重要性）

㋐　証拠方法の種類

証拠方法の種類のうち，人が証拠方法となっている証人，鑑定人，当事者本人を人証と呼び，文書，検証物は物が証拠方法となっているので，物証と呼びます（民訴法190条から233条）。

証人は，過去の事実や状態について自ら認識した内容を陳述する人（当事者本人及びその法定代理人以外の者）です。事実の認識が専門的知見に基づく場合には，証人は鑑定証人と呼ばれます（同217条）。証拠方法の1つである鑑定人は，これとは区別され，特定の事実に関する認識ではなく，一般的経験則についての陳述を行うものです。

当事者本人は，証拠方法が証人のような第三者ではなく，訴訟法律関係上の主体であるところに，その特徴があります。当事者本人は，訴訟物たる権利関係について最も密接な利害関係を持つ者であることを考えれば，その陳述は証拠価値が低いということができますが，事案の真相を最もよく把握しているのは当事者本人に他ならないことに着目すれば，むしろ当事者尋問は，証人尋問以上の証拠価値を持つことになるともいえます。

〔傍注〕弁論の全趣旨と事実認定の資料

(イ) 事実認定における書証と人証の関係

書証と人証の関係は，証言の内容が書証に残された記載内容と符合するか否か，他方，書証の記載内容は証言により裏付けられるか，証言による弾劾に耐えうるかなど，互いに証拠評価の吟味に補完の関係にあります。したがって，証拠としての価値的な観点からみれば，理論的な意味では等価値といえると思います。

しかしながら，各事件の中で両者を混然一体として同列の関係において証拠評価をすると争点整理自体がその意義を失い，証拠の渦に巻き込まれて漂流してしまう危険があります（「講義民訴（藤田）」事実認定における書証と人証の関係，2証拠としての等価値性311頁）。そこで，これを避けるためには，争点整理の成果を踏まえて的確な証拠判断をしながら適切な事実認定を行っていく必要があります。具体的には，当事者間の争いのない事実及び客観証拠から当該事件の概要を把握し，紛争の背景事情をも踏まえながら，痕跡である書証の整合性を検討し，それを拠り所としながら，更に人証と比較しながら再評価を試み，争点を構成する事実を明らかにしていくことが重要と思われます（※6）。

※6　書証と人証の特徴

書証は人証よりも優れた証拠かどうかという問題がある。そして，「書証は人証より強い」といわれることも多い。しかし，人証の供述は，ストーリーの全体を知るためには不可欠のものであり，これを抜きにして事実認定ができるはずはない。書証の特徴は，「内容が固定している」ということである。これに対して，人証は「内容は固定していない」，「尋問に応じて逐次出てくる流動的なもの」，「極端に言えば，尋問次第によって違った形で出てきますから非常に不安定，不確実な要素が多い」というものである。尋問の仕方によって相当変化する可能性がある。書証と人証はこのような特徴を有しているから，事実認定をするに当たって，そのことを十分に考慮しなければならない（「民事事実認定（司研）」第59輯第1号24頁，「民事判決起案の手引」63頁）。

(ウ) 人証調べの効用と工夫

・人証調べが必要か否かの見極めが必要です。さらに，審理促進やコストパフォーマンスからの割愛も考える必要があると

――――
書証と人証の証拠価値の比較

書証の特徴
人証の特徴

思われます。
- 人証調べが必要な場合は，陳述書のなぞりが多いといわれている主尋問の時間を大幅に短縮し，反対尋問に時間を多く取り，その代わり再主尋問を緩和して認めることにするなどの工夫も考えられます。
- 人証調べの効用としては，和解成立率が高くなるように思われます。

カ 民事事実認定における人証調べの問題点（最近増加傾向にある交通事故事案を中心に検討）

(ア) 交通事故事案の場合を例に述べますと，事故直後の記憶の鮮明な時期にその状況を供述（説明）したものとしては，通常，保険会社担当者への各運転者の事故状況説明があります。それに双方の運転者の言い分が残してある場合と一方（契約者のみ）しか残っていない場合があります。それによると双方の言い分，説明の食い違いが分かります。それらからも，主張の整合性の有無などからもある程度の心証が得られ，併せて人証の要否も決められると思います。

- 供述書や陳述書などは刑事のような証拠能力による入口でのチェック機能がなく，その限りで信用性の手続的保障がありません。しかも人証調べをしても，従前からの主張，供述をなぞるものが多く，反対尋問によってもなかなか崩せない場合が多いように思います。　　　　　　　　　　　　　　　　｜証拠能力による信用性の手続的な保障

- 交通事故は，一瞬の出来事であり，事故を直前で目撃したとしても意識性がない（事件や事故直前にそれを予測して意識して目撃していることなど稀である。）ため，発生直前から事故状況を的確に把握していることは少なく，運転者当事者においても，目撃者においても推測や邪推，思い込みになりやすいと思われます。　　　　　　　　　　　　　　｜交通事故の場合の証拠価値

- 陳述書からも，さらに尋問でもボロを出すことはあっても，それ以上の内容は出てこないことが多いと思われます。意識性のない目撃などによることから推測混じりの本件事故に対する当事者の見立てを述べていることが多いので，時間が経てばたつほど述べる内容は変容してきます。したがって，証拠価値は低いといわざるを得ません。　　　　　　　　　｜時間経過における証拠価値の変容

(イ)　そこで，比較的鮮明な時期の双方の本件事故に対する主張（事故態様などの見立て）に基づき主張の齟齬を明確にし，客観証拠や争いのない事実，周囲の状況，経験則等から主張の整合性，そして事実を明らかにしていくのがよいのではないかと思われます。つまり，人証調べによる事実の解明への寄与は，その限りでは必ずしも大きくないと思われます（前記※6）。前述したとおり，交通事故の場合はとくにそのようにいうことができるように思います。もっとも，刑事の調書のように証拠能力を問題にすることはないので，供述の中から，部分的に証拠価値の存在を認めることはでき，各証拠（陳述書，供述）の内容から部分的に信用できる部分を取り上げることは可能だと思います（例えば，「信号の供述部分は信用できないが，速度やウインカー点灯の部分は…の理由から信用できる」などである。）。

　これに対し，刑事の場合は，弁解録取書等警察官の前での供述や警察官面前調書の供述が，時に任意性（証拠能力）の要件が問題となることはあるものの，そのような場合を除けば，一般的に証拠価値は高いように思われます（事件の状況証拠等から裏付けをとろうとして聞き出そうとするので供述内容の整合性や合理性が担保できる。ただし，強制，誤導等の任意性に注意しなければならないことはいうまでもない。）。そこで，刑事事件の供述調書は任意性が問題とならなければ，双方の対立する証拠を対照し，動かしがたい事実（争いのない事実など）や客観証拠との整合性（符合するか否か）等から整合性を吟味できるので，信用性の確認ができ，主要事実立証のための供述証拠の必要性は高くなります。もちろん，物証等客観証拠が十分にある場合は心証形成にあたり，それを優先すべきことに変わりはありません。

(ウ)　民事の供述においても，その信用性の判断においては，基本的に前記刑事事件の供述の信用性判断の要素と同様に考えられます（2刑事裁判（刑事訴訟手続）の場合【基本的視点】(7)イウ個別具体的記載の必要性10頁）。したがって，争いのない事実（動かしがたい事実）等の層が厚いか否かによって信用性判断への寄与度が異なります。争いのない事実に，どの程度符合

※欄外：信用性判断は，争いのない事実との整合性判断

するかなど整合性を具体的に吟味する必要があります。

　なお，「交通損害賠償訴訟判決研究（司法研究）」においても動かしがたい事実との整合性によって当事者等の供述の信用性が判断できない場合，当事者等の供述の信用性は，供述内容の合理性，一貫性，具体性等によって判断せざるを得ない旨指摘しています（信用性判断を供述自体から判断する場合，18頁，131頁）。

キ　刑事事実認定における人証の位置づけ

(ア)　刑事においても，証拠方法による分類によると人証・物証・書証に分けられます。それぞれ証拠の意味及び証拠調べの方式は民事とは必ずしも一致してないので以下説明することとします。　　　　　　　　　　　　　　　　　　　　　　　人証・物証・書証の証拠調べ方式

　人証とは，証人，鑑定人，被告人のように口頭で証拠を提出する証拠方法であり，証拠調べの方式は，尋問（刑訴法304条）又は質問（同311条）によります。

　物証とは，犯行に使用された凶器や犯行によって得られた被害品のように，その物の存在及び状態が証拠資料となる物体をいいます。証拠調べの方式は，展示（同306条）又は検証（同128条）です。書面であっても凶器を隠すのに使用した新聞紙のように，内容は問題とならず，存在と状態だけが証拠として用いられる場合は物証であり，書証ではありません（この場合，関連性があれば証拠として採用できることになります。）。書面の性質を併有する場合は，証拠物たる書面といいます。

　書証とは，その記載内容が証拠資料となる書面をいいます。書証は，その記載内容のみでなく書面の存在又は状態も証拠となる場合であるかによって，証拠書類と証拠物たる書面に区別され（最判昭27.5.6刑集6巻5号736頁），証拠調べの方式としては朗読のほかに展示を要するか否かにあります。証拠書類は朗読だけでたりますが，証拠物たる書面は展示と朗読が必要になります（同305条，307条）（「刑訴法講義（前田，池田）」人証・物証・書証378頁）。

(イ)　刑事においては，以上の分類の他に，人証によってもたらされる供述証拠か，それ以外の非供述証拠かの分類による比較も有用です。　　　　　　　　　　　　　　　　　　　　供述証拠と非供述証拠の相違点

— 31 —

供述調書と伝聞法則	供述証拠は，言語又はこれに代わる動作（※7の1）によって表現された供述が証拠となるものであり，証人の証言や被告人の供述及び供述調書等です。供述調書の場合には，伝聞法則の縛りがあり，刑訴法326条による証拠提出の同意があれば（※7の2），供述調書という書面の形で証拠採用できますが，同意がなければ，伝聞法則に従い，要件立証のために，あるいは目撃者等の録取調書に代えて，原則として証人等の尋問が必要になります（刑訴法320条，例外321条以下）。 　他方，非供述証拠は，供述証拠以外の証拠を指します。
反対尋問によるテストと関連性	供述証拠は，人の記憶に残っている犯罪の現象を再現する証拠であるから，それが法廷に達するまでに，知覚して記憶し，それを表現し，叙述する段階において誤りが入り込む危険があるので，反対尋問によるテストが求められますが，非供述証拠はそのような危険がないので，犯罪事実との関連性が認められれば証拠として採用できることになります（関連性の問題点については，第2部第3章第2節3非供述証拠の重要性と問題点(3)96頁）。
否認事件と審理計画	以上のとおりですが，否認事件の場合には供述調書の請求につき刑訴法326条により同意されることはほとんどなく，事実認定のために人証は必要不可欠になるということです。したがって，否認事件と自白事件とでは，審理に必要とされる期間は必然的に違ってきますので，審理計画を立てる必要があります。

※7の1　動作によって表現された供述
　　これに関連する問題として，証人尋問や被告人質問の際，動作により犯行状況や被害状況等を再現させるという質問方法についての問題がある（「尋問等の際の動作による再現（細谷泰暢）」大阪刑事実務研究会，判例タイムズ1318号15頁）。

※7の2　証拠とすることの同意（刑訴法326条1項）について
　ア　原供述者に対する反対尋問権を放棄する意思表示であるが，それにとどまらず，積極的に証拠に証拠能力を付与する当事者の訴訟行為である。
　イ　伝聞証言と同意
　　　証人の尋問中に伝聞供述があらわれた場合，その証人尋問の行われている間に異議の申立てがなされたりしなければ，黙示の同意が

あったものとして解されることになる（最決昭和59.2.29刑集38巻3号479頁）。
　ウ　同意の撤回・取消
　　同意の撤回が許されるかについては争いがあるが，同意によって生じた訴訟上の効果がその後の手続や発展によって覆されることはないと考えられる。証拠調べに入る前であれば，撤回は認められるが，一旦証拠調べに入った後は許されないと解される。
　エ　同意後の証人喚問
　　同意した書面の「証明力」を争うために証人尋問を要求しうるかについては，争いがあるが，実務では，同意を積極的証拠能力の付与と解しているので可能説が有力である（「刑訴法講義（前田，池田）」同意の方法459頁）。
　　なお，刑事では審理中に種々申立を出されることが多く，その場合，即断即決しなければならない場合が多くなります。実際は，証拠調べ（特に尋問中などに異議が出されるケースが多い。）に関する異議の申立てが多いように思います（※8）。
※8　異議申立てが出された場合，公判廷でスムースに対応できるように，申立の理由に基づき整理しておくとよい。
　　なお，決定を出す場合には必ず訴訟関係人の意見を聞かなければならない（刑訴規則33条1項本文）ので，相手に意見を求め，その間を利用してどう対応するか，どのような決定をするかを考えるようにするとよい。
　　異議申立て（刑訴法309条1項，刑訴規則205条，同205条の2）に対する具体的対応については，第2部第3章第1節2(2)異議申立て指揮87頁。

ク　刑事事実認定における人証の問題点（識別供述を中心に）
(ア)　犯人の特定
　　刑事事実認定の中で，最も深刻かつ困難なものは，犯人と被告人との同一性（結びつき）です。犯人との同一性は，刑事裁判である以上，犯罪の軽重にかかわらず，深刻かつ重大な事柄です。

　　犯人と被告人の結び付きが争われる場合，多くの場合には捜査段階における自白が存在しますが，自白が全く存在しない場合もあり，自白が存在したとしても自白に不当に引きずられないためにも，自白を除外し，それ以外の証拠によって，どこまでその結び付きを確定することができるかを検討すべきといわれています。

| 犯人と同一性と識別供述 |

| 犯人特定における自白と自白以外の証拠 |

そこで，自白以外の証拠から犯人と被告人を結びつける認定方法としては，物的証拠や目撃供述のように直接証拠がある場合とない場合があります。直接証拠がない場合には多くの間接証拠を総合して結び付きを認定せざるを得ません（情況証拠による認定）。一方，物的証拠（最近では，DNA鑑定や防犯カメラ映像の存在が大きい。）や目撃供述などの直接証拠がある場合には，それらは犯人と被告人との同一性を端的に立証しうるものであることは確かです。そのうち，犯人識別を伴う目撃供述には，後述するような種々問題点があるので注意しなければなりません。そこで，以下，この点を詳述することとします（採証方法の問題性につき，第2部第3章第2節3(3)96頁）。

(イ) 犯人識別供述の問題性

犯人を被告人と同定する過程

写真面割り面通し

犯人の識別供述を伴う目撃供述は，被害者や目撃者などが犯人を観察し，これを記憶し，犯人像を再生の上，写真面割りや面通しを通じて犯人とある特定の人物とを同定するという過程を伴うものです。この供述は，当該犯罪を被告人が実行するのを見たというものであるから，これ以上直接的に犯行と犯人とを結びつけるものはなく，犯人と被告人との同一性は肯定されることになるはずです。しかし，目撃証人の供述は，正確性が常に保証されているとは限りません。犯人の観察，その記憶など，目撃の過程自体において，客観的条件や主観的条件などにより誤りが入りやすいし，犯人識別を伴う供述の場合には，捜査機関によって行われる面通し等の過程で，暗示や誘導によって，容易に記憶の変容を生ずると指摘されています。したがって，目撃供述，特に犯人識別供述によって犯人と被告人との同一性を認定しようとする場合には，その供述に，上記に指摘したような誤りや，記憶に変容がないかどうか，十分注意する必要があります（「刑事事実認定（下，小林，香城）木谷明」，「犯人の特定」1～78頁，「犯人識別供述（司研）」）。

(ウ) 犯人識別供述の一般的問題点

犯人の識別供述は，(イ)で述べたとおり，犯人とある特定の人物とを同定するという過程を伴うものであり，その各段階において，それぞれ問題があります。そしてその問題は相互に密接に関連しているといわれていますが，その問題と指摘されてい

る主要な点は以下のとおりです（「犯人識別供述（司研）」3～7頁，「犯人識別供述の信用性に関する考察（渡部保夫）」判例時報1229号3頁，同1232号3頁，同1233号3頁等）。

　第1は，人の観察力，記憶力の脆弱性です。人の観察力，記憶力は不正確，不完全なものゆえに，人は，犯人の容貌等の特徴のうち，わずかの特徴しか記銘することができないし，記銘した特徴も，日時の経過によって，消失又は変容するといわれています。

　第2は，知覚の対象となる人の容貌・風体などは，一見して他人と明確に区別できるほどの特異性を持ち合わせていることは少なく，多かれ少なかれ相似しているので，微細な特徴を的確に記銘することは難しいといわれています。

　第3は，人を観察することは，日常的な出来事であり，毎日たくさんの人に会っているので，それだけに人の容貌等は記憶に残りにくいといわれています。

　第4は，目撃者と犯人との距離，角度，周囲の明るさ，目撃時間の長短等目撃時の客観的条件，目撃者の年齢，視力，目撃時の心理状態等の主観的条件のいかんなど観察条件が，犯人観察の正確性に大きな影響を及ぼすものといわれています。

　第5は，ストーリー性を有していると記憶に残りやすいが，人の容貌等はストーリー性がなく，視覚による記憶は容易に薄れるといわれています。

　第6は，犯人識別供述は，犯人を観察し記憶した人物像と，提示された写真あるいは実物とを比較するという判断作用を本質とします。したがって，既知性が高い人物の場合は，この作業は容易ですが，既知性のない，全く初対面の人の場合は，その判断は必ずしも容易ではなく，わずかな暗示や誘導によって，この判断がゆがめられることはよく知られていることです。とくに，目撃してから，比較対照するまでの時間的間隔がある場合には，その危険性は一層増大するといわれています。

　第7は，いろいろな暗示が作用することにより誤った識別をしてしまうことがあります。例えば，処罰感情による暗示，面割等の写真等の配列などによる暗示などです。もとより，人の記憶は時間の経過とともに薄れ，あるいは変容していくことは

誰しも経験するところです。

　第8は，容貌等についての言語化の困難性です。人の容貌等を言語によって正確に表現することは困難であることは自明です。また，同じ言葉を用いても，その意味するところが同一である保証はありません。

　第9は，供述心理です。人は，一度被告人が犯人であることを承認すると，これに固執する傾向があり，一旦被告人が犯人であることを承認した後に，これを取り消すことは，自己の観察，記憶が正確でないことを告白することになることから容易ではないといわれています。

　第10は，人の記憶が時間とともに消失したり，変容することは避けがたいですが，その同一性供述が，オリジナルなものなのか，変容したものなのか，後日検証することは困難であり，反対尋問によっても必ずしも有効ではないということです。

　第11は，犯人識別供述の危険性は，供述そのものに内在するものであり，供述者の態度が誠実であるとか，真摯であるとかには直接かかわりをもたない場合が多いといわれています。

　以上のような問題点があることを念頭に入れて犯人識別供述の評価にあたることが必要だと思われます。

(エ)　犯人と被告人との同一性（結びつき）が問題となった事例として，第3部資料編の【ケース1】の事例を参照してください。

(5)　争点及び証拠の整理手続

　事実認定を前提として，判断権者が的確な心証を形成し，充実した審理・迅速な裁判を実現するためには事件の争点や証拠の整理をすることが必要であり，そのためには裁判所および当事者（代理人又は弁護人及び検察官）の間で十分にコミュニケーション（意思疎通）をとることが必要かつ重要であると考えられます（「プロシーディング刑裁」34頁）。

　民事訴訟，刑事訴訟各手続において，そのための方法としては以下のとおりです。

ア　民事の場合における整理手続等

　民事の場合，弁論準備手続等を利用して，当事者双方と裁判所において，争点及び証拠の整理を行うほか，さらに訴えの取下げ，請求の放棄又は認諾及び和解等を行うことができます

裁判所と当事者間のコミュニケーション

（民訴法164条以下，261条3項，266条1項）。

　弁論準備手続等における争点及び証拠整理の一例として，書証（処分証書等）の申出を受けた場合について述べると書証の認否によって当事者の立証活動は影響を受けるので，裁判所は，当該文書のどこを認めて，どこを争うかを確認し，争点整理をし，人証数等立証活動及び反証活動の確認整理をし，証拠調べの審理計画を立てることになります。これにより，充実かつ効率的な審理ができることになります。

　なお，近時，地裁民事事件を中心に，争点整理を充実化させるための有益なツールとして「口頭議論」の在り方が議論されるようになり，その活性化についての気運が高まっているようにうかがえますが，簡裁民事事件においては，簡裁受理事件の性格から，その必要性について気運が高まるかどうかは不透明です。

　ところで，何をもって「口頭議論」というかについては，様々な見解がありうるところですが，簡裁民事事件を担当している場合においても，法廷で代理人に対し釈明権を行使したときに口頭での説明を契機にやり取りが行われ，事案の整理や主張の整理ができることもあります。また，準備手続においても，意見交換や和解協議など口頭でのやり取りをしている際に，争点が明確になったり，当事者の関心事や問題点に気づくこともあり，その後の証拠調べに生かすことができる場合もあります。さらに，簡裁は本人訴訟（一方又は双方）が多いのですが，本人提出の書面による主張内容が理解しにくい場合など口頭で本人から説明させることなどにより，主張内容が明らかになり，相手方当事者の有効な反論に資することにもなります。以上のような口頭でのやり取りの場合にも，「口頭議論」に含むかどうかは別にして，簡裁民事事件における口頭でのやり取りから審理の進め方，審理の促進及び心証形成に役立つこともあるように思われます（「争点整理手続における口頭議論の活性化について（判例タイムズ1436号，1437号，1438号〔2017年7月，8月，9月号各5頁〕）」，「裁判の迅速化に係る報告書（最高裁）」）。

> 口頭議論の機運の高まり

> 口頭でのやり取り

第1部　民事裁判，刑事裁判，民事調停の事実認定の在り方の異同

三者打合せによる審理計画	イ　刑事の場合における整理手続等 　刑事の場合，公判前（期日間）整理手続により，又は事前準備ないし期日間の準備等において，三者打合わせを行い，争点及び証拠整理，その提出方法（刑訴法326条によるか否か）を詰める等審理計画を立てることになります（刑訴法316条の2以下，刑訴規則178条の2ないし同178条の15，同217条の2以下）。そこで行われるやり取りや情報交換の内容としては，例えば，証拠書類の事前開示及びこれに対する同意・不同意等の事前通知，証人等の氏名住居の事前開示，在廷証人の準備等です。その他被害者等の参加や秘匿情報の要保護性の確認，さらに通訳事件では，被告人自身が理解できる言語，その理解度などの情報を基に，適切な通訳人の選任，通訳を見込んだ審理時間及び期日の設定・確保などの準備です。以上打合せ等により取得した情報を基に当該事件の審理計画を立てることになります。 　公判前整理手続については，公判前に両当事者の主張が交わされて争点が明確にされ，証拠調べの請求と採否の決定まで行われることから予断排除の原則との関係が問題になりますが，その目的が，犯罪事実の有無に関する心証形成ではなく，事件の争点や証拠の整理の点にあること，検察官のみならず被告人側も含めた両当事者が関与する中で行われるため，捜査機関の心証を一方的に引き継ぐものではないことなどを根拠に，公判前整理手続は予断排除の原則に反しないと理解されております。
簡裁刑事事件と公判前審理手続	なお，簡裁においては，公判前（期日間）整理手続により証拠整理を必要とするような証拠の多い事案が係属した場合には，地裁に移送するのが相当な場合が多いのではないかと考えられます（刑訴法332条）。 　簡裁刑事における公判前整理手続に代替する工夫例など詳細は，第2部第2章第3節事前準備80頁を参照してください。 ウ　公判前整理手続など事前準備等における書記官の役割及びその意義 　事件の争点や証拠の整理をするために裁判所および当事者（代理人又は弁護人及び検察官）の間で十分にコミュニケーシ

— 38 —

ョン（意思疎通）をとることが必要かつ重要であることから，裁判官と担当書記官との間の協働及び十分なコミュニケーションは大切であり，事件関係者においても，担当書記官が裁判所（裁判官）との窓口であり，コートマネージメント役として重要な役割を担っていることを忘れてはならないと思います。

> 裁判官と書記官の協働
> コートマネージメント

(6) 攻撃防御方法の提出時期

事実認定における心証形成過程に影響を与える攻撃防御方法の提出については，その提出時期につき民事裁判と刑事裁判では異なります。

ア　民事の場合における提出時期

民事の場合，攻撃防御方法は，訴訟の進行状況に応じ適切な時期に提出しなければならず，訴訟の完結を遅延させることとなる時機に遅れた攻撃防御方法は却下できます（民訴法156条，157条）。

当事者に実質的な弁論の機会を保障して充実した審理の実現と遅延混乱の回避が目的です。

なお，審理の現状及び当事者の訴訟追行の状況を考慮した終局判決規定（同244条）は，当事者に実質的な弁論の機会を保障して充実した審理の実現，適正で迅速な裁判の実現を目論む民訴訟2条（裁判所の公正迅速審理及び当事者の信義誠実に従った訴訟追行義務）と併せ考えるとき，当事者欠席（及びそれまでの訴訟追行状況）等の事実自体を証拠資料として裁判所が裁判をなすに熟したと認めて判断することが許されるとする規定なので，訴訟追行に不熱心な当事者に対する措置規定として考えることもできると思われます。

簡易裁判所は本人訴訟が多く，とりわけ民事訴訟においては，訴訟追行は当事者本人によらなければならないのですが，手続の不知をさておいて，相手当事者の迷惑も顧みず，延々と独自の理論を展開し，裁判所の訴訟指揮に従わずに，思いが通らないと退廷をするなどして期日を重ねようとする当事者も少なからずおります。こうした場合，合理的理由なく相手当事者の迷惑負担を重ねかねず，実質的公平からも早期に終結し，相手当事者を訴訟の係属から解放してあげることも必要ではないかと考えられます。民訴法244条は，このような事件に対応す

るための措置ないし解決規定にもなりうる（書面の提出状況，追行状況等を考慮する）と考えてもよいと思われます（「新民訴法体系（加藤）」第3巻300頁及び「民訴法（伊藤）」247頁）。以上の考え方の適用可能な事例として【ケース7】を参照してください。

　イ　刑事の場合における提出時期

　　刑事の場合，刑訴法335条2項の主張は，公判期日のいかなる段階においてなされても，判断を必要とします。

　　つまり弁論（同293条2項）までに主張を確定すればよいということです。したがって，弁論の段階で新たな主張の追加ができます。場合により（新たな主張を判断するため，新に証拠調べが必要と考えた場合など）この段階では証拠調べ手続を終了しているので弁論を再開することが必要となります（同313条1項）。

　　民事の場合は，弁論主義から時機に遅れた攻撃防御方法（主張）で排斥できますが，刑事の場合，時期的主張制限をしないのは，『無辜を罰しない』（真実発見）の要請からくると思われます。

【傍注】民事は弁論主義，刑事は実体的真実主義

(7)　判決スタイル

　ア　民事判決と刑事判決のスタイルの相違

　(ア)　判決書の作成にあたっては，民事・刑事各判決起案の手引のとおりですが，形式的なスタイルの違いについて若干述べますと，人証調べをした場合の尋問の結果について，民事判決は，刑事判決に比べ，尋問内容を詳細に記載し，その信用性判断をすることは少ないように思われます。

【傍注】人証調べにおける尋問結果の記載

　(イ)　民事事件では，供述証拠の重要性は否定できないものの，書証の存在の意味が大きく，それをベースとする事例が多い（(4)ア）ことや弁論の全趣旨による認定も可能であることから供述のみによる主要事実の事実認定は少ないように思われます。したがって，尋問自体の詳細な検討の必要性は低く，尋問内容を詳細に書く必要性が少ないことによるのではないかと考えられます。

　　　一方，刑事事件は，供述の信用性判断に係るウエイトが重く，必然的にその内容の検討が求められ，尋問内容のどこに，

どのような問題があるのか、また、どの部分が動かない事実と符合するのかなど、詳細に整合性判断が求められることが多いことから、勢い尋問内容の記載が詳細かつ長くなる傾向があると考えられます（２刑事裁判（刑事訴訟手続）の場合【基本的視点】(3)証拠構造７頁）。

　イ　供述調書省略の問題

　　以上の観点に関連する問題として、民事事件の場合、供述調書の調書省略に係る特有の問題があるのでここで取り上げたいと思います。

　　供述調書の省略には、

(ｱ)　録音体が訴訟記録の一部となっている場合（民訴規則68条１項の場合）と、

(ｲ)　録音体が訴訟記録の一部となっていない場合（簡裁特則：民訴規則170条１項の場合）

の２つのケースがあります。

　　上記(ｲ)の場合の録音体は訴訟記録になっていないことから、反訳書面が出てない限り、判決において、事実認定に用いた証拠に調書記載が省略された証人の証言を挙げたり、調書記載が省略された証人の供述の信用性を判断したりすることは手続上違法となるとする裁判例があります（東京高裁平24.7.25判例時報2165号）。控訴審から見れば、このような判断になるとしても原審では現に証人を調べているのですからその内容を判決に記載するのは当然ということができ、むしろ裁判官交代時の弁論更新時に録音体を聴き直すことができないことになることの方が重要な問題だと思われます。したがって、裁判官の交代が予測される異動期の審理の進捗の見極めには細心の配慮が必要になると思われます（(8)ウ）。

［傍注：裁判官の交代時における問題性］

(8)　裁判官交代の場合と事件審理の見極め

　　更新手続は、裁判官が交代するなどの事情で、口頭主義、直接主義が害されるような事態が生じた場合に、裁判所の心証を再構築するためのものです。裁判所は、交代などにより当該事件の進捗に影響を与えないように注意しなければなりません。

　ア　民事訴訟における手続の更新

　　民事訴訟において、裁判官が代わった場合は、直接主義の要

請から，当事者は，従前の結果を陳述しなければなりません（民訴法249条2項）。この結果を陳述する方法は，実務では，「従前の口頭弁論のとおり陳述します」と述べられる程度です。直接主義という口頭弁論の方式に関する規定の遵守に相当し，調書によって証明すべき事項です（同160条3項）。したがって，調書の記載を怠らないようにしなければなりません（民実Ⅰ，115頁）。

イ　刑事訴訟における公判手続の更新

　　刑事訴訟においても，公判手続の更新が必要となり，基本的には民事と同じです（刑訴法315条）。しかし，刑事の場合には直接主義，口頭主義の要請（第2部第1章総論75頁）から強い縛りがあるので以下具体的に述べます。

(ｱ)　公判手続更新時には，被告人の人定質問を行うのが通常です。次に，起訴状朗読は不要であり，公訴事実の要旨陳述で足ります（刑訴規則213の2①本文）。しかも，被告人及び弁護人に異議がなければ，その全部又は一部は省略できます（同規則213の2①ただし書）。

(ｲ)　裁判長は，被告人及び弁護人に対し，被告事件に対する陳述する機会を付与しなければなりません（同②）。黙秘権の告知は不要です。

(ｳ)　更新前の証拠は，更新に際して証拠調べをしない限り，これを証拠とすることができません。実体形成は，口頭主義，直接主義に反する限度で効力を失いますから，更新前の公判廷における被告人及び証人等の供述をそのまま証拠とすることはできません。しかし，これを記載した公判調書の供述部分は，公判期日における供述を録取した書面として証拠能力を有する（前者につき刑訴法322条2項，後者につき同321条1項，2項）ので証拠書類として証拠調べをすればよいことになります。

＊供述証拠の証拠形態の転化に注意：判決の証拠の標目には，「第〇回公判調書中の被告人（又は証人Ｂ）の供述部分」と記載することになるので注意されたい（「刑事判決起案の手引」[240] 41頁）。

　更新の際の証拠調べについては，「更新前の公判期日における被告人若しくは被告人以外の者の供述を録取した書面」等と

して取り調べなければなりません（刑訴規則213条の2③本文，ただし，同③ただし書）。証拠書類，証拠物については改めて朗読，展示を要しますが，訴訟関係人が同意したときは，朗読又は示すことに代えて「相当と認める方法」で調べることができます（同④）。

「相当と認める方法」としては，証拠の標目を明らかにすること，訴訟関係人に従前の証拠調べの結果を陳述させること等が考えられます。

最後に，裁判長は取り調べた各証拠について訴訟関係人の意見及び弁解を聞かなければなりません（同⑤）。

(エ)　実務のやり方

実務では，双方が同意すれば「従前のとおりでよいですね」と確認するだけで済ませています（ただし，書記官を通して，事前に双方に確認を取っておく必要があります。）。

ウ　事件審理の見極め

判断者が的確に心証を形成し，充実かつ迅速な裁判を実現するためには，民事・刑事裁判の進捗一般についてそれぞれの事件の見極めが大切です。特に，裁判官の交代が予想される異動時の審理進捗の見極め，証拠採否の見極め（正式鑑定請求等），その他地裁に移送すべきか否かの見極めなどのときには，後の審理に影響を残さず，スムースに引継ぎができるように細心の配慮が求められことに注意すべきです。

〔欄外〕裁判官交代と審理進捗の見極め

4　民事事件，刑事事件の事実認定の在り方に基づいて事例検討（各ケースは第3部に掲載）

(1)　刑事事件の場合

簡裁刑事裁判で問題となった事案を題材にして，犯人性，供述証拠の証拠能力や信用性，責任能力等が争われた場合に，事実認定をする事例

ア　犯人性が争われ，証拠構造から，第三者の目撃供述と識別供述の信用性判断が不可欠となり，各供述の信用性判断が必要となる事例　　　　　　　　　　　　　　　　【ケース1】

イ　目撃供述及び被告人の弁解供述の信用性を，それぞれ詳細に検討する事例　　　　　　　　　　　　　　　　　　【ケース2】

ウ　黙秘権及び供述拒否権を行使した場合に他の供述証拠や第三者の供述証拠，その他の状況証拠等から被告人の犯人性を認定する事例　　　　　　　　　　　　　　　　　　　　　　【ケース3】
　　　エ　記憶ないし意識障害等から全く記憶にないと供述した場合に，他の供述証拠や第三者の供述証拠，その他の状況証拠等から了解可能性を検討し，精神状態を分析の上，責任能力の有無を判断する事例　　　　　　　　　　　　　　　　【ケース4】
　　　オ　バイクと被害者の接触の有無及び日本語能力に劣ることから捜査段階の被告人の供述や実況見分調書等の証拠能力が争われた場合に，証拠能力の存在につき間接事実から認定し，接触の有無について，制動距離（スリップ痕の長さ）に基づき制動初速度を算出し，衝突を認定する事例　　　　　　　【ケース5】
　　　カ　不法領得の意思のような主観的要件が争われた場合（公訴事実の外形的事実は争わない）の事実認定の仕方を検討する事例
　　　　　　　　　　　　　　　　　　　　　　　　　　　【ケース6】
　(2)　民事事件の場合
　　　ア　民訴法244条により判断した事例　　　　　　【ケース7】
　　　イ　証明責任の分配の公平の観点を推し進め，さらに修正を施すべき場合として「時間外労働をしていることの立証の程度」を検討し，事実認定する事例　　　　　　　　　　　　【ケース8】
　　　ウ　簡裁民事裁判でよく問題となる交通事故事案を題材にして，人証調べをせず客観証拠等から事実認定する場合と人証調べをしてその信用性の判断をした上で，事実認定をする場合の検討事例
　　　　(ｱ)　人証調べをせず，争いのない事実及び道路状況，走行状況なども踏まえた客観証拠，ドライバー心理等から経験則により事実認定をする事例　　　　　　　　　　　　【ケース9〜11】
　　　　(ｲ)　人証調べを行い，尋問内容の信用性を判断したうえ，事実認定をする事例　　　　　　　　　　　　　　　　【ケース12】

第3節　まとめ

1　「当事者を納得させる裁判」と「当事者が納得できる裁判」

　　以上が，民事裁判と刑事裁判における事実認定とそのための民事訴訟手続及び刑事訴訟手続の似て否なる点または異同です。ど

こまでパラレルに考えられるかなど，両者の異同を明らかにすることにより，それぞれの裁判において的確な訴訟指揮，訴訟運営をすることができ，また，当事者においても求釈明等に対する的確な対応に資することになると思われます。

　ところで，裁判を審理するにあたり，<u>「当事者を納得させる裁判」</u>と<u>「当事者が納得できる裁判」</u>は，ニュアンスが若干異なると思います。ある種共通する部分もありますが，必ずしも一致しないと思われます。

2　民事裁判の立ち位置と判決書

　民事裁判においては，裁判体として，当事者の置かれた立場を理解し（共感），形だけ（紋切型）ではなく丁寧に対応することが必要ではないでしょうか。情理を尽くし，できるだけ説明説得に努力する。そして通る話と通らない話があることを説明し，最後は手続に従って，是々非々で締めくくるしかないと思います。そのようにすることにより，いわゆる顧客満足度もある種満たされるのではないでしょうか。そうすれば仮に判決に至ったとしても，判決書において詳細な記述は必要なく，控訴審向けを意識した主張・判断内容の記載で足りるのではないでしょうか（「民事判決起案の手引」第1章判決書作成の目的1頁）。

　なお，判決書の理由の書き方をめぐっては簡潔型と詳細型（事実認定の説示において，確信の持てる認定事実だけを言葉少なに述べ，心証などは語らず，事情も書き込まないタイプと，事案の背景から間接事実による推認の過程まで心証を詳しく書き込み，結論を示すタイプ）があるといわれています。この点については「判決とはどういうものか（倉田）」をお読み頂きたいと思います。

　もっとも，実際に，何を，どのように，どの程度記載するかは判決書の書き方として一般的に非常に難しい問題だと思います。とりわけ，簡裁事件の場合は，簡易迅速解決との要請（簡易裁判所の訴訟手続に関する特則：民訴法270条以下）から，簡潔な記載が求められ，いつも悩むところです。

│ 民事裁判における対応と審理
│ 民事裁判における当事者の納得
│ 民事判決における判決理由の記載
│ 簡裁民事判決と簡裁特則

3 刑事裁判の立ち位置と判決書

刑事裁判と被告人の納得又は観念

　刑事裁判においては，民事裁判と異なり，終局は一部の決定等を除いて判決によらざるを得ません。しかしながら，刑事訴訟手続の枠組みという限られた中でも，被告人が納得する裁判又は観念する裁判という意味では，前述した民事裁判における当事者に対する立ち位置に異なるところはないということができるのではないでしょうか。

　しかし，刑事裁判における判決の意味は，民事裁判とは異なります。

刑事裁判書は判決内容の証明文書
刑事裁判における判決の告知

　判決書は判決の内容を証明する文書であり判決書は判決そのものではなく，判決の内容を証明する文書たる性質を持つに過ぎず，判決は告知されたところの内容による。したがって，判決宣告にあたり判決書原本を作成しておく必要はない。（刑訴法342条）。上訴があった場合には，事後審であることから原判決書が主要な審査の対象となります。とりわけ判決書における理由の不備又は理由の食い違いは当然に破棄事由となること（同378条4号）に注意しなければなりません。

刑事判決に付すべき理由

　次に，判決に付すべき理由については，上訴の観点から理由を付さなければならず（同44条1項，同335条），同44条が要求する裁判の理由は，主文が導き出された理由のことであるから，その主文に到達した具体的根拠が分かるように記載しなければなりません。したがって，刑の言渡しに付随する処分（刑法19条の2など。）の理由も判決理由として示す必要があります。なお，刑訴法335条2項に当たらない事実上・法律上の主張に対する判断や量刑の理由を示すかどうか，あるいはどの程度詳細に判示するかは，裁判所の裁量にゆだねられています（「刑事判決起案の手引」1，2頁）。

　ところで，理由をどの程度記載するかの目安としては，控訴審は被告人側の反論をいちいち潰すが，原審（特に簡裁）の場合には自分（当裁判所）はこういう理由でこう考えるという点を書けば基本的には足りるとの意見もあります。

簡裁刑事判決における簡潔記載

　簡裁刑事判決の記載の仕方については，民訴法の簡易裁判所の訴訟手続に関する特則のような規定は刑訴法には規定がないものの，簡潔な記載は簡裁民事判決と同様刑事判決においても基本的

に求められている要請ではないかと思われます。しかしながら刑事判決の場合には，争点の重み（犯人性など）や証拠構造（状況証拠による事実認定等）などにより，主文に至った根拠は自ずと詳しくならざるを得ないものもあり，事案によるとしかいえないところもあるのも事実です。

第2章　民事裁判（民事訴訟手続）と民事調停手続

第1節　総論
1　民事裁判と民事調停の事実認定の在り方及びその意義

<small>民事裁判と民事調停における事実認定の位置づけ</small>

民事裁判では，過去の事実を的確に認定する作業（事実認定）が中心となり，それに法規を当てはめて判断（判決）することになりますが，民事調停では，適切・妥当な解決策を見出すために，過去の経緯や背景事情などについて正確な認定・認識を必要とする場合があるものの，さらに，将来的にどのように考えれば当事者双方にとって良い解決になるかを考え，紛争の根を断ち切ることを検討することを目指すことになると思われます。そのためには，双方の主張，言い分を調整もせず，対立した状態のままで判断を下すのではなく，限られた証拠の中で，更なる事情聴取を試み，幅広い多様な解決策を模索することが必要になってきます。その際，双方に対し，現実や実情に向き合わせ，それらを受け容れさせ，双方に正しい現状認識をさせることが必要です。それを基にして自ら解決の糸口を見出させることになります。調停委員会（裁判官と市民から選ばれた有識者2名により組織される）はその糸口をサジェストし，合意作りに尽力することになります。この点に，調停手続において，裁判とは大きく異なる意味があると考えられます。

<small>合意形成のためのツール</small>

つまり，民事裁判における事実認定は，主文を導くためのものであるのに対し，民事調停における事実認定は，合意形成のためのツールであるといえます（第3節3(3)62頁）。

そして，合意に達すれば，調停における調停成立調書の効力は，判決や和解調書と同様に債務名義になり，民事裁判における終局と異なるところはありません（民調法16条）。

2　民事訴訟手続と民事調停手続の基本的視点及びその異同
(1)　民事訴訟手続と民事調停手続の構造上の相違

民事調停は民事訴訟と同様，民事に関する紛争を解決する目的で創設された制度です。しかし，次のとおり，手続の構造は相互に異なります。

民事訴訟においては，裁判所は，審判者の立場であり，その判断材料の提出は，当事者の権能，責任とされています（当事者主義）が，民事調停では，最終判断者は当事者といってよく（合意成立の鍵を握る者は当事者である。調停に代わる決定〈いわゆる17条決定，民調法17条〉も消極的合意といえる。），その判断材料の収集は調停委員会の権能，責任とされています（職権主義，民調法12条の7，非訟法49条）。したがって，民事調停には弁論主義は適用されません。

> 民事調停での最終判断者

> 民事調停には弁論主義の適用はない

申立の対象についても，民事訴訟では，申立事項を超えて判決をすることはできませんが（処分権主義，民訴法246条），民事調停では，個人間の紛争を解決する制度ですから，個人間に存在する紛争が調停の対象（訴訟物に対する概念としてこれを調停物という論者もいる。）となります。したがって，申立事項を超えて合意が成立することや，直接の申立事項を離れた関連事項について合意が成立することもあります。申立の請求も，「相当な調停を求める」とか「相当と認められる金額の確定を求める」といった申立のスタイルも認められております（※9）。

> 訴訟物と調停物
> 申立事項を超えた合意

※9　司法書士代理の場合，140万円を越えた額での合意は成立させることはできない（司法書士法3条1項6号ニ）ので注意されたい。

また，調停運営の仕方についても，当事者から背景事情など，主張してない事情を聴取したり，答弁書や回答書で認めていても，関連事項を聴取したりすることに法律上の制限はありません。証拠についても，当事者が提出しない場合には，積極的に証拠の提出を促し，収集に努めます。

> 調停委員会における証拠収集

(2) 民事調停手続の法的性格

民事調停事件の法的性格は非訟事件であるから非訟事件手続法が準用されることになります（民調法22条）。

ところで，民事訴訟は，私人間の紛争の解決を目的とするものですが，非訟事件は，争訟性の程度の違いから行政権の範囲に含まれる非争訟的非訟事件と司法権の守備範囲に近い争訟的非訟事件に分けられます（「民訴法（伊藤）」第2節訴訟事件と非訟事件7頁）。民事調停事件は争訟的非訟事件に近いといえると思います。そこで，調停委員会が職権で事実の調査及び証拠調べをするときには，民事訴訟法の準用（民調法12条の7第1項，22条，非

> 民事調停と争訟的非訟事件

訟法53条1項）があります。

　なお，この他の詳細な調停手続の解説については，民事調停法及び非訟事件手続法に沿って解説することが必要ですが，本書は，民事調停手続の手続解説を試みることが目的ではありませんので，同解説は他の解説書に委ねたいと思います。

3　民事調停手続と労働審判手続及び他の裁判外手続（ADR）との異同

　民事訴訟手続と民事調停手続の異同を考えるにあたり，その前に対照すべき手続として，労働審判手続と他の裁判外紛争解決手続（ADR）があります。そこで，民事調停手続と労働審判手続及び他の裁判外紛争解決手続（ADR）との異同について以下簡単に触れることにします。

(1)　労働審判との異同

　労働審判手続は，平成18年4月1日から開始された手続であり，裁判官である労働審判官1人と労働関係の専門的知識を有する労働審判員2人（使用者側1人，労働者側1人）で組織された労働審判委員会が，個別労働紛争を原則として3回以内の期日で審理し，適宜調停を試み，調停に至らない場合には，事案の実情に即した柔軟な解決を図るための労働審判を行うという紛争解決手続です。労働審判手続と民事調停手続を比較すると，前者は対象事件が個別労働紛争に絞られていること，調停が成立しなかったときには必ず審判を行うこと，終局まで原則として3回以内という制限があることが異なるものの，労働審判を調停に代わる決定（17条決定）に置き換えますと，双方の制度設計は相当類似しているといえます（「民事調停の運営方法に関する研究（司法研究）」19頁）。

　なお，労働関係民事紛争についての主な利用手続である調停手続，労働審判手続及び少額訴訟手続の異同については，労働関係民事紛争に関する各種手続比較表（別添）のとおりです。

(2)　他の裁判外紛争解決手続（ADR）との異同

　ア　ADRは，運営者を基準に，裁判所が設置運営する「司法型ADR（調停）」，行政機関が設置運営する「行政型ADR」，民間機関が設置運営する「民間型ADR」に分類されます。行政

［労働審判と調停に代わる決定］

— 50 —

型ADRとして代表的なものは，労働委員会，建設工事紛争審査会，国民生活センター紛争解決委員会，公害等調整委員会，筆界特定制度が挙げられます。民間型ADRとしては，ADR促進法（平成19年4月1日施行）に基づいて認証を受けた事業者が既に100を超え，裁判外紛争解決手続の業務を行っています。

イ　民事調停とその他のADRとの最も大きな違いは，調停が中立公平な裁判所で実施され，法律専門家である裁判官が関与する手続であるという点にあると思われます（「民事調停の運営方法に関する研究（司法研究）」24頁）。そして，債務名義が作れるか否かという点です。

〔調停における債務名義の作成〕

第2節　民事調停手続の効用（メリット）

　民事訴訟手続と民事調停手続の異同を考えるには，民事調停手続の効用（メリット）を明らかにすることが有用だと思います。

1　調停手続の特徴（訴訟との対比）

　調停申立費用は廉価であり，（調停事件の手数料額は訴訟事件の半額かそれよりも少ない額，民訴費用法3条1項別表第一の14），手続も非公開（プライバシーに配慮）・簡易・柔軟で，職権主義的に運営され，資料収集も弁論主義が妥当せず，調停委員会が職権で事実の調査等を行うことから，当事者の手続上の負担は訴訟に比べて軽いです。調停における解決すべき事項の範囲も，当事者の申立事項に限定されず，当該紛争に関連する一切の紛争を一括して解決することが可能であることは既に述べたとおりです。したがって，柔軟な解決を望む場合には，調停は様々な利点を有しています（「民事調停の運営方法に関する研究（司法研究）」17頁）。

〔民事調停における手続費用は廉価〕

〔調停申立事項と柔軟な解決〕

　また，調停手続は，裁判官である調停主任のみでなく，民間出身の有識者や専門的知識を持った調停委員2名の合計3人での合議により，その運営・進行を行い，かつ，心証を形成し判断するシステムになっています。この点は単独で審理・判断を行う簡裁民事訴訟とは大きく異なるところです。

　そして，当事者間に合意が整えば，その調停調書は，判決や和

〔当事者の合意と債務名義〕

解調書と同様に債務名義となることは既に述べたとおりです（民調法16条）。

2　本人による申立て

1で述べたとおり，調停手続は，当事者の手続的負担が軽いため，弁護士など法律専門家を代理人として依頼する必要性は少なく，本人自身により容易に申立てができます。

申立費用の救助手続

なお，手続上の救助の規定（民調法22条，非訟法29条〔平成23年法改正〕）により，民訴法の訴訟救助の規定にならい，調停手続の準備及び追行に必要な費用を支払う資力がない者又はその支払により生活に著しい支障を生じる者に対しては，申立てにより調停手続に必要な費用の支払を猶予することができるようになりました。

3　弁護士の立場からの調停手続選択のメリット（羽成守「調停時報」193号60頁など。）

証拠が十分でない場合
(1)　証拠が十分にそろっていない場合の申立て
　　互譲により短期の金銭解決が図れることがあります。

(2)　請求権の時効消滅を中断するための申立て

時効の中断のため
　　消滅時効を中断するための申立てがありますが，調停合意が成立しなかった場合に中断の効果を継続させるためには，申立ての取下げではなく，調停を不成立にしなければなりません（民法147条1号，149条，151条、民調法19条）。その点に注意を要します。

(3)　当事者の動機，本音を探るための申立て

解決の糸口を見出すため
　　話合いのきっかけや糸口を見出すために，申立人の負っている債務不存在確認又は債務確定という形式で調停申立てを行うことができます。

感情対立激しい場合
(4)　感情対立が激しい場合の申立て
　　感情対立が激しい場合に第三者の仲介により解決の糸口をつかむ意味で調停申立てを行う場合があります。

4　調停前置主義による申立て

調停前置主義とは，民事訴訟を提起する前提として，調停手続

を経ることを必要とする制度です。したがって調停前置主義による調停申立ては，制度的効用といえると思います。

　調停は，手続や立証方法などが比較的緩やかであり，当事者双方の互譲の精神により解決が望めることから調停を経る方が当事者の利益になるという考え方に基づきます。

　家事事件では一般にこの調停前置主義がとられています（家事法257条1項）。民事調停では，地代家賃増減額請求事件（民調法24条の2第1項，借地借家法11条，32条）につき，調停前置主義がとられています。土地や建物の賃貸借契約という継続的な契約関係にある当事者の場合，当事者間の利害を調整しつつ，当事者の互譲による合意で円満に解決するのが良好な借地借家関係を維持していく上で望ましいということからこの制度が採られたと考えられます。また，専門的知識を有する調停委員（不動産鑑定士）の関与により紛争を適正，迅速に解決できるというメリットが考えられます。

　なお，調停前置主義に反して訴訟を提起した場合には（調停前置は訴訟要件ではないが），調停前置主義を徹底させるため，その事件を調停に付さなければなりません（民調法24条の2第2項本文）。これを付調停といいます。この場合，受訴裁判所は，調停終了まで訴訟手続を中止することができます（民調法20条の3第1項）。

5　電話会議システム等の活用

　当事者が遠隔の地に居住しているときその他相当と認めるときは，当事者の意見を聴いて，裁判所及び当事者双方が音声の送受信により同時に通話できる方法（電話会議システム及びテレビ会議システム）を用いて，調停期日の手続を行うことができます（なお，映像等の送受信〈テレビ会議〉による尋問，民訴法204条）。

　民事訴訟手続において平成10年から利用されている電話会議システム等を民事調停手続でも利用可能になりました（民調法22条，非訟法47条〔平成23年法改正〕）。

　これは当事者の利便性に配慮したものであり，民事調停手続活用の幅を広げるものといえます。ただし，膝を交えた話合いによ

〔欄外〕
制度的効用

継続的契約関係維持に適切

民事調停手続活用の幅拡大

り互譲を引き出し，合意を生み出すという交渉術の基本から考えると電話会議システム等を利用する場合の必要性や相当性をよく吟味すべきであり，また，利用可能な調停室も限られ，利用した旨を記録上明らかにする必要がある（民調規則24条，非訟規則42条2項）ので，調停委員会は，書記官とよく打合せをしておく必要があります。

6　付随申立て

民事調停の申立てに伴って，付随的に，次の申立てが認められています。

(1)　手続上の救助

「2本人による申立てのなお書」52頁で述べたとおり，手続上の救助の規定（民調法22条，非訟法29条）により，民訴法の訴訟救助の規定にならい，調停手続の追行等に必要な費用を支払う資力がない者等に対しては，申立てにより調停手続に必要な費用の支払を猶予することができるようになりました。申立人の資力の程度によっては，申立手数料や鑑定費用等の比較的高額になる費用の一部に限って救助を付与することもできます。

救助付与の決定が出されると手続費用の支払が猶予されますが，調停事件が終了すると当該負担者はその費用を支払わなければなりません。

なお，救助申立てが却下された場合には，申立人はこの却下決定に対し，即時抗告をすることができます（非訟法29条2項，67条1項，81条，民訴法86条）。

(2)　民事執行手続の停止

<!-- 傍注：調停申立と民事執行手続の停止 -->

調停事件の当事者は，調停事件の係属する裁判所に対して，当該調停が終了するまで調停の目的となった権利に関する民事執行の手続を，担保を立てさせて，停止することを求めることができます（民調規則5条1項，2項）。ただし，執行停止を求めることができる民事執行手続は限定されており（民調規則5条1項ただし書），執行停止の対象は，公正証書による強制執行，担保権の実行としての競売になります。

また，特定調停についても，同様に，担保を立てさせて，又は立てさせないで，執行停止を求めることができる制度が設けられ

ています（特定調停法7条1項，同規則3条1項）。

　なお，上記執行手続停止に係る決定に対しては，当事者は，この決定に対し，即時抗告をすることができます（民調規則5条5項，特定調停法7条4項，非訟法81条）。

(3) 調停前の措置

　調停事件の当事者は，調停委員会（裁判官調停の場合への準用，民調法15条）に対して，調停の成否が確定するまでの間，相手方その他事件の関係人に対し，調停の内容たる事項の実現を不能又は著しく困難ならしめる行為の排除を求めることができます（民調法12条，申立手数料は不要）。調停前の措置は，民事保全法における仮処分のように債務名義（民事保全法43条，52条2項）となるものではなく，執行力はなく（民調法12条2項），強制力のない裁量的，行政的な処分です。したがって，措置に違反した行為の私法上の効力に対して影響はないと解されています。また不服申立てもできません（「注解民事調停法」178頁，「民事調停法」（小山昇）有斐閣260頁）。措置が認められない場合には，措置しない旨を明らかにするだけでよいことになります。 ── 調停前の措置とその効力

　なお，この措置を命じられた当事者が，これに従わなかった場合には，上記のとおり措置の内容を強制執行によって実現はできませんが，正当な理由がないのに従わないときは，過料の制裁が科されることがあります（民調法35条）。 ── 調停前の措置と過料

7　付調停

(1) 調停は，申立てによって手続が開始されるのが原則ですが，訴訟事件又は非訟事件が係属している裁判所が，職権で当該事件を調停に付することによって開始される場合もあります。これを付調停といいます（民調法20条1項，4項）。 ── 職権における付調停手続

(2) 訴訟係属中の付調停

　「第4節民事訴訟と調停との係わり」65頁

8　経済的再生手続としての特定調停

(1) 特定調停手続

　特定調停法は，支払不能に陥るおそれのある債務者等が負っている金銭債務に係る利害関係の調整を，裁判所の民事調停手続で ── 特定調停手続と多重債務者

行うこととして，当該債務者等の経済的再生を図るために，民事調停法の特例である特定調停の手続を定めたものです（同法1条）。

(2) 廃業支援型特定調停スキーム

> 保証債務の債務整理のスキーム

ア　日本弁護士連合会（以下「日弁連」という。）は，中小企業者等に対する金融の円滑化を図るための臨時措置に関する法律（以下「中小企業金融円滑化法」という。）が平成25年3月31日に終了したことへの対応策として，主に中小規模以下の中小企業の事業再生を支援するため，最高裁判所，経済産業省中小企業庁，金融庁と協議し，簡易迅速な私的再生手続として特定調停法に基づく特定調停制度を活用するスキーム（以下「本特定調停スキーム」という。）を策定しました。本特定調停スキームの運用は平成25年12月から開始されています。

　本特定調停スキームは，民事再生等の法的再生手続によれば事業価値の毀損が生じて再生が困難となる中小企業について，弁護士が，税理士，公認会計士，中小企業診断士等の専門家と協力して再生計画案を策定し，金融機関である債権者と事前に調整を行った上，合意の見込みがある事案について特定調停手続を経ることにより，一定の要件の下で債務免除に伴う税務処理等を実現し，その事業再生を推進しようとしたものです。

イ　日弁連は，同じく平成25年12月に「経営者保証に関するガイドライン」を公表し，同ガイドラインに基づく保証債務の整理にあたり，特定調停手続を活用することが極めて有用であるため，最高裁判所，経済産業省中小企業庁，金融庁と協議を行い，特定調停により主たる債務者（事業者）を債務整理する場合に保証人（多くは経営者）も一体で債務整理を進めることを想定して「本特定調停スキーム」の手引きをこれに対応して平成26年12月12日付けで改訂しました。

ウ　さらに，日弁連は，中小企業の円滑な廃業支援の必要性が高まっていることから，平成29年1月27日，本特定調停スキームを利用した廃業支援策の利用のための，「事業者の廃業・清算を支援する手法としての特定調停スキーム利用の手引き」（以下「本廃業支援型特定調停スキーム利用の手引き」という。第3部資料編185頁）を策定し公表しました。

本廃業支援型特定調停スキーム利用の手引きは，中小企業を廃業する際において特定調停を利用し，かつ保証人の保証債務については経営者保証に関するガイドラインに則った処理を行うものとして，日弁連がこれまでに公表した「中小企業金融円滑化法終了への対応策としての本特定調停スキーム利用の手引き」及び「経営者保証に関するガイドラインに基づく保証債務の整理の手法としての特定調停スキーム利用の手引き」ではカバーしていない特定調停を利用した廃業支援に関する手引きです。同手引きの策定は，日弁連が，最高裁判所，経済産業省中小企業庁，金融庁等の関係機関との調整を経たうえで策定したものです（「廃業支援型特定調停の運用（高井他）」，「経営者保証ガイドラインの実務（銀行法務）」）。
　以上のとおり，民事調停法の特例手続である特定調停手続の用途は広まっており，効用はますます大きくなっていると思われます。

9　その他改正による当事者への権利付与等

　平成23年の民調停法及び非訟法の改正による民事調停手続の機能強化の一環として，当事者への管轄違いの移送申立権の付与と裁判官，裁判所書記官及び調停官の忌避等についての規定が創設されましたので，これらを調停制度活用の利便を図る改正点として，民事調停手続の効用として採り上げました。

(1)　管轄・移送について

　民事調停は，特別の定めがある場合を除いては，相手方の住所，居所，営業所又は事務所の所在地を管轄する簡易裁判所に管轄があります（民調法3条1項，特別の管轄の定めとして民調法24条，26条，32条，33条の2，33条の3）。民事訴訟では，原告の住所地等に訴えを提起することができる場合もありますが（義務履行地，民訴法5条1号），調停ではできません。
　そこで，民事調停の申立てが，管轄のない裁判所に提出された場合には，申立てを受けた簡易裁判所は，当事者の申立て又は職権により，これを管轄権のある裁判所に移送しなければなりません（民調法4条1項）。
　もっとも，民事調停は，事件処理にとって最も相応しい場所に

ある裁判所で実施すべきなので移送については，かなり弾力的な扱いが認められています。したがって，事件を処理するために特に必要があると認めるときは，職権で，これを他の管轄裁判所に移送することも，また，移送せずに申立てを受けた簡易裁判所で処理することもできます（自庁処理，民調法4条1項ただし書）。

そして，調停を行う裁判所がどこかは当事者に与える影響が大きいので，職権で移送の判断を行う場合でも当事者の意見を聴くことができるとされています（民調規則2条）。

管轄違いと移送申立権

このように，管轄は当事者にとって影響が大きいので手厚く保護されているといえます。

なお，移送申立てに対し却下がなされた場合には，即時抗告ができますが（民調法21条，22条，非訟法10条1項），電話会議の利用等により，移送申立ての実益は相対的に低くなっているということもいえそうです。

(2) 忌避等について

裁判官等の忌避

平成23年の改正により，裁判官，裁判所書記官及び調停官の除斥及び忌避の規定が明文化されました（非訟法11条ないし14条，民調法23条の4）。なお，同改正では，非訟事件における迅速処理の要請及び濫用の可能性に配慮し，刑訴法24条を参考として，いわゆる簡易却下の制度を導入しました。

上記規定は，民事調停手続の機能強化の一環として，中立性・公平性を担保するための制度としての意義を担っているといえます。

忌避の申立てがあった場合には，急速を要する行為を除き，当該調停事件の手続はその裁判が確定するまで停止し，忌避の対象となった当該裁判官は忌避の裁判には関与できません。ただし，違法又は不当な忌避申立てに対しては，民事訴訟では簡易却下は認められておりませんが（なお，忌避権の濫用の場合に簡易却下を認めた下級裁判例は多数ある），上述のとおり，民事調停手続では簡易却下が可能です（非訟法13条5項）。したがって，違法又は不当な忌避申立ての場合において簡易却下をした場合には当該調停事件の手続は停止しないので，事案の内容及び進捗状況により，終局判断も可能となります（同5項，4項）。上記簡易却下決定に対し即時抗告の申立て（同9項）がなされた場合には，

上記終局判断により抗告の利益がなくなると考えられます（最一小決昭59.3.29刑集38巻5号2095頁）。

第3節　民事調停手続の特質

　次に民事調停手続の特質をみなければなりません。その際，特筆すべき課題は，民事調停手続の機能強化についてであり，近時，民事調停手続の機能強化のための調停技法のスキルアップ方策が模索されています。そのテーマを扱ったものとして，民事調停の運営の在り方はどうあるべきか，民事調停にどの様に取り組むべきかについて論述した「座談会民事調停の機能強化」（判例タイムズ1369号4頁，同1383号5頁）及び同じく「民事調停の運営方法に関する研究（司法研究）」（29頁以下，50頁以下）がありますので，是非それらも参照してください。

　それでは，民事調停手続の機能強化の観点を踏まえ，民事訴訟手続と対比させながら民事調停手続の特質，特異性等について以下詳述します。

1　調停手続の機能強化

　民事訴訟の終局は判決または和解ですが，民事調停の終局は調停成立か不成立，つまり合意が整うか否かです。したがって，判決を求める手続でないことから，元々証拠は少なく，そのような条件，状況の中で合意を目指すというテクニックが求められます。そのためには調停委員会として調停をどう進めるのがよいか，という調停運営手法のスキルを向上させ，調停目的達成のために調停手続の機能強化を図らなければなりません。

［傍注：民事調停手続の機能強化］

2　調停事件の類型化

　合意成立のためには，その前提として，紛争の原因に係る争点について，なにがしかの事実認定ないし評価が必要となります。ただ事案により争点の内容は輻輳し，一様でないことから，事件を内容別に大まかに類型化し，その類型に応じた調停運営を試みることで，効果的，かつ相応しい取組ができると思われます。そこで，申立てられた事件を以下の4つの類型に分類することが考えられます（※10「民事調停の運営方法に関する研究（司法研

［傍注：民事調停事件の類型化と調停運営］

究）」30頁，判例タイムズ1369号5頁）。

調停事件の類型について（第Ⅰから第Ⅳ）
第Ⅰ類型：事実関係に争いがあり，その認定が調整活動のポイントになるもの（例えば，金銭の交付について貸金か贈与かが争われる事案，解雇か自主退職かが争われる事案，事故態様が争われる交通損害賠償請求事案等）
第Ⅱ類型：評価根拠事実・評価障害事実の評価障害事実の評価が調整活動のポイントになるもの（例えば，建物明渡請求事件において正当事由が争われる事案等　※11）
第Ⅲ類型：履行義務の存在自体に争いがないが，その具体的債務額ないし履行方法が調整活動のポイントになるもの（例えば，借受金の金額に争いがないが，手元に資金がなく一括払いができない事案等）
第Ⅳ類型：感情的対立等の調整が特に必要なもの（例えば，親族間の共有物分割請求事案等）

　各期日において複数の事件が同時に並行進行することが多いことから裁判官が全事件に同じように力を注ぐことは難しいと思われます。そこで，従前どおり，調停委員に中心となって運営してもらうほうが適切な事件も多いと思います。しかし，その中で特に裁判官が積極的に関与すべき事件があると思われます。事案を上記のように4つの類型に分類すると，特に第Ⅰ，第Ⅱ類型について積極的に関与すべきではないかと思われます。

※10　上記分類は事案の振り分けを分かり易くするための分類である。
　　確かに，上記分類だけでは不正確な点もあり，誤解を生みかねないデメリットもある。上記各類型の中に，他の類型の問題点ないし争点が加わるもの，また，どれかに当てはまったとしても，それのみで終始することは少ない場合も多いと思われる（例えば，Ⅰ＋Ⅳ，Ⅰ＋Ⅱ，Ⅰ＋Ⅱ＋Ⅲ，Ⅰ＋Ⅱ＋Ⅳなど組み合わせた類型も考えられる）。
　　したがって，以上のほかに，それぞれの類型が複合的に組み合わさるものがあると考えられるが，上記分類は，事案を振り分けるための大枠としての概括的分類と理解されたい。
※11　規範的要件とは，「過失」，「正当な理由」，「正当事由」のように，規範的評価を伴う実態要件のこと，賃料増額請求の場合の「相当な賃料」もそうである。

3 的確な事実認定と合理的な解決案の策定・提示

民事調停の紛争解決機能を高めるためには，的確な事実認定を基盤にした，合理的な解決案の策定・提示が重要なポイントになると思われます。

(1) 視点

　ア　当該事案の請求権（申立て内容：訴訟の場合の訴訟物に対応する調停物とでもいうもの）は何か，次に請求根拠（請求原因事実，間接事実）は何か，その関連事実，事情は何か，背景事実又は背景事情は何かと当事者間に存在する背景にまで遡り，事情聴取を行い，問題点を明らかにしていくことが必要です。そして前提事実あるいは動かない事実を確定し，それらをベースにして，主張の整合性や経験則等からそれぞれの事実を認定することになります。〔的確な事実認定等と事情聴取／前提事実あるいは動かない事実の確定〕

　イ　民事調停の場合，判断に必要な証拠が十分にはないことが多いです。したがって当事者からの事情聴取が非常に重要になります。そこから主張と整合する事実や矛盾する事実を見極めていく。そして争いのない事実，動かない事実を確定していく。つまり，<u>調停委員会が，裏付け証拠の少ない中で争いのない事実などを前提に，整合性の有無や合理性に基づき，合理的で相当な事実関係を決めていく</u>ことになります。

(2) 調停委員の役割

　ア　紛争の実態，実相を的確に把握するためには，当事者から本音や隠している事情，背景事情などを聴きだすことが必要です。目の前の調停委員にどこまで話してよいか，どこまで秘密を話すべきかなど，値踏みし，信頼できる人であるか，当事者は調停委員会の各委員の人物評価をしているはずです。信頼を得るには真剣に事件に向き合い，誠実に対応することが必要だと思います。そして，安心感，信頼感から胸襟を開かせることが大切です。〔調停委員会と当事者の信頼関係〕

　そこで，事情聴取をする際には，相手の話に傾聴し，相槌や頷くなどの共感を示し，さらに受容し，関心を示すなどのコミュニケーションスキルを磨くとともに，話を引き出す手法に長けた調停委員から柔らかい雰囲気の中で，幅広く聞き出してもらうことが求められます。〔調停委員のコミュニケーションスキルの向上〕

	イ　調停主任は，第1回調停期日及び続行各調停期日を充実させるために，事前ないし期日間準備及び情報の収集に努め，収集した情報が早期に調停委員に伝わるように工夫・配慮し，情報の共有化に努めることが必要です。そして事案に応じた計画的な調停運営に努めることが求められます。また，調停主任は法的観点を踏まえた調停運営に心がけることも必要です。
調停委員会での情報の共有化	

(3)　調停における事実認定（訴訟の事実認定との違い）

　　訴訟における事実認定は，裁判所の公権的判断であり，その後の権利関係に拘束力を付与する判決に向けられたものであるから厳格な手続による証明により高度の蓋然性が求められるのに対し，調停における事実認定は，合意形成のための納得できる程度のツール（双方からの譲歩を引き出し，適切な合意成立を図るための契機ないし手段としてのもの）であり，合理性があればよいと思われます。換言すれば，訴訟（証拠や事実関係）を念頭に置きながら解決案を調整することも必要ですが，過去の事実関係や現在の法的評価や権利を踏まえつつも，当事者間の合意で新たな法律関係を形成することができることに調停の意義があるということに思いを致すべきです。

　　つまり，調停における事実認定は，判決の基礎となる事実認定とは異なり，双方から譲歩を引き出し，適切な合意形成を図るための契機ないし手段にすぎないことから，判決における『高度な蓋然性テストを経た事実認定』は必要でない，ということです。

　　当事者が合意をするに当たって納得できる程度の合理性があれば足ります。

　　⇒概ねこちらの方が正しそうだ，こちらの主張の方が十分あり得そうだ，あり得そうにない話だ，等々です。

(4)　評議の重要性

　ア　事前評議の重要性

　　　調停は，訴訟に比べて証拠が乏しい事件が少なくありません。これは，調停事件の中には，証拠が十分でないからこそ訴訟ではなく調停を選択している事件が少なくないことや，調停では証拠調べはあまり行われず，事実の調査によって事実認定がされることがほとんどであることなどの事情にもよります。このため，調停においていかに適切な事実認定ができるかどう

（左側欄外：合意形成のためのツール／高度な蓋然性テストを経た事実認定／適切な事実認定↑）

かは，当事者に対する事情聴取を適切に行うことができるかにかかっているといっても過言ではありません。したがって，事情聴取を適切に行うためには，調停主任と調停委員が期日前に評議を行い，当該事案に対する認識を共有し，事情聴取のポイントを打合せておくことが重要となります。

　イ　事前評議，中間評議，事後評議の方法，タイミング

　　評議は，基本的には，必要に応じて随時実施することが求められます。

　　具体的には，事案により，第1回期日前評議は簡単にとどめ，期日で当事者から事情聴取をした後に，中間評議や事後評議を随時実施し，今後の方針や対立点の確認，想定される関連証拠等について評議をした方が効果的な場合もあるので，できるだけ早い段階で評議を行うことは重要ですが，どの段階で評議を行うのが効果的か事案に応じて検討することが重要です。

(5)　解決案の策定と当事者の説得調整

　ア　訴訟と異なる解決案

　　調停は，裁判所による手続なので，解決案を策定する場合法的にどちらの主張が正しい（正しそう）か，仮に決裂して訴訟になった場合どう解決されることになるのか，どちらが柔軟で落ち着きがよいかということは（限られた証拠の中においても）考えておく必要があります。

　イ　法的観点を踏まえた解決と柔軟で落ち着きのよい解決

　　法的観点を踏まえた解決案を出発点としつつも，紛争の背景事情や関連事実を考慮して，これをどう落ち着きのよい解決に向けて修正していくかが調停の妙味です（※12）。

　　※12　法的知識が必要な場合には調停主任が議論をリードし，他方，柔軟で落ち着きがよい解決という側面では，まさに，豊富な社会経験と健全な良識を持つ調停委員の優れたバランス感覚が重要。特に調停委員は，事情聴取の過程で，当事者のこだわりや隠れた要望・気持ち，資力，生活状況など様々な事情を聴取している。このような情報が解決案を策定するに当たり，重要な考慮要素や調整要素となる場合が少なくない。

　ウ　解決案の策定

　　策定した解決案を基に，これを腹案として当事者の説得調整あるいは当事者に自主解決の糸口をサジェストします。

――

適切な事情聴取
↑
事前評議による認識の共有

評議は随時実施

法的観点を踏まえた解決案

　　　　　　　　→折り合いがつかない場合は解決案を提示する。
　　　　　　　　→さらに説得調整→合意（同時的かつ積極的合意）
　　　　　　　　　　↘17条決定（再考を促す，事後的かつ
　　　　　　　　　　　　　　消極的合意）

17条決定は事後的かつ消極的合意

　以上，いずれも当事者の合意に基づく自主的解決といえます。
　ここで，いわゆる17条決定（民調法17条）について付言しますと，調停委員会の提示した調停案で合意に至らない場合において，当事者には同決定とほぼ同一の調停案を提示し当事者間の利害調整や説得が十分なされていると認められるときは，不意打ち防止の観点からみても問題はないと考えられますので，同決定をする方向で検討することが相当と思われます。

17条決定を出す場合の条件

　なお，いわゆる17条決定（民調法17条）の性質については，当事者の意思決定の自由を重視する調停合意説のほか，調停委員会の公権的判断の面を重視する調停裁判説があります（注解民事調停法238頁）。

エ　具体的に目指すもの

　具体的に目指すものは何でしょうか。それは，民調法1条に定める「民事に関する紛争につき，当事者の『互譲』により，『条理』にかない『実情に即した』解決を図ることを目的とする」ことです。

条理にかなった実情に即した解決策

(ア)　『条理』とは，一義的ではなく，かならずしも権利義務関係に縛られるものでもなく，要件事実に縛られるものでもありません。したがって，事案の実情に即し，法や事実を踏まえた合理性のある根拠に基づく説得をしながら，合意を目指し，調停案を作成することになります。

　これは調停の経験などにより実感しながら積み上げられるものでもあります。

(イ)　紛争の多くは多層構造をなしています。それゆえに調停手続が選択された部分もあるといえます。

　権利義務の基準で解決すればよいと考えられるのは紛争の表層部分（氷山の海面上）だけであり，それでは紛争の根がある下層の部分（氷山の海面下の部分）は放置されてしまうことになります（調停時報184号86頁）。

紛争の表層に限らず下層部分（根）まで解決

　調停委員会としては表層に限らず，下層部分（根）まで解決

することを目指すべきですが，そのためには紛争の実態を的確かつ客観的に把握する必要があります（一定の手続保障として，民調法12条の7第1項，22条，非訟法53条1項）。しかしながら，その把握には，限界があるのも事実です。

どこまで把握し，どのように合意点を見いだすか，難しいところではあります。

(6) 運用の実際

ア 調停主任としての立ち位置

事案により異なると思われます。

イ 事案の選別

(ア) 前任者からの引継ぎ続行事件は，今までの経緯を調停委員から聴き取り，証拠資料等を見て，終わり方の見定め，見極めをすることが重要です。

(イ) 新件は大まかに分類し，調停委員会の構成や審理計画を立てることが望ましいです。

　a 専門性が高い事案

　　どこが問題となっているか把握できないと法的問題点は確定できません。専門調停委員による事情聴取を先行させ，専門的見識を踏まえたうえで，何が争点となり，法的問題点はどこにあるのかを確定する方が効果的と思われます。

　b 一般事案

　　背景がある事案の場合には，法的問題点を探る前に，詳しい事情聴取を先にした方が効果的な場合も多いです。その場合調停委員に絞り込みを依頼するのもよいかもしれません。

　c 比較的争点が明確な事案，取り組みやすい事件

　　（消費者契約関係など）

第4節　民事訴訟と調停との係わり

民事訴訟手続における調停手続の利用（主に専門性の高い事案について）

1　簡裁民事訴訟手続は，単独のため事件の審理にあたり1人で悩むことが多いです。司法委員制度の積極的活用（民訴法279条）もその解消になる場合もありますが，それだけではまかないきれ

ない場合も多いと思います。そこで，調停手続の特質を利用した解決を図ることが考えられます。

今までにも事案により調停に付する方法の活用がなされていましたが（民調法20条），ここでは「専門委員の関与（民訴法92条の2）」が必要とされるような事案の場合に調停手続を利用することの提案です。

調停手続と専門委員の関与

2 簡裁民事訴訟事件において，「専門委員の関与（民訴法92条の2）」の手続を利用することは予定してないと思われますが，事案あるいは進捗状況によっては専門委員の関与を必要とする場合もあります。当該事案に相応しい専門の司法委員がいればその関与が可能であるが，そうでない場合，それを補う方法として付調停手続（民調法20条：適当であると認めるときは，職権による付調停が可能である。）の利用が考えられます。

(1) 専門事件の解決方法として調停（いわゆる自庁調停が相応しい。）に付することにより当該訴訟事件に専門調停委員を活用することができるようになり，地方裁判所に移送するか否かの事件の見極め，判決する場合に自己の心証を検証すること，さらに判決に専門家委員の意見を反映させることなどができ，審理にも幅ができることになり，心証形成に確信が得られると考えられます。

(2) 方法論としては，「委員会調停（民調法6条）又は単独調停（民調法5条）において専門家調停委員を構成委員とするか又は構成委員とはせず指定（構成外：民調規則14条，18条）して，同委員から意見を聴取する。そして調停委員会又は専門家調停委員による個々の争点についての事実認定や法的判断を当事者に示すことが必要と考えたときは，当事者に対し，所見表明させる（「建築訴訟の審理」110頁）。

専門委員の意見の記録化

それを記録化し，当事者に当該調停調書を謄写させ書証としての提出を示唆する。応じない場合には弁論に上程する方法を工夫する（調停での所見表明を双方に確認する形式を取って弁論調書に記載する）などです。

以上のような方法が考えられます（なお，下記報告書では，調停に付して専門委員を関与させた場合には，調停が不成立となっ

たときでも調停の成果を活用する工夫が有益であろうと述べている「裁判の迅速化に係る報告書（最高裁）」24頁）。
(3) 以上の参考資料として「建築訴訟の審理」を参照されたい。

第5節　調停のプロセス（the mediation process）における調停技法と機能強化論

　この書籍は，アメリカで使われている調停者のための基本テキスト「The Mediation Process（第3版）」の翻訳です。著者は国際紛争や民族紛争，国際調停などにかかわってきた方ですが，翻訳者のレビン小林久子氏（九州大学大学法科大学院教授）が15年前，アメリカで調停者として受講したときに使用していたテキストでもあります。同氏自体，著者の主張・技法に温度差を覚える部分はあるものの，多くの部分で著者の調停技法は参考になるものが多いと述べているように，同書で紹介する技法は，我が国の調停制度とは異なるもとでの技法であり，発刊から年度も経ているとはいえ，機能強化を主眼とする現行民事調停手続におけるスキルアップのためには，現在でも大いに参考になるものがあると思われます。民事調停の申立の中には，グローバル化した争いや先端的な争いもあり，また，依然として従来通りの人間関係，権利関係を基礎とした争いもあり，その申立は多種多様にわたっています。したがって，新しい視点や新しい技法も積極的に取り入れるべきであり，本書で紹介する技法は，どのような場面で，どのようなタイミングで介入し，どのように当事者を援助するかなど，筆者の多種多様な経験に基づいた，かつ，筆者の基調とする人間関係を基礎とした多くの判断を集積させたスキルであり，調停の本質にもかなうものです。民事調停手続の機能強化のためのスキルアップ方策の1つとして，参考になると思われたので紹介することにしました。以下概略です。

> 調停技法のスキルアップ

1　紛争の不可避性

　社会，コミュニティー，組織，個人間というものは，日々の相互の関わり合いを通じて，例外なく紛争を経験する。それは日常の一部である。紛争や論争は，人々や集団が，お互いの目標は両立し得ないと考えているときに，自らの目標を競争的に達成しようとした場合に発生する。

しかし，紛争は，いったん生じれば必ず否定的な方向へ進むわけではなく，関係者の成長を導くこともある。紛争が実りあるものになるかどうかは，当事者が，協調的な問題解決に役立つ効果的な手続を考え出せるかどうか，相手に対する不信や反感を忘れることができるかなどにかかっている。残念なことに，紛争に陥っている人々の多くが，自分たちだけではそのような方法を作り出すことはできず，合意達成のために心理的障碍を取り除くことや統合的な解決策を生み出すことができないでいる。つまり，当事者は，そのための支援を必要としているのである。

2　調停者の基本姿勢

紛争は，当事者自身で扱いきれなければ中立的な第三者が関与することが必要となる。しかし，交渉も調停も（裁判と違って）決定するのは当事者にあり，当事者が解決の内容，手続をコントロールする。だからこそ，調停は当事者にとって魅力的なのである。したがって，調停者の役割は，そのような当事者を支援することにある。そして調停者にとって大事なことは，中立性と公平性である。

3　調停者が行う介入

そもそも，話合いは動的である。どんな紛争も人間がいて，利害があるため，問題を悪化，拡大させる方向の力学が働くため，調停者が介入する場面も事件ごとで，介入の仕方が異なる。

そこで，介入の時期，方法を決定しやすくするためには，紛争の内容，論点の複雑さ，当事者の個性又は能力の違いなどを把握し，調停計画を立てる。そして①話合いの前に，当事者との間で基本的なルールを作る。②当事者に対し，調停者の自信と能力（＊わが国の調停に置き換えると，民事調停手続での限界か。）を示しておく。③当事者をリラックスさせる。④必要に応じて，調停イメージを修正しておく。⑤当事者同士のやりとりを競争的なものから協調的なものに変えるための方法として，当事者にアジェンダ（話題）を提供する。⑥そして当事者に話合いの準備ができているかを確認する。

4　信頼と協調の関係

　紛争は当事者の激しい感情が中心的役割を果たしており，合理的な話合いをするためには，当事者と調停者は，否定的な感情を上手く処理し，できる限り抑制する方法を身につける。そのために，①問題と人間の切り離し，リスクの少ない言葉の選択，ユーモアに努める。②傾聴を通じて，当事者の感情を認識し，診断する。③当事者が持つ認識を修正し，共通のものにする。④論争的なコミュニケーションを中止させるなど，心がけることが大切である。

　そして，原則論で押し切らず，常に複数の選択肢を用意し，柔軟で，自由な発想のもとに調停手続を進める。

5　その他

　調停を進めていく中で，当事者のインタレスト（関心・利害）を発見するように努める。当事者は，対立意識が激しく，自分のインタレストを知ろうともしない。その結果，自分のポジション（要求）とインタレストの区別もできないでいる。それらを整理しながら，全員が協力し合って，ウイン・ウインの解決策を作り上げていくイメージを共有する。

　この書籍の副題は「紛争解決に向けた実践的戦略」とあるように，理論書ではなく，実践・実務書です。したがって，調停委員会は，合意形成のための機能強化方法として，何を実践すべきかなど調停技法のスキルアップのために大変参考になると思われます。

第6節　調停手続から学ぶこと

1　民事刑事を問わず，担当した事件を処理する中で，いろいろと学ぶことが多いです。刑事公判では審理を進める中で，被告人自身のさが（性）のようなものから人生の縮図と思われるような事柄までいろいろ考えさせられます。一方，民事訴訟事件や調停事件からは家族や社会の実相など様々な社会の実態に触れることができます。そのような社会実態や経済事情，グローバルな情勢までも正しく認識することが良い裁判（調停）をするのに重要だと思います。

合議体で運営する調停の効用

2 簡裁民事訴訟の場合，訴訟物の価額が140万円までと限定されていることから輻輳した事案は限られますが，民事調停手続では申立請求価額の上限がないため，請求額が数千万円から数億円にのぼるものもあり，複雑で輻輳した内容の事案も多いです。

このような事件を担当することにより，弁護士調停委員や一般の調停委員と共にする評議などを通じて事案の見立てや解決策についての自己の考えを検証する機会にもなり，併せて種々知識を吸収し，感覚を磨くよい機会にもなります。通常訴訟事件を審理するにあたっては単独でしか解決にあたれない簡裁の裁判官としては，調停は合議体で運営することができ，よい自己研鑽，自己啓発の場になります。

また調停は，訴訟のように上級審による下級審の運営・判断に対する検証の機会がなく，終局（成立あるいは不成立）するとそのままにしがちですが，当該事件での合意形成のための斡旋等アプローチの仕方など運営方法が適切であったか否かなどを検証しておくことも今後のよりよき調停運営のために必要だと思われます。

イギリスの法格言

3 イギリスの民事裁判における『我々が出す判決は昨日の争いを解決するかもしれない。しかし，争っている人々が自分で見つけた答えならば，それは明日へ踏み出す第一歩となり得る。』との格言は，機能強化を主眼として掲げている我が国の調停手続にも大いに示唆するものがあるのではないかと思います。

第3章　事実認定の思考スキル

1　民事訴訟手続，刑事訴訟手続，民事調停手続等を含む裁判内外の紛争解決手続いずれにおいても，当事者の主張及び反論，攻撃防御の各主張とそれらを裏付ける証拠を照らし合わせて判断することにおいて差違はないと思います。もちろん，調停・和解においても合意の前提となる事実認定などの判断は必要です。

2　裁判等の紛争解決作用にあたり，審理・判断する思考スキルとして『弁証法的思考』を用いることができるのではないかと考えられます（※13）。

　それぞれの紛争解決手続の判断に至るプロセスをみると，テーゼ（申立人〔原告，検察官〕側の主張・意見）が存在し，それに対し，アンチテーゼ（相手方〔被告，被告人，弁護人〕側の反対の主張・意見）が出され，その相対立する命題である２つの主張・意見，それを裏付ける証拠から一定の事実認定を経てジンテーゼ（新たな高次元の結論）に達する，というようにみることができます。このプロセスはアウフヘーベン（止揚 ※14）と捉えることができると思います。和解・調停においては対立する双方の主張・意見・証拠から，一定の事実認定を経て，高次（妥当あるいは合理的）の合意を生み出すプロセスということができ，まさにアウフヘーベンといえるのではないでしょうか。判決においても，その前提となる事実認定は，矛盾する諸契機（相対立する主張・意見・証拠）から経験則や合理性などによる推論（推認）を経て歴史的証明に基づき厳格に事実を導き出すものであり，判断（判決）に至るそのプロセスは，やはりアウフヘーベンといえると考えられます。

　つまり，紛争解決手続を弁証法的に捉えるということは，当初から偏りなく，相対立する主張・意見・証拠を突き合わせ，アウフヘーベンして，より公正で合理的な結論（裁判は，歴史的証明である以上，どちらの主張が正しいかではなく，どちらの主張が第三者を納得せしめるより合理的なものか［意見交換を通じて各主張の間における優劣の帰趨を定める］に過ぎないといえる。）に達するアプローチとして公平・公正な『ものの見方』（思考ス

｜　アウフヘーベン

キル）といえるのではないでしょうか。

相容れない考えの存在

そもそも当事者の請求，とりわけ公訴提起の内容（公訴事実）を弁証法的に捉えるということは，請求（公訴事実）とは相容れない否認の答弁・弁解（アンチテーゼ）があることを当然の前提とすることですから，予断を否定して当事者の請求・主張にあたることになり，刑事裁判における予断排除の原則にも資する考え方といえると思います。

※13　中村治朗氏は，著書「裁判の客観性をめぐって」（正当づけの理論：裁判における理由づけと説得価値）の『弁証的論証について』の稿のなかで，ディアレクティク論の正当性を論じている（以下抜粋）。

　テオドール・フィーヴェクやペレルマンは，アリストテレスが，厳格な推論としての演繹論理に対して，ディアレクティクという別の推論方式があることを論じていることから示唆を受け，このような推論の性質を究明し，価値問題の分野へのその適用を説いている。アリストテレスは，ある問題に対する複数の解決のうちから，厳密な演繹的推論によってその1つを選択すべきことが指示されない場合でも，それぞれの解決について，そのメリットとデメリットが討論を通じて比較検討され，その中で，最も多くのメリットをもつものが選ばれる，という推論過程があることを指摘し，これをあるいはディアレクティク，あるいはレトリックと呼んだ。アリストテレスによると，このような推論は，人間の実践活動，目的－手段の系列における評価的選択に際して活動する理性的思惟の働きであるが，その特色は，厳密な論証のプロセスにおいては，その結論が真偽いずれかの相互背反的な二者択一であるのに対して，相異なる結論ないし解決のうちのいずれがより正しく，またはより妥当であるか，という比較的な選択の問題であることにある。この比較的な選択のプロセスの範型をなすものが，それぞれ異なる結論・解決を主張する者の間において意見の一致に到達するために行われる討論である。このような意味の討論，すなわち何が何でも相手を説得し，自己の意見に同意させるために行われる討論ではなく，意見交換を通じて各主張の間における優劣の帰趨を定め，あるいは相互の主張の修正・妥協によって意見の合致をもたらし，あるいは討論の過程を通じて，あらわれる第3の結論ないし解決に，討論者の全てが同意するというように，さまざまのプロセスを経て一定の結論・解決が導かれることを目指してなされる討論が，ディアレク

ティクの本質をなす。
※14　止揚概念につき，（第1章第2節3⑷事実認定イ＊18頁）。

第2部　刑事公判

はじめに

　前述したとおり，民事訴訟と刑事訴訟の間には，根本的な違いがあり，刑事訴訟を追行するにあたり，厳格な手続が求められることから，十分な準備もなく法廷に臨むと回復しがたい過誤を生じることになりかねません。さらに，近時，刑事関係法令や手続の改正も多く，戸惑うことも多いと思います。そこで，筆者の覚書を基にして，簡裁における刑事公判手続について，改正点も織り交ぜ，実務的に，よく問題となる点や誤りやすい事項を取り上げ重点的に述べることとします。

　なお，法廷での手続経過については，公判調書によってのみ公証されることになります。したがって，手続上の瑕疵にならないためにも，書記官（公証）事務の手引書である「公判手続と調書講義案（三訂版）」及び「刑事事件における証拠等関係カードの記載に関する実証的研究―新訂―」（裁判所職員総合研修所）などの文献には十分に目を通しておく必要があると思います。

第1章　総論

第1節　刑事手続を貫く基本原則

1　当事者主義と職権主義

　我が国の刑事裁判は，事案の解明ないし証拠の提出の主導権を当事者に委ねる当事者主義を採っています。この主導権を裁判所が持っている建前を職権主義といいますが，補充的に職権主義を示す規定が置かれています（職権証拠調べ〈刑訴法298条2項，316条の32第2項〉，訴因変更命令〈同312条2項〉）。

　刑事訴訟法の下においては，当事者である検察官が，審判を求めるところの，法的に構成された具体的事実の主張（訴因）を提示し，これを証明する証拠を提出します。これに対し，被告人側も，訴因について反論し，提出された証拠について意見を述べ，また，反論すべき主張及び反対証拠を提出することができます。このように事案の解明ないし証拠の提出を当事者に委ねることによって，実体的真実の発見に役立つと考えられています（刑訴法1条）。

> 実体的真実主義

2　審理に関わる諸原則

　弁論主義とは，当事者の弁論（当事者双方の主張及び立証）に基づいて審判を行う建前です（第1部第1章第2節3「民事訴訟手続と刑事訴訟手続の異同【各論】(1)民事裁判・刑事裁判の根底にあるもの，(3)審判の対象」11頁）。

　判決は口頭弁論に基づくことを要するものとされており（刑訴法43条1項），当事者には，審判の冒頭手続において被告事件に対する意見を陳述する機会が（同291条4項），証拠調べを終えた後には意見を陳述する機会が（同293条），それぞれ与えられます。

　公判前整理手続は，これが実施されることにより，公判活動が，訴訟当事者の立証，反証構造に的確・効果的に反映されることになるとして制度化されたものであり，弁論主義の1つの現れでもあります。

　口頭主義とは，訴訟資料を口頭で裁判所に提供し，裁判所がこれに基づいて裁判すべきものとする建前をいいます。

> 弁論主義，口頭主義，直接主義，公開主義

口頭主義は，弁論主義と結びついて口頭弁論主義となります。同43条1項はこれを表明したものです。

なお，口頭主義の下では，口頭による訴訟資料の提供を受ける裁判官及び裁判員は終始同一人でなければならないので，開廷後，裁判官が交代するとか，新に合議体に加わった裁判員があるような場合は，訴訟資料を受け直す必要があります（公判手続の更新，刑訴法315条，裁判員法61条，第3章第1節1(2)85頁）。

直接主義とは，広義では，公判廷で裁判所により直接調べられた証拠に限って裁判の基礎にできるというものです。事実の証明については，なるべく書面によらず証人の証言等直接的な証拠によるべきであるとする原則を含みます（伝聞法則もこれに関連する。）。

公開主義とは，一般国民が自由に傍聴できる状態で審判を行われなければならないという建前をいいます（憲法37条1項，82条1項）。公開主義は，被告人の権利であると同時に，司法の公正を保障するという国家的意味を持ちます（「プロシーディングス刑裁」1頁，「刑訴法講義（前田，池田）」，刑事訴訟の基本原理23頁，公判手続〈訴訟指揮〉281頁）。

なお，第5章の犯罪被害者等の権利保護を図るための被害者参加，被害者等氏名秘匿の問題は公開主義に関わる事柄でもあることに注意しなければなりません。

以上の基本原則は，後述する各種手続に実際どのような形で反映されているか，常に考えることが各手続を理解する上で重要です。

第2節　具体的な原理・原則，制度

基本原則は次のような具体的な原理・原則，制度に表れています。

1　起訴状一本主義・予断排除の原則（刑訴法256条6項，280条，刑訴規則178条の10第1項ただし書）

起訴状のみからの情報収集

裁判官は，裁判開始時には，起訴された事実が記載された起訴状しか見ることができないという制度であり，裁判官が，はじめから，証拠を見てしまうと予断を抱いてしまい，公正な裁判が行われなくなるとの考えに基づく基本原則です。

これに対し，公判前整理手続は，その目的が，犯罪事実の有無

に関する心証形成ではなく，事件の争点や証拠の整理の点にあること（両当事者の主張が交わされて争点が明確にされ，証拠調べの請求と採否の決定まで行われることになる），検察官のみならず被告人側も含めた両当事者が関与する中で行われるため，捜査機関の心証を一方的に引き継ぐものではないことなどを根拠に，公判前整理手続は予断排除の原則に反しないとの理解を前提にしています。 ｜公判前整理手続と予断排除の原則

2 訴因制度（刑訴法256条3項）
検察官の側の立証主題（テーマ）です。 ｜立証のテーマ

3 証拠裁判主義（刑訴法317条）
事実（犯罪事実）の認定は証拠によるとの趣旨は，事実認定の資料となり，証明の手段となり得るのは，証言や痕跡などのように，合理的推論の根拠となる資料（証拠）であり，その「証拠」は，証拠能力・証明力があり，適式の証拠調べを経た証拠を意味するとの趣旨です。つまり，犯罪事実の認定については厳格な証明を要するという趣旨を含んでおります。 ｜厳格な証明

そして，証拠能力が最も問題になるのは，その内容に誤りが入り込む危険の多い供述証拠です。そこで，刑訴法は，供述証拠の種類によって自白法則と伝聞法則に大別し，証拠法上特別な制約を設けました。 ｜証拠能力が問題となる供述証拠

4 自白等の証拠能力・証明力の制限（憲法38条2項，3項，刑訴法319条，322条）
自白の証拠能力の問題は任意性のない一定の自白は証拠から排除する原則であり，自白の証明力の制限とは自白に補強証拠を必要とする原則です。 ｜証拠法上の特別な制約

5 伝聞法則（刑訴法320条以下）
伝聞証拠が原則として証拠になりえない（伝聞法則）理由は，供述証拠には，本来知覚，記憶，表現のそれぞれの過程に誤りが混入する危険を持っているにもかかわらず，伝聞証拠の場合，原供述者に対し反対尋問によるテストがなされていないし，裁判官 ｜証拠法上の特別な制約

が直接，供述者の態度等を注視しつつ供述を吟味することもなされていないから，正確性の保障もなく，そのまま証拠として用いると事実認定を誤る危険があるということです。

第3節　簡裁刑事事件の特色

簡裁刑事事件の対象事件と科刑範囲

簡裁刑事事件の対象事件及び科刑範囲は限定されていますので細心の注意が必要です。その点について以下条文を中心に触れることにします。

1　簡裁の事物管轄（裁判所法33条1項2号：第1審の裁判権）

(1) 罰金以下の刑に当たる罪
(2) 選択刑として罰金が定められている罪
(3) 刑法186条（常習賭博，賭博場開帳等図利），252条（横領），256条（盗品譲受け等）の罪

2　簡裁の専属管轄（裁判所法24条2号）

罰金以下の刑に当たる罪

3　簡裁の科刑権の制限（裁判所法33条2項）

原則：禁錮以上の刑を科することはできない。
例外：3年以下の懲役刑を科することができる罪
　　　刑法130条（住居侵入罪等），186条（常習賭博，賭博場開帳等図利罪），235条（窃盗罪），252条（横領罪），254条（遺失物等横領），256条（盗品譲受け罪等），古物営業法31条〜33条，質屋営業法30条〜32条

4　移送の問題点

(1) 科刑権の制限を越える刑を科するのを相当と認めるとき，その他地方裁判所での審判するのが相当と認めるときは，刑訴法332条により地方裁判所に移送しなければなりません。

地裁に移送する場合の注意点

(2) 法定刑が罰金のみの場合は，地方裁判所に移送できません（裁判所法24条2号，33条2項）。

刑訴法332条による地方裁判所への移送は，地方裁判所が事物管轄を有する場合のみです（最決昭和39.12.25刑集18巻10号978頁）。

第2章　第1回公判期日前の手続

第1節　起訴状の点検

1　事物管轄等の有無（裁判所法33条）

2　訴因に対する点検，求釈明の要否

構成要件に漏れはないか，罰条に誤りはないかなどを確認し，その際，法定刑，法令改正の有無を確認します。

第2節　身柄関係

1　第1回公判期日前の勾留に関する処分

勾留，勾留更新，接見交通権の制限，勾留の取消し，勾留の執行停止，保釈，保釈の取消し，勾留理由開示などは予断排除の観点から受訴裁判所を構成する裁判官以外の裁判官がこれを行います（刑訴法280条，刑訴規則187条1項）。

2　勾留更新（刑訴法60条2項本文，ただし書）

(1) 受訴裁判所ができるのは第1回公判期日後です（刑訴法280条，刑訴規則187条1項，2項）。

(2) 勾留更新は，原則として1回に制限されますが，刑訴法89条1，3，4，6号の各要件に当たる場合は，その制限を受けません（同60条2項ただし書）。逃亡のおそれのみを理由とする更新は1回しかできませんので注意してください。

(3) 実刑判決宣告後は，(2)の制限はなくなります（刑訴法344条）。

3　保釈（刑訴法88条～96条）

(1) 受訴裁判所ができるのは第1回公判期日後です（刑訴法280条）。

(2) 手続

保釈の申立てがあると，検察官に求意見（刑訴法92条）をします。弁護人との面談の要否を確認し，必要であれば，求意見の回答後，面談をし，制限住居及び身柄引受人を確認します。そして保証金の額（簡裁事件の目安：150万円前後）を決めることになりますが，速やかな処理が求められます。決定が週末になる場合

には，準抗告申立や保釈保証金の納付手続が必要となることが考えられますので速やかな処理等，特に配慮が必要です。

(3) その他（保釈が当然失効する場合）の注意点

保釈中実刑判決の場合の注意点

保釈中の被告人に対する実刑判決の場合は，言渡しと同時に保釈の効力を失う（刑訴法343条）ので勾留状謄本を用意しておく必要があります（刑訴規則92条の2，「令状事務」171頁）。

第3節　事前準備

公判前整理手続との関係

1　予断排除の原則の変容

予断排除の原則は，前述（第1章第2節1，76頁）のとおり，刑訴法の基本原理の1つですが，公判前整理手続は判断権者が的確に心証を形成し，充実した審理と迅速な裁判の実現のために事件の争点や証拠の整理を公判期日前に行うことを制度化したものであるから予断排除の原則の変容ということができます。

2　公判前整理手続とこれまでの制度との相違点

これまでも事前準備において「争点整理」と「審理計画の策定」が行われてきました。基本的に同様の目的を持つ公判前整理手続は，事前準備とどこが違うのでしょうか。

公判前整理手続と事前準備との相違点

(1) これまでの事前準備

これまでの事前準備における争点整理は，第一次的に当事者双方の調整に委ねられていました（刑訴規則178条の6，cf）刑訴法316条の2）。

そもそも第1回公判期日終了までは証拠調べ請求を行えない（刑訴規則188条ただし書）ため，事前準備段階での「証拠整理」は予定されていないほか，裁判所及び書記官は，予断排除への配慮から証拠の中身に触れることに殊更慎重になり，その結果，主要事実レベル（訴因）の争点整理に踏み込むことは基本的に避けがちになっていたように思われます。このため策定される審理計画も，当事者との事実上の約束の下に立てられた審理予定，いわば「柔らかい審理予定」でしかなかったと思います。

(2) 公判前整理手続における「争点及び証拠の整理」と「審理計画

の策定」(刑訴法316条の2)。

　裁判員裁判をも念頭においた「公判前整理手続」においては，主宰者を受訴裁判所として「明確な審理計画の策定」と「十分な争点及び証拠の整理」を可能とする制度が導入されました。この手続に付すると，手続を経た請求証拠の制約が生じます（同316条の32，なお，後に主張の追加・変更の必要及び請求証拠の追加の必要を認めるとき〈同316条の22〉）。

　判断権者が的確な心証を形成し，充実した審理・迅速な裁判を実現するためには事件の争点や証拠の整理をすることが必要であり，そのためには裁判所，検察官及び弁護人の間で十分にコミュニケーション（意思疎通）をとることが求められます。そこで，設けられたのがこの手続であると考えられます（「プロシーディングス刑裁」34頁）。

3　簡裁刑事事件と公判前整理手続

(1)　簡裁刑事事件での必要性

　公判前整理手続は，多数の証拠を前提とし，その整理を目的としたものであり，その整理後，公判での証拠請求の制約（刑訴法316条の32）が生じることからしますと簡裁刑事公判事件において公判前整理手続の必要性は大きくないと思われます。

　＊筆者が経験したある商標法違反事件～類似性，違法性の意識，可罰性が争点であり，未開示の証拠がかなり多いとして公判前整理手続の打診があった。そこで，三者打合せを行い，地裁に移送することにしました。

（2）　弁護人からの事前連絡（証拠開示後の証拠意見等）から得る心の準備（心構え）としての事前の準備があります。

（3）　簡裁刑事における工夫

　簡裁刑事において公判前整理手続に付さないで充実した公判の審理を継続的，計画的かつ迅速に行う（刑訴法316条の2第1項）ための工夫としては，第1回期日において被告人側が被告事件に対する陳述や証拠意見陳述をした後に，三者により期日間打合せ（当日又は別途）を行うことが考えられます。第1回期日において請求された証拠及び概括的証拠意見をベースにして，さらに，予定される主張，請求予定の証拠等を洗い出し，争点及び証

［欄外］
簡裁刑事公判事件と公判前整理手続

簡裁刑事における期日間打合せ

拠意見を絞り込み，審理計画を立てるなどすれば，その実は採れるのではないかと考えられます。

第4節　犯罪被害者への配慮

1　刑事手続における犯罪被害者は，従来は，基本的に，犯罪事実を証明する証拠を提出する立場にあるにすぎないと考えられてきました。国家訴追主義を採る以上，検察官が被害者等の心情を代弁すべきものと考えられていたようです。しかし，被害者等の保護・支援を図る必要性が広く認識され，社会の要望の高まりとともに検察官による処分状況等の通知が実施されるようになりました。さらに平成11，12年の刑訴法の改正により，性犯罪に関する告訴期間の制限が撤廃され，証人等に関する情報の開示制限，証人尋問の際に付添い・遮蔽措置を採り，ビデオリンク制度が採用され，さらには，被害者が公判手続において心情その他の意見を陳述する制度も設けられました。その後，平成16年に犯罪被害者等基本法が制定され，被害者等がその尊厳にふさわしい処遇を保障される権利を有することが掲げられ，同19年には被害者が，傍聴席でなく，訴訟関係人の席に入ることが認められ，被害者が訴訟手続に参加し，一定の要件の下で，証人尋問，被告人質問，意見陳述ができるようになりました。

　被害者参加制度は，被害者等を刑事訴訟の当事者と認めたものではなく，当事者主義等の刑事訴訟の基本的原理を変えるものではありませんが，画期的な制度であり，被害者の権利・利益に十分配慮しつつ被告人の権利の保護にも欠けることがないように適切な運用がなされなければならないと思われます（「刑訴法講義（前田，池田）」犯罪被害者への配慮29頁）。

2　被害者特定事項の秘匿及び被害者参加（刑訴法290条の2，316条の33〜316条の39）
(1)　公訴提起後，事案の性格から被害者等の保護に配慮を必要とされる見込みのときは，裁判所（書記官）は，その点に係る情報を収集し，被害者等の権利保護に怠りがないよう細心の注意を払うことが必要となります。
(2)　詳細は第5章101頁で後述します。

犯罪被害者等の基本法の制定

被害者の参加制度

被害者参加制度と被告人の権利保護

第3章　公判手続

第1節　審理の進め方

1　第1回（又は裁判官交代後初回）公判期日

(1) 新件の場合（冒頭手続等）について

　人定に先立ち，起訴状謄本の受領を確認します（刑訴法275条，同規則179条2項ただし書3項）。

ア　人定質問（刑訴規則196条）のときに心がけることは次のとおりです。

㋐　被告人の住居の確認

　a　受刑中の者は，起訴状に「○○刑務所収容中」と表示されます。

　b　未決拘留中の者は，本来の住居が表示されます。

　c　出所直後に罪を犯した者は，出所後に住居を定めていない限り，「住居不定」となりますので，人定質問で住居の確認が必要となります。

　d　保釈中の者は，住居は「制限住居（刑訴法93条3項）」になります。

㋑　人定事項を黙秘した場合

　人定事項には黙秘権は及ばない（最大判昭32.2.20刑集11巻2号802頁）ことを説明した上で，検察官に対し，被告人の特定を促します。

イ　次に，被告事件に対する陳述（刑訴法291条4項）

　被告人の公判廷の供述には，被告事件に対する陳述の機会にされたものを含みます（最判昭和26.7.26刑集5巻8号1652頁）。ただ，この段階での認否は，公訴事実についての概括的なもので足りるので，詳細な陳述をしようとする場合には，その範囲に制限できます。

ウ　釈明（刑訴規則208条1項）

㋐　主として事件の実体に関して当事者の言い分（主張弁解）を明瞭にさせることになります。

㋑　事実及び適用法規の両面から検討して，当事者の陳述の不明瞭，不完全，矛盾等を指摘して，訂正補充する機会を与えま

す。単に否認なのか，刑訴法335条の主張かを明確にする必要があります。

(ｳ) 被害届の数字（額，個数等）と公訴事実の数字が異なる場合には釈明により明らかにします。それを見落したまま結審すると，弁論を再開して明らかにする必要があります（刑訴法313条1項）。

なお，検察官は立証責任から被害届の一部を落とすこともあります。

エ 刑訴法335条2項の主張

上記主張は，公判期日のいかなる段階においてなされても判断を要するものですが，多くは「被告事件に対する陳述」，狭義の「弁論」，「被告人質問」の際になされることになります。
刑訴法335条2項に当たる主張は以下のとおりです。

刑訴法335条2項にあたるもの

(ｱ) 法律上犯罪の成立を妨げる理由となる事実の主張
　a　構成要件阻却事由のうち，例えば，不能犯，住居侵入の「承諾」の主張は否認と解しているが，例外として消極的構成要件事実は本項の主張と解している（判例，団藤）
　　例）各種特別法の除外事由，両罰規定に関し事業主の無過失，名誉毀損の真実性
　b　違法阻却事由
　c　責任阻却事由
(ｲ) 法律上刑の加重減免の理由となる事実の主張
　a　当たるものは次のとおりです。
　　累犯，心神耗弱，中止未遂（刑法43ただし書。ただし，既遂の公訴事実に対する中止未遂の主張は一部否認と仮定的主張が合体されたものであり，未遂を認定する場合には，中止未遂の主張について判断を示さなければならない。）
　b　当たらないものは次のとおりです。
　　過剰防衛，過剰避難，自首，障害未遂，従犯，放火
　c　殺人予備

オ 争点（被告人側の主張の整理・確定）

弁論までに主張を確定すればよいので，弁論で新たな主張を追加できます。仮に，無視できない主張や新に証拠調べを必要と考えた場合には証拠調べを終了しているので再開する必要が

あります。

　民事は弁論主義により時機に後れた抗弁（主張）で排斥できますが，刑事の場合時期的主張制限をしないのは，『無辜を罰しない』（真実発見）の要請からくると思われます。したがって，控訴審は，事後審でありますが，必要性があると認めた場合には，（当事者の請求にはせず）職権で調べることにする場合が多いようです（実務）。公判前整理手続を経た場合も同様に進める場合が多いようです。

> 時期的主張制限はない

(2) 開廷後裁判官が代わった場合（刑訴法315条）について

　ア　口頭による訴訟資料の提供を受ける裁判官は終始同一人でなければならないので，裁判官が交代するような場合は，訴訟資料を受け直す必要があります。これは裁判所の心証を再構築するためのものであり，口頭主義，直接主義の要請（第1章第1節刑事手続を貫く基本原則75頁）からくるものです。

　イ　公判手続の更新について

　(ｱ)　人定質問を行うのが通常です。起訴状朗読は不要です。公訴事実の要旨陳述で足ります（刑訴規則213条の2①本文）。しかも，被告人及び弁護人に異議がなければ，その全部又は一部は省略できます（同213条の2①ただし書）。

　(ｲ)　次いで，裁判長は，被告人及び弁護人に対し，被告事件に対する陳述する機会を付与しなければなりません（同②）。黙秘権告知は不要です。

　(ｳ)　更新前の証拠は，更新に際して証拠調べをしない限り，これを証拠とすることができません。

　　実体形成は，口頭主義，直接主義に反する限度で効力を失うので更新前の公判廷における被告人及び証人等の供述をそのまま証拠とすることはできません。

　　しかし，これを記載した公判調書の供述部分は，公判期日における供述を録取した書面として証拠能力を有する（前者につき刑訴法322条2項，後者につき321条1項，2項）ので証拠書類として証拠調べをすればよいことになります。

　　＊証拠形態の転化に注意：「第〇回公判調書中の被告人（証人B）の供述部分」（「刑事判決起案の手引」[240] 41頁）

　　更新の際の証拠調べについては，「更新前の公判期日におけ

る被告人若しくは被告人以外の者の供述を録取した書面」等として取り調べなければなりません（刑訴規則213条の2③本文，ただし，同③ただし書）。したがって，証拠書類，証拠物については改めて朗読，展示を要するが，訴訟関係人が同意したときは，朗読又は示すことに代えて「相当と認める方法」で調べることができます（同④）。

※「相当と認める方法」：証拠の標目を明らかにすることや訴訟関係人に従前の証拠調べの結果を陳述させること等が考えられます。

最後に，裁判長は取り調べた各証拠について訴訟関係人の意見及び弁解を聞かなければなりません（同⑤）。

ウ　実務のやり方

実務では，書記官を通し，事前に双方に確認を取っておき，公判廷で「従前のとおりでよいですね」と確認するだけで済ませることが多いです。

2　訴訟指揮

(1) 訴訟指揮権

訴訟指揮一般について述べてみたいと思います。

ア　訴訟の中心は争点に対する当事者の攻撃防御ですが，それが合理的かつ円滑に行われ，真相究明につながるには，裁判所が訴訟進行のために当事者に対し公正な立場で適正な制御を行う必要があります。

訴訟指揮権は，訴訟の審理を秩序ある軌道に乗せ，当事者の訴訟活動を合理的に行わせ，適切な判決に到達するための受訴裁判所の合目的活動といわれています。

イ　訴訟指揮権は裁判所の固有の権限であって，必ずしも明文のある場合に限られず（明文があるときは勿論それに従います。），公平・迅速な裁判を実現するため必要な場合には，臨機迅速に適切な訴訟指揮を執るべきといわれています。訴訟指揮は，的確かつ明確にすることが必要です。

ウ　訴訟指揮権は，訴訟の具体的状況に応じて先の処分が不必要・不適当となった場合には，いつでも撤回・変更することができます。

エ　臨機迅速な訴訟指揮が裁判官としての合理的な裁量を逸脱しないためには，自己研鑽と経験の積み重ねが必要と思われます。
(2)　異議申立て

　次に，当然ながら，自白事件と否認事件では，訴訟指揮のありようは異なってきます。

　否認事件では異議申立て（刑訴法309条，刑訴規則205条）が提起されることが多いので以下概略を説明します。

ア　法令違反又は不相当を理由とするもの（証拠調べに関する異議申立ての場合）

　　ただし，証拠調べに関する決定に対する異議申立てを除く（刑訴法309条1項，刑訴規則205条1項ただし書）。

　　証拠調べに関する例としては，冒頭陳述，証拠調請求の方法，証拠調べの範囲・順序・方法等です。

イ　法令違反を理由とするもの

(ｱ)　裁判長の処分に対する異議申立て（法令違反を理由とする場合のみであることに注意する）（同法309条2項，同規則205条2項）

(ｲ)　証拠調べに関する決定に対する異議申立て

　　（同法309条1項，同規則205条1項ただし書）

ウ　申立ての適不適を理由とするもの

(ｱ)　不適法な申立ては，相手方の意見聴取（同規則33条）の上，却下決定（同規則205条の4）

　・時機に遅れたもの

　・訴訟遅延目的のみが明らかなもの

　・証拠調に関する決定又は裁判長の処分に対する不相当を理由とするもの，重ねてするもの

(ｲ)　適法な申立ては，相手方から意見聴取（同規則33条）し，

　・理由のある場合は，認容する内容の決定（同規則205条の6）

　　例）「異議理由ありと認めます。質問を変えてください。」

　・理由のない場合は，棄却決定（同規則205条の5）

　　例）「異議理由なしと認め，棄却します。質問を続けてください。」

(ｳ)　再度の異議申立ては，却下（同規則206条）。なお，抗告も許

されない（同法420条1項，419条）。

3 自白の取調請求の時期（刑訴法301条）

憲法38条3項の実効

(1) 本条は，自白に補強証拠を必要とした憲法38条3項を実効あらしめるため，証拠の取調順序を定めたものです。

(2) 補強証拠の取調後

自白以外の犯罪事実の取調べ

「犯罪事実に関する他の証拠が取り調べられた後」とは，自白以外の犯罪事実の存否に関する一部（全てまでは不要）の証拠（自白を補強し得る証拠）が取り調べられた後であれば足りるとされています（最決昭26.6.1刑集5巻7号1232頁）。

情状のみに関する証拠が取り調べられただけでは足りません。

否認事件の場合でも，一部同意の甲号証の主要な部分が取り調べられれば，被告人の主張を明らかにする意味から弁護人に同時に調べる旨を話し，異議がなければ（自白調書でなければ弁護人は同意することが多い），すぐに乙号証も調べることができます。

4 証拠調べの方法

(1) 証人の取調方法（刑訴法304条，刑訴規則199条の2）

実務では，請求者→反対尋問→裁判官の補充尋問の順に行われることがほとんどです。

(2) 証拠書類の取調方法（同法305条，同規則203の2）

(3) 証拠物の取調方法（同法306条）

(4) 証拠物たる書面の取調方法（同法307条）

第2節 否認事件の場合

否認事件の場合に，特に問題となる点，注意すべき点を中心に，以下述べることにします。

1 冒頭手続について

第3章第1節1(1)83頁を参照してください。

2 証拠調べについて

否認事件において，最初に直面する問題は，証拠意見で「不同

意」とされた場合の対応です。

◎ 「不同意」の場合についての問題点
　そこで，「不同意」意見が多く出されるケースについて，その問題点を，以下(1)，(2)に分けて触れることにします。

(1)　「被告人の捜査段階の供述調書」の一部又は全部を不同意とする場合の手続

　例えば，不同意の内容が，『信用性は争う』などの意見のときの対応についてです。

ア　検察官に，不同意部分が証拠として必要か否かを確かめます。
　不要なら撤回してもらい，必要なら刑訴法322条を請求の根拠にしてもらうことになります。
イ　次に，刑訴法322条による採否の要件を検討します。
㋐　「自白又はその他の不利益事実の承認」か，「その他の事実に関する供述」か，を確かめます。
　「自白又はその他の不利益事実の承認」の場合は，任意性があることが証拠能力の要件なので，『任意性』についての意見を弁護人に聞きます。
　＊不利益事実とは，犯罪事実の一部，犯罪事実を推認させる間接事実，犯罪事実を認定する証拠の証明力に関わる不利益な事実などとされる（「大コンメ刑訴法」5巻Ⅰ304頁）。
㋑　a　弁護人が『任意性は争わない』趣旨と述べた場合
　　⇒調書を採用する。検察官は後に被告人質問で，信用性がないとする事情を質問することになります。
　　b　弁護人が『任意性がない』と述べた場合
　　⇒任意性がないと考える理由まで聞きます。
　＊任意性の立証
　検察官が任意性に影響を及ぼすべき一切の事実の不存在を常に立証する必要があるとされているわけではない（最判昭28.10.9刑集7巻10号1904頁）。被告人側に任意性を争う具体的事実を主張又は立証させ，その具体的事実が任意性に影響を及ぼすと考えられる場合に，検察官に立証を促すのが合理

不同意証拠の採否のプロセスの把握

— 89 —

的であろう。任意性に関する事実の立証は，訴訟法上の事実の立証であるから，自由な証明で足りる（実務上は，事柄の重要性に鑑み，厳格な証明によっている例が多い。）。（「刑訴法講義（前田，池田）」任意性の立証406頁）。

　　　c 『任意性がないと考える理由』について
　　　　① 検察官は，被告人質問を請求することになります。
　　　　　弁護人の述べた任意性がないとの理由（以下 i 〜 iii）に応じて質問することになります。
　　　　　　i 署名押印が任意になされたか
　　　　　　ii 取調において，暴行，脅迫，強制等の有無
　　　　　　iii 利益誘導の有無など
　　　　② 被告人質問を経て，任意性があることについて判断がつけば採用決定をします。
　　　　　なお，疑問が残れば検察官は証人請求をすることになると思われます。
　(ｳ) 被告人の警察官調書中の前科や余罪に関する部分を不同意とする場合はどうでしょうか。
　　　前科や余罪に関する事実については，不利益事実にあたるか否かは争いがあります。余罪は，動機形成との関連や実刑か猶予かの判断など犯情に係る重要な事実であることから不利益事実にあたるといえると思われます。一方，間接的にも犯罪事実自体に関しないから，不利益事実には該当しないとの考えもあります。この見解によれば，刑訴法322条1項の「特に信用すべき状況の下にされたもの」であれば証拠採用できることになります。すなわち，前科の場合，前科調書や判決書があるので，被疑者がそれらを示されて，これを見ながら思い出して供述したのであれば，「特に信用すべき状況の下にされたもの」と認定することは容易になってくると思われます。

ウ 同種前科及び余罪についての問題
　(ｱ) 悪性格の証拠
　　　被告人が犯人であることを立証するために，被告人の悪性格，とりわけ同種前科や類似した犯罪事実を示す証拠を提出することは，原則として許されません。これらの証拠が裁判官に不当な偏見を与え，事実認定を誤らせるおそれがあるからです

※ 裁判官に不当な偏見と誤判のおそれ

— 90 —

（判例も厳しく限定しています。①同種前科につき，最判平24.9.7刑集66巻9号907頁は，ⅰ前科の犯行に顕著な特徴があり，ⅱそれが起訴事実と相当程度類似することにより，ⅲそれ自体が犯人性を合理的に推認させることを，前科証拠が許容される基準として示しました。②前科以外の類似する他の犯罪事実（類似事実）については，最判平25.2.20刑集67巻2号1頁は，前科以外の他の犯罪事実〈併合審理を受けていて被告人が認めている犯罪事実〉を被告人と犯人の同一性の間接事実とすることについても上記①の最判を引用した上，これらの犯罪事実が顕著な特徴を有し，かつ，その特徴が証明対象の犯罪事実と相当程度類似していない限り，許されないとし，同様の基準を示しています。）。ただし，故意や知情のような主観的要件については，同種前科によって立証することが許されるとされています（最決昭41.11.22刑集20巻9号1035頁）。余罪についても同様です。また，余罪を公訴事実の認定のための証拠とするとか，余罪を実質的に処罰しようとするのでなく，認定された犯罪事実の量刑資料の1つとする場合には許容されるとされています（最大判昭41.7.13刑集20巻6号609頁，最大判昭42.7.5刑集21巻6号748頁）。しかし，その場合には，誤解が生じないよう，特に注意を払う必要があると思われます（「刑訴法講義（前田，池田）」悪性格の証拠386頁）。

  故意や知情の立証

  余罪と公訴事実の認定

  余罪と量刑資料

(イ)　実際の対処（取扱例）

 弁護人から，不同意の趣旨につき，さらに「関連性なし。法×条違反」などと主張されることがあります。

 a　検察官に対して

  検察官に対して撤回の有無を確認し，撤回した場合には，検察官は被告人質問で当該供述調書の内容を引き出すことになり（ⅰ），それで不十分と考えた場合には，同調書は刑訴法322条により請求することになります（ⅱ）。この場合には，被告人質問で関連性を含め，任意性の有無（不利益事実以外であれば特信状況の立証をする）を立証することになります。

 b　弁護人に対して

  「不同意部分」について，以下のように対応します。

① 余罪に関する部分は信用性を争うとか，慎重に判断して欲しいという意味か，さらに確認する。このような場合には，場合により判決の量刑中で「～の部分は余罪なので量刑上考慮しない」と，わざわざ触れることもあります。

② いずれにしても不同意である以上，検察官は，前記検察官に対するⅰ又はⅱの対応しかありません。なお，弁護人が，余罪を清算する意味で積極的に自供したと主張する場合（ａ）もあり，このような主張の場合には前記主観的要件の立証にする場合（ｂ）と取り扱いを異にすることも考えられるのではないでしょうか。その場合，上記ａの主張の場合は不利益事実以外になるとみることも可能ではないかと思われます（ただし，不利益事実になるか否かは客観的に捉えるべきとするのが多数説なので疑問はあります。）。この場合は「特信状況の立証」で足りるように思われますが，上記ｂの場合は任意性立証になるのではないかと思われますので，採否を決定する場合には，提示命令（刑訴規則192条）などして調書の内容を慎重に確認することも検討してよいと思います。

実況見分調書の記載内容証拠上の意味

(2) 実況見分調書をめぐる問題（刑訴法321条3項）

ア 実況見分調書が不同意とされた場合

全体を不同意とするのか一部（指示説明部分）を不同意とする趣旨か釈明します。

(ｱ) 前者の場合は作成者の証人尋問が必要となります。

(ｲ) 後者の場合には，指示説明部分が「現場指示」か，「現場供述」かを検討することになります。

ａ 現場指示であれば，弁護人に対し，指示説明をその内容の真実性の証明に使用しないことを説明し実況見分調書全体について同意するよう求めます。それでも不同意を撤回しないなら，指示説明をその内容の真実性の証明に使用するものではなくその部分は同意不同意の対象にはならないとして実況見分調書全体について証拠決定できるかどうか検討します。問題があるようでしたら，下記ｂによるのが無難です。

ｂ 現場供述であれば，当該指示説明部分を除き，実況見分調書のその余の部分の証拠決定をすることになります。

イ　再現実況見分調書の問題

　　捜査官が被害者や被疑者に被害・犯行状況を再現させた結果を記録した実況見分調書（再現実況見分調書）等で，実質上の要証事実が再現されたとおりの犯罪事実の存在であると解される書証の証拠能力について，最高裁は，『捜査官が被害者や被疑者に被害・犯行状況を再現させた結果を記録した実況見分調書等で，実質上の要証事実が再現されたとおりの犯罪事実の存在であると解される書証が刑訴法326条の同意を得ずに証拠能力を具備するためには，同321条3項所定の要件が満たされるほか，再現者の供述録取部分については，再現者が被告人以外の者である場合には同321条1項2号ないし3号所定の要件が，再現者が被告人である場合には同322条1項所定の要件が，写真部分については，署名押印の要件を除き供述録取部分と同様の要件が満たされる必要がある。』（最二小決平17.9.27刑集59巻7号753頁）と判示しています。

犯行状況再現調書との関係

ウ　現場指示と現場供述

⑺　「現場指示」というのは，見分すべき対象を特定するための立会人の指示説明である。これは見分の動機・手段となるべきものであり，この説明が実況見分調書に記載されていても，その内容の真実性を別にして，見分の趣旨（事件との関連性）を示す限度で証拠価値を認めることが可能であるとした判例（最二小判昭36.5.26刑集15巻5号893頁，（刑訴法321条3項説））があります。したがって，この場合，当該指示説明の内容をその内容に沿った実体的事実認定の証拠として用いることはできないことになります。

⑷　「現場供述」というのは，「現場指示」の要素を含まない立会人の事件に関する説明である。例えば，被疑者が，「当時，私は，酒に酔っていてどの辺りでハンドルを切ったかよく覚えていません」などです。

　　これは，実況見分の機会に，事件に関する供述をしたにすぎず，見分の動機手段となるべき要素がない。したがって，「現場指示」とはなり得ず，その供述の内容の真実性を度外視すると何らの証拠価値もありません。つまり，証拠としては，その内容の真実性の立証に用いられるものとしか見做しえないこと

第2部　刑事公判

になります。したがって、当該供述者が被告人以外の者である場合には刑訴法321条1項2号ないし3号の要件が、被告人である場合には同322条1項所定の要件が必要となります。

　なお、上記最二小決平成17.9.27判決は、「本件犯行再現実況見分調書と本件写真撮影報告書は、・・立証趣旨が、『被害再現状況』、『犯行再現状況』とされていても、実質においては、再現されたとおりの犯罪事実の存在が要証事実になるものと解される。」と判示しています。

　エ　現場写真と供述写真

　　一般に、実況見分調書等に添付された写真は、本体部分と一体化して本体部分の証拠能力に従うと解されています（「大コンメ刑訴法」5巻Ⅰ280頁）。

　　「現場写真」とは、犯行が現に行われている状況そのものを撮影したものをいい、これは非供述証拠であるとされています（最二小決昭59.12.21刑集38巻12号3071頁）。

　　これに対し、立証の直接の対象が再現されたとおりの犯罪事実の存在と認められるような犯行・被害再現状況報告書の再現写真は、言葉に代えて動作によって犯行態様がどのようなものであったかを説明するものに過ぎず、実質において現場供述とみるほかなく、このような再現行為を撮影した写真を「供述写真」（「刑事証拠法」156頁）といい、これが証拠能力を取得するためには、再現者の供述録取部分と同様の証拠能力が必要となります。

　　なお、この場合、供述者の署名押印は不要です。記録の過程が、撮影、現像等の機械的なもので録取の正確性が担保されているからです

実況見分調書が全部不同意とされた場合の写真の取扱い	オ　実務上、一般的には、実況見分調書等に添付された写真は、被告人側から、全部不同意の意見が出されれば、裁判所は証拠としては採用せず、検察官において再現者の説明部分は削除し、再現写真のみを残した抄本を用意して、関連性があるとして、これを物（証拠物たる書面）として請求する（刑訴法306条）場合もあるようです。この場合には、現場写真といえる
現場写真か供述写真か	か、なお供述写真なのか検討を要します。なお、被害者の証人尋問や被告人質問の際、証人等に当該写真を示して尋問等を行

い（刑訴規則199条の12），尋問等の終了後，裁判所がこれを証人尋問調書等に添付する（同規則49条）方法もあるようです（この方法については，ルーズになっているきらいもあるとの指摘もあるようですのでその点の注意が必要と思われます。）（ジュリスト1338号「時の判例」190頁，判例時報1910号154頁）。

3 非供述証拠の重要性と問題点

(1) 刑訴法は供述証拠に関する定めが多く（刑訴法319条及び320条以下），非供述証拠については特別の規定がありません。伝聞性や供述の任意性の問題がないからです。非供述証拠は，証拠として採用されれば大きな証拠価値を有することも少なくないため，そこでは，ア 証拠としての<u>関連性</u>（要証事実に対し必要最小限度の証明力を有していることを意味する自然的関連性）の<u>有無</u>，イ その収集の仕方が問題となります。

> 非供述証拠についての規定
>
> 証拠としての関連性とその収集方法

(2) 科学的採証

非供述証拠については，科学技術の進歩により採証方法の進化が著しく，そのことも新たな問題を提起している。

ア 人の識別に関するもの

①血液型，②指紋，③毛髪，④臭気，⑤声紋，⑥筆跡，⑦足跡等，さらに，⑧防犯カメラ（解析鑑定技術の進歩は著しい。例えば，顔の三次元画像解析鑑定の時間は早くなっており，歩容（歩き方）解析から犯人を特定する技術も向上している。），⑨DNA鑑定

＊なお，【ケース1】の事例は犯人が射精した精液が遺留されていたにもかかわらずその採取を行っていなかった事例である。

イ 人の状態に関するもの

①責任能力に関する鑑定ないし専門医の意見，②尿や毛髪からの覚せい剤等の検出，③血液や呼気からのアルコールの検出，④ポリグラフ検査

さらに，情報伝達手段の高度化に伴い，⑤写真，録音テープ，防犯カメラ，⑥コンピュータの分析，アクセス履歴の解析等

＊責任能力に関し専門医の意見を利用したもの（上記①）とし

て【ケース4】の事例

防犯カメラの解析を利用したもの（上記⑤）として【ケース2，3】の事例
　ウ　物の状態に関するもの
　　①薬物特定に関する鑑定，②拳銃の弾痕，線条痕等の同一性に関する鑑定，③スリップ痕の長さから制動初速度の鑑定（二輪車及び四輪車）等
　　＊バイクの制動初速度を，鑑定で利用される計算式により算出したもの（上記③）として【ケース5】の事例
(3)　採証方法の問題性
　ア　違法収集証拠排除の原則
　イ　令状なしにGPS端末を車に取り付けて追跡尾行する捜査手法について

GPS捜査

　　車両に使用者らの承諾なく密かにGPS端末を取り付けて位置情報を検索し把握する刑事手続上の捜査（いわゆるGPS捜査）の適法性等に関し，平成29年3月15日最高裁判所大法廷は，「本件捜査手法は，個人の行動を継続的，網羅的に把握することを必然的に伴うから，個人のプライバシーを侵害し得るものであり，憲法35条の趣旨にも反し，現行犯人逮捕等の令状を要しないものとされている処分と同視すべき事情があると認めるのも困難である，したがって，令状がなければ行うことができない処分と解すべきであり，本件GPS捜査手法による手続きは違法とした。そのうえで，今後GPS捜査について有力な捜査手法であるとすれば，立法的措置を講じ新たなルールを作る必要がある」旨の判断を示した。
　ウ　その他，科学的証拠の採証方法については，その進化が著しく，新たな問題を提起しています（「刑訴法講義（前田，池田）」証拠の許容性，非供述証拠476頁）。

4　動かない〈争いのない〉事実の確定

審理及び起案の際に心掛けることが必要です。第1部第1章第2節の刑事裁判（刑事訴訟手続）の場合【基本的視点】7頁を参照してください。要点のみ記載すると以下のとおりです。
(1)　民事事件との基本原則の違い

処分権主義（弁論主義）と実体的真実主義・適正手続（刑訴法1条）
(2)　次の動かない事実又は動かし難い事実あるいは前提事実を確定する。
　　ア　客観的証拠によって認定できる事実
　　イ　証拠上明らかに認められる事実であって，当事者間にも争いがない事実
(3)　動かない事実等の把握は，事件全体の大局的判断に有益です。これによって，当該事件の概要が浮かび上がることが多いと思われます。
　　ア　上記事実を基に，被告人以外の者を犯人とは想定しにくいか，逆に被告人を犯人とは想定しにくいかなど，仮設的な，一応の証拠判断を試みてみる。
　　イ　「木を見て森を見ない」証拠判断を避けるために，いきなり個々の証拠の信用性判断をしない。

第2部　刑事公判

第4章　判決

第1節　否認事件と自白事件

1 自白事件は補足説明が不要なので，法令の適用も羅列式の簡潔方式の判決書又は調書判決でよいとされています。

2 否認事件については，争点についての補足説明（主文が導き出された理由）をいかに説得的に書けるかです。第1部第1章第2節「民事裁判（民事訴訟手続）と刑事裁判（刑事訴訟手続）の異同」の刑事訴訟手続に関する部分を参照してください。

3 証拠の標目（どの証拠を挙示するか，多すぎないように，しかし，落とさないように。），累犯前科・確定裁判，法令の適用については，過誤のないよう「刑事判決起案の手引」（第4節から第6節33〜74頁）を見て必ず確認することが必要です。

第2節　量刑

1　量刑の考え方

実務において，量刑の記載については一般的に以下のようにいわれています。

「犯人の責任の程度が量刑における最も基本的な要素であり，犯罪の抑制（一般予防）及び犯人の更生（特別防）に役立たせるという刑事政策的な目的は，責任に応じた量刑という枠の中で考慮される。責任にはもともと幅（幅の理論）があり，その範囲内で刑事政策的な要請にかなった量刑をするということである。そして責任の内容は，人格責任論ではなく，個別行為責任説（行為責任論）を採り，具体的な量刑が行為責任を上回ってはならないということを意味している。

犯罪行為と違法性と責任の度合い

犯情と一般情状

したがって，量刑は，本来，犯罪行為を基点として，その違法性と責任の度合いに応じてなされるべきものであるから，犯罪事実に直接関係する事実に関する情状（犯情）が量刑判断に当たって評価の中核となり，重要視されるべきであると考えられる。そのような意味合いから，一般情状については，犯情によって想定

— 98 —

される量刑の幅の枠内で考慮されているにすぎないというのが現在の量刑実務の実際である。具体的には，本件犯行に至る経緯，犯行の動機，態様，結果，関係者の処罰感情及び社会的影響などの犯情を踏まえた上，一般情状をも参酌して量刑を総合的に判断することになる。」（「量刑判断の実際（原田）」）

2　余罪と量刑～不告不理の原則

(1)　余罪について，判例は，「実質上これを処罰する趣旨で量刑の資料とすることは許されないが，単に被告人の性格，経歴及び犯罪の動機，目的，方法等の情状を推知するための一資料としてこれを考慮することは許される」旨判示しております（最大判昭41.7.13刑集20巻6号609頁，最大判昭42.7.5刑集21巻6号748頁）。

(2)　余罪を実質的に処罰する趣旨で量刑に反映させることと，単に起訴された犯罪の量刑を決めるための一資料とすることとは，観念的には違いが明確であり，双方とも典型的なものを想定すればその違いは大きいが，実際にはその限界は微妙であると考えられます。これまでに前者の疑いがあると控訴審が判断した一審判決をみると，いずれも，量刑判断において当該事案をまとめる際などに，起訴された犯罪と余罪を区別されることなく同等であるものかのように指摘したような場合です（「刑訴法講義（前田，池田）」余罪と量刑231頁）。

　余罪を処罰しているとの見方をされる要因としては，当該主文が通常よりも重すぎると思われる場合や証拠調べの中でも余罪が含まれるとの理由で不同意とされた書証を積極的に取り調べるとか人証として取り調べるなどした場合もそのように採られかねないので注意すべきです。したがって，証拠排除をするか，あるいは証拠挙示する場合にも当該部分を除いたりした方が無難であると思われます。

(3)　悩ましい事例としては，補強証拠はないが，余罪を洗いざらい自白して反省の態度を示している被告人と本件1件以外に全くやってないと強弁する被告人の場合とでどのように違いをつけるかです。

量刑と余罪の関係

3 量刑の理由で記載する際の注意点

犯情と一般予防及び特別予防の点を意識して記載するように心がけた方がよいと思います。

4 いわゆる2項破棄（刑訴法397条2項，393条2項）

事後（原審判決後）の事由によって，控訴審が量刑判断を変えるものであるからあまり気にしなくてよいといわれています。

第3節 更生緊急保護の措置について

判決にかかわる問題ですが，判決する場合に，被告人の再犯防止，更生のために怠ってはならない措置です。

被告人には，更生の意欲が認められるが，所持金がなく，当面の生活に事欠く場合，更生保護法（85条）に基づく更生緊急保護の措置として，とりあえず検察官を通じて一時的な援助をしてもらうことができます。これについては書記官を通して弁護人，検察官と情報交換しておく必要があります。

第5章　犯罪被害者等の権利利益の保護を図るための刑事訴訟法等の一部改正関係

第1節　犯罪被害者等が刑事裁判に参加する制度

1　刑訴法316条の33から同条の39に規定

2　同条の33第1項各号に掲げる罪に係る被告事件であれば簡易裁判所に係属している場合であっても，被害者参加制度の対象になります。

第2節　刑事手続において犯罪被害者等の氏名等の情報を保護するための制度

1　被害者特定事項の秘匿（刑訴法290条の2）
　　呼称の定め（刑訴規則196条の4）

2　証人等特定事項の秘匿（刑訴法290条の3：平成28年12月1日施行）
　　呼称の定め（刑訴規則196条の7）

3　1と2の差異
　　1の場合には，（被害者からの）申出の他，相当と認めるときは職権でも秘匿決定ができるのに対し，2の場合には，証人の申出がある場合のみしか秘匿決定ができませんので注意してください。

4　秘匿に係る問題
　　非常にナーバス，シビアな事柄なので，裁判所は書記官を通して事前に十分情報を把握しておく必要があります。そして一旦秘匿決定がなされたら，氏名，住居等特定事項が知られないよう秘匿情報の管理〈記録の管理〉に格段の配慮が求められます。

5 ビデオリンク方式，遮蔽等による証人尋問（刑訴法157条の5，6）

同条の6に掲げる罪に係る被告事件であれば簡易裁判所に係属している場合であっても，ビデオリンク方式を採ることができ，遮蔽措置の取扱については犯罪の性質，被告人と証人との関係などから同措置を採ることができます。

6 刑法の一部を改正する法律（平成29年法律第72号）

刑法の一部を改正する法律

平成29年6月23日性犯罪の厳罰化法案である刑法の一部を改正する法律（平成29年法律第72号。以下「改正法」という。）が公布され，平成29年7月13日から施行されました。改正法は，簡裁刑事公判対象事件ではありませんが，簡裁裁判官も令状発付に携わり，当該事件は令状請求段階から犯罪被害者等の権利利益の保護に対する配慮が求められることから，改正法の趣旨を十分に把握する必要があると思われます。

改正法は，近年における性犯罪の実情等に鑑み，事案の実態に即した対処を可能とするため，強姦罪の構成要件を見直して，被害者の性別を問わないこととし，かつ，性交（姦淫）以外の行為を加え，罪名を「強制性交等罪」と改めた上で，法定刑の下限が懲役3年から5年，同罪に係る致死傷罪の法定刑の下限が5年から6年にそれぞれ引き上げられました。さらに，18歳未満の者に対し，監護者わいせつ罪及び監護者性交等罪を新設するなどの罰則の整備を行い，これらの罪を非親告罪としました。

秘匿等犯罪被害者等の権利保護の要請

したがって，今後，被害者の意向を必ずしも反映しない性犯罪の起訴の増加も考えられることから，犯罪被害者等の権利利益の保護の要請が高まり，秘匿に係る問題について，裁判所及び訴訟関係者は，一層配慮する必要性が求められると思われます（衆議院及び参議院各付帯決議）。

第6章　刑の一部執行猶予制度

（刑法27条の2から7，薬物法1条から5条）

第1節　一部執行猶予制度の趣旨

1　一部執行猶予制度は全部実刑と全部猶予の間の中間刑ではないといわれています。施設内処遇と社会内処遇をセットで言い渡すことにより，再犯防止（一般予防）と改善更生，すなわち特別予防を高めようというものです。一部猶予は，刑事責任の重さゆえに言い渡される実刑について，特別予防目的のために，その一部を切り取って，少し長めの社会内処遇に作り替えるものです。つまり実刑の特別予防のためのヴァリエーションと考えられています（小池信太郎）。

全部実刑と全部猶予中の間の中間刑ではない

実刑の特別予防のためのバリエーション

2　全部実刑者に対する特別予防の観点からの特別な執行形態であり，被告人ごとに具体的に，言渡し後の実刑部分の刑執行後の再犯可能性や更生可能性を予測（処遇の有用性を予測）し判断するものです。したがって，行刑分野における将来予測を含む判断を言渡し時にするものであり，すぐに全部実刑あるいは全部猶予の執行に移る判決形態とは異なっているところに難しさがあると思われます。

行刑分野における将来予測を含む判断

第2節　一部執行猶予の要件

（刑法27条の2，薬物法2条，3条）

1　形式的要件
(1)　宣告刑が3年以下
(2)　全部猶予者類似の前科制限
　ア　全部猶予中の者に再度の全部猶予のような制限なし（刑法27条の2第1項2号参照）：初入者，準初入者
　イ　薬物使用等の罪（及び他の罪との併合罪）を犯した累入者さらに必要的保護観察（薬物法4条1項）

2 実質的要件

(1) 条文上の差異

ア 初入者，準初入者

「犯情の軽重及び犯人の境遇その他の情状を考慮して，再び犯罪をすることを防ぐために必要であり，かつ，相当であると認められるとき」（刑法27条の2）

イ 薬物使用累入者

「犯情の軽重及び犯人の境遇その他の情状を考慮して，刑事施設における処遇に引き続き社会内において，…再び犯罪をすることを防ぐために必要であり，かつ，相当であると認められるとき」（薬物法3条による読み替え）

(2) 3ステップの検討

> 3ステップ要件の吟味

実質的要件としては，再犯防止のための「必要性・相当性」が中心的な要件となります。つまり，再犯のおそれが認められる（実刑相当事案である①）ことを前提として，有用な社会内処遇方法が想定できるか（実刑の一部を切り取って，比較的長期の社会内処遇を行うことの有用性の存在②），その社会内処遇方法が被告人の更生意欲・環境等に鑑みどの程度実効的に実施できるか（実効性の存在③）です。

以上の3要件（①，②，③）を3ステップと呼んでいます。

ア 一部猶予制度

本来言渡し刑の全てを服役すべきところ（応報の要請），その一部を切り取って施設内処遇の他に，それに引き続き社会内処遇により再犯防止を試みようとするのが制度趣旨であり，とりわけ②の要件を検討するとき，仮釈放では困難な期間を確保して行う有用な処遇方法は想定できるかということであるから，有用性の判断においては，再犯防止効果が期待できる具体的なものが必要であると考えられます。

> 施設内処遇と社会内処遇との連携

したがって，実刑相当事案であること（①）を前提に，施設内処遇に加えて，比較的長期の社会内処遇を行うことになるので，施設内処遇と十分な期間の社会内処遇の連携が必要となります。

被告人の具体的問題性に着目して，その解消のための有用な具体的処遇を想定できるか，それを長期間行う必要性があるか

を検討することになると思われます。
　＊長期の社会内処遇の必要性と有効性
　　施設内処遇の後に，相当の長い期間社会内処遇を続けることに特に意味があることが大切である。被告人にとっても納得できる処遇でなければ（本人の意欲も含め）従来の実刑〈プラス仮釈放〉のみで刑期終了の方が，負担が軽いと感じることにもなろう。
　イ　保護観察を付する場合
　　専門的処遇プログラムがあるかどうか，ある場合は，施設内における処遇方法との連続性など連携を検討することになるが，当該保護観察に専門的処遇プログラムがない場合は，有用で実効性のある社会内処遇ができるか問題があります。
　　この場合には民間プログラムの有無（入院治療・福祉施設入所が可能か。例えば，アルコール依存者の施設ダルク，クレプトマニアの赤城高原ホスピタル，下総精神医療センターなど。）を検討することになると考えられます。しかし，民間プログラムがあったとしても，国（法務省）と民間施設，ボランティアとの協働が必要となり，矯正施設及び保護観察所と民間機関との併行実施ないし継続実施が可能か否か，また効果はどうか，などの問題があり，この点は未解決の問題です。したがって，保護観察に専門的処遇プログラムがない場合は，社会内処遇の有用性，実効性にやや疑問が残ります。

　ウ　③（被告人の更生意欲・環境等）の要件の検討この要件の判断を厳しくすると問題がない者についてしか，一部猶予制度が認められなくなってしまうので②の要件との相関的判断が必要であると思われます。
(3)　3ステップに関する情状審理の方法
　　実効あらしめるためにはこの点が問題ですが，当面は情状審理の中で，前の矯正施設内での状況や保護観察に関する情報を検察官に提出してもらうことが考えられます。
　　立法論としては，情状鑑定・判決前調査の導入等が考えられるとする意見もあります。

（傍注）
国と民間プログラムとの協働

社会内処遇の有用性，実効性

②と③は相関的判断必要

矯正施設内での状況の情報提供

第3節　主文及び法令の適用の記載例

1　基本型主文
(1)　被告人を懲役2年に処する。
(2)　①「その刑の一部である懲役6月の執行を2年間猶予する。」又は②「その刑の一部である懲役6月の執行を2年間猶予し，その猶予の期間中被告人を保護観察に付する。」

2　法令の適用（1(2)①，②について）
(1)　①につき，「…に処し，犯情の軽重及び犯人の境遇その他の情状を考慮して，再び犯罪をすることを防ぐために必要であり，かつ，相当であると認められるから，同法27条の2第1項を適用してその刑の一部である懲役6月の執行を2年間猶予することとする。」
(2)　②につき，「…その刑の一部である懲役6月の執行を2年間猶予し，なお同法27条の3第1項を適用して被告人をその猶予の期間中保護観察に付し」

3　その他
(1)　刑の全部の執行を猶予する場合における主文の記載例については従前のとおりです（なお，条文（刑法25条1項）が改正されたことから「この裁判が確定した日から4年間その刑の全部の執行を猶予する。」と記載することも考えられます。）。
(2)　懲役と罰金とを併科し，かつ，そのうち懲役についてその刑の一部の執行を猶予する場合，罰金については刑の一部の執行を猶予することはできないものの，執行を猶予する刑を明確にするため，「その懲役刑」と記載するのが相当と思われます。
(3)　刑の一部の執行を猶予する場合であっても，執行が猶予された部分を指定して未決勾留日数を算入することはできないと考えられるため，未決勾留日数の本刑算入（刑法21条）については従前の記載例のとおりとなることに注意を要します。

第4節　一部執行猶予制度の効用

1　制度効用の姿

　平成28年6月施行以来，一部執行猶予が言渡されたものは，薬物犯罪がほとんどであると思われますが，本書執筆時点（平成29年8月）では，一部猶予を言い渡された被告人の大半は実刑部分の執行が終わってないと思われますので，その後の社会内処遇の有効性は明らかにすることはできません。現時点ではまだ，制度効用の姿が見えてこないといわざるを得ません。

2　簡裁刑事対象事件における問題点

(1)　簡裁刑事対象事件のうちで［特別処遇プログラム］を利用できる犯罪類型としてはどのような犯罪が考えられるでしょうか。

　窃盗事件のうち，いわゆる下着盗は性癖傾向性が強く，性犯罪プログラムで対応できる可能性が高いと考えられますが，その他の犯罪では，現時点では，未だ明確ではありません。

〔欄外〕簡裁刑事対象事件と特別処遇プログラム

(2)　窃盗癖のある人（いわゆるクレプトマニア）について対応できる［特別処遇プログラム］は，現時点では明確ではないと思われます。したがって，仮に一部執行猶予の言渡しをする場合，施設内処遇と社会内処遇の有機的連携をどのように考えるかがポイントになると思われます。

〔欄外〕クレプトマニアへの適用の可否

　クレプトマニアの場合，施設内処遇での医療刑務所等のプログラム〔瀧井正人（北九州医療刑務所長）による治療実施施設あるいは条件反射制御法を実施している一部の矯正施設〕と社会内処遇において民間の治療施設〔例えば赤城高原ホスピタル，下総精神医療センター等〕とを融合することも考え方としてはありうるものの，第2節2(2)3ステップ，イ105頁イにおいて述べたように，国（法務省）と民間施設等との協働の問題があり，また民間治療は本人の意思，費用負担がかさみ，強制力がない等の難点があります（以上の点について，「窃盗癖－嗜癖治療モデルによる対応（竹村）」，「条件反射制御法（平井）」，「矯正の現場から（瀧井）」）。

(3)　一部執行猶予になじまない事案

　ア　住所不定などホームレスの場合は，一部執行猶予制度になじ

まず，福祉でまかなうしかないと考えられます。
  イ　保護観察適合性がない場合として改善更生の意欲なく保護観察の指導監督に服さないと予測される者，その他，知能低下者（認知行動プログラムに対応できない），心身に著しい故障があり保護観察の指導監督の効果が期待できない者が挙げられています。

(4) 全部執行猶予中の再犯の場合において前刑の執行猶予が取消される場合の考慮の当否

　本制度は施設内処遇終了後の社会内処遇の必要性を前提とするものです（刑法27条の2Ⅲ）。全部執行猶予中の再犯の場合，前刑の猶予が取り消されることになると，施設内処遇期間は長くなり（前刑刑期＋本刑の実刑部分），一部猶予の社会内処遇は上記施設内処遇（前刑刑期＋本刑の実刑部分）終了後に実施されることになります。したがって，前刑において当然に求刑どおりとはせず，求刑を減じて主刑を科し，全部執行猶予にしている場合以外は前刑の刑期（前刑の犯罪の内容も含めて）は基本的に考慮せざるを得ないのではないかと思われます。前刑が加わることで刑期が長くなることから，被告人の改善治療に対するモチベーションが下がるおそれがあり，そのことを防ぐという意味でも，一定程度，猶予部分を考慮することが妥当ではないかと考えられるからです。ただ，考慮しても裁量の範囲内のものであると考えられます。

第7章　刑事責任能力

　簡裁刑事公判においても，窃盗癖のある被告人（いわゆるクレプトマニア）や認知症状（前頭側頭型認知症等）のある被告人の事案も少なからず係属していると思われ，その際，量刑事情として「特に酌量すべき情状」（刑法25条2項）に当たるとして，再度の執行猶予を求める場合のほか，刑事責任能力を争う場合も考えられます。そこで，刑事責任能力について以下詳述することにします。

第1節　責任能力（刑法39条）について

1　責任能力については刑法39条に規定があり，「心神喪失者の行為は罰しない」（同条1項），「心神耗弱者の行為はその刑を減軽する」（同条2項）とされています。心神喪失，心神耗弱の具体的意味については，「心神喪失とは，精神の障害により事物の是非善悪を弁識する能力がなく，又はこの弁識に従って行動する能力がない状態」をいい「心神耗弱とは，精神の障害が未だ上記の能力を欠如する程度に達していないが，その能力の著しく減弱した状態」を指称するというのが判例実務における一般的な理解です（大判昭和6.12.3刑集10巻12号682頁）。

　つまり，精神の障害により，是非善悪を弁識する能力，又はこれに従って行動する能力の両方又はいずれか一方が全くない場合が心神喪失（責任無能力）であり，両方又はいずれか一方の能力が著しく減退している場合が心神耗弱（限定責任能力）ということです。

2　この責任能力の判断方法としては，「精神の障害という生物学的要素とともに，是非弁識能力と行動制御能力という心理学的要素」を併せて考慮するいわゆる混合的方法によるべきであるとされています。　［責任能力判断方法］

　混合的方法よるべきとの趣旨は，生物学的要素にのみによるとすると，一定の精神の障害さえあれば，それが行為に影響したかどうかにかかわらず，一律に責任無能力あるいは限定責任能力であるとの判定が導かれるおそれがあるが，実際問題として，精神の障害には無限の段階があり，また概念自体の不明確性もあっ　［混合的方法の妥当性］

— 109 —

て，この方法のみでは，責任無能力，限定責任能力，完全責任能力をどのような段階で分けるのか，その線引きについての基準を見出すことは極めて困難であり，他方，心理学的要素のみによって，純粋に行為者の主観的側面のみを基準とすると，その判断の当否を客観的に論証することは極めて困難であり，ややもすると責任無能力，限定責任能力者の範囲は，判断者の恣意に流れるおそれがあり，法的安定性を害するとのことからです。判例通説が，両者を併用する混合的方法を妥当であるとしているのは以上のような考えからと思われます。

通説判例は混合的方法

　そして，被告人が心神喪失であるか心神耗弱であるか，そのいずれにも該当しないかの判断は，法律判断であって，専ら裁判所に委ねられるべき問題であり，その前提となる上記生物学的要素，心理学的要素も，この法律判断との関係で究極的には裁判所の判断に委ねられるべき問題であるとされています（最三小決昭58.9.13判例時報1100号156頁，最三小決昭59．7.3刑集38巻8号2783頁）。

　したがって，「心神喪失」「心神耗弱」といえるためには，第1に，行為者の精神の障害という生物学的要素が存在しなければなりません。第2に，このような生物学的要素があれば直ちに心神喪失ないし心神耗弱に当たるというわけでなく，これによって弁別能力又は制御能力が欠如又は著しく減退していることを要する，言い換えれば，弁別能力又は制御能力が多少減退していても，著しく減退していなければ，完全な責任能力者であるということです。他方，心神喪失には，弁別能力又は制御能力を全く欠く場合だけでなく，少なくともないに等しい場合や，限定責任能力があるとまで認められない場合も含まれます。

　このように，「心神喪失」「心神耗弱」であるかどうかの判断は，精神の障害という生物学的要素と心理学的要素のうち弁別能力と制御能力の双方を考慮することによってなされることになります。

3　責任能力の問題は，行為者に刑法的非難を加えることが不可能になるか，あるいはまだ可能かということにほかならないのであるから，結局，心神喪失・心神耗弱の判断は，行為の当時，行為

者に精神障害があったかどうか，あったとすればどのようなものであったか，そして，そのような精神状態が行為にどのような影響を及ぼしたかという事実を基礎として，刑法の目的に照らし，当該行為について行為者に非難を加えることが可能かどうかという規範的評価によってされることになります。換言すれば，責任能力は，本人に対する非難可能性を認める基礎であるから，適法な行動を選択するだけの自由意思が残されていたかどうか，その判断において，犯行の動機・原因について正常心理から了解可能かどうかにより，自由意思の存否，行動制御の可能性の有無が検証されることになるということです。

なお，近時の裁判例において，精神の障害がある場合でも，「犯行の了解可能性」を根拠に責任能力の肯定される例が少なくありません。この「了解可能性」は，この規範的評価の判断資料として裁判上考慮されているということができ，また，考慮すべき重要な要素であるといえると思います。

| | 本人に対する非難可能性 |

| | 了解可能性
自由意思の存否
行動制御の可能性 |

第2節　精神鑑定の位置付け

1　責任能力が主張された場合には，精神の障害（生物学的要素），これが犯行（犯行時の被告人の思考や行動）に与えた影響の有無，程度及び影響の仕方については，精神医学の領域に属する事柄であるから，精神医学の専門的知識と診断等の経験を有する精神科医に嘱託して，被疑者，被告人の犯行時の精神鑑定を行い，上記判断の資料とすることが一般的です。

すなわち，責任能力の判断における精神鑑定の持つ意義は，生物学的要素である精神障害の有無及び程度並びにこれが心理学的要素（是非弁識能力，行動制御能力）に与えた影響の有無及び程度についての部分を解明するための判断資料であり，そのように位置付けられています。

2　心理学的要素はもとより生物学的要素についても，究極的には裁判所の判断に委ねられるべき問題であるとはいっても，精神鑑定を行った鑑定人の公正さや能力に疑いを生じたり，鑑定の前提条件に問題があったりするなど，これを採用し得ない合理的な事情が認められるのでない限り，裁判所は，鑑定人の意見を十分に

尊重して判断すべきとされています（最二小判平成20.4.25刑集62巻5号1559頁）。

3　鑑定資料との関係

一般的にはどのようなものでも鑑定資料となり得，鑑定資料の範囲は制限されないのが通常です。捜査段階の鑑定であれば，捜査機関が収集した資料一式であり，起訴後の鑑定であれば，既に公判で証拠採用されているものはもとより，それ以外の捜査段階のものを含めて鑑定の資料とされ，また，鑑定人が別途，被疑者，被告人に対して行う面接（問診），身体的・心理学的検査，家族などの関係者からの聴取した結果，学校，病院等の関係機関から入手した照会結果等も含めて鑑定の資料とされます。鑑定には伝聞法則の適用が排除されていると考えられています。

› 鑑定には伝聞法則の適用排除

第3節　精神鑑定の留意点

1　争点の明確化

› 鑑定の必要性の検討

はじめに，鑑定の必要性について当事者双方の主張を聞きます。既に取り調べられた証拠資料から，被告人の精神障害がその責任能力に影響を及ぼすほどに犯行に影響したことを窺わせる状況があったかどうかについて具体的に主張させます。

2　捜査段階の簡易鑑定等の活用

› 簡易鑑定の活用

捜査段階で既に簡易鑑定等が行われていれば，鑑定の要否を判断する上で参考になるばかりでなく，その中の精神衛生診断書や鑑定をした担当医師を証人尋問することにより，公判段階での鑑定を必要としなくなる場合もあります。

3　その他の考慮すべき事情

› 未決勾留日数の長期化への配慮

鑑定の採用により未決勾留日数の長期化を招き，被告人にとってかえって不利益になる虞もあることを当事者双方に理解してもらうことも必要です。

そのためには，正式鑑定ではなく，口頭鑑定をお願いしたり，あるいは，専門医の証人尋問のみを実施する等に代えることも検討すべきです。

4 鑑定評価

(1) 精神鑑定自体の困難性

犯行当時における被告人の外的状況に関する認識内容ないし各供述時点ごとの被告人の記憶内容を確定することは困難を伴うといわれています。

(2) 鑑定評価の方法

鑑定評価あるいは精神状態の評価の前提として，，犯行当時における被告人の認識内容や動機，目的等の認定が必要であるが，そのためには，客観的証拠によって，被告人の犯行当時及びその前後の言動や周囲の状況，犯行に至る経緯等の外形的事実関係を確定することが先決かつ重要です（争いのない事実，動かしがたい事実の確定）。

　　　　　　　　　　　　　　　　　　　　　動かしがたい事実の確定

精神の障害がある場合でも，上記動かしがたい事実を明らかにすることにより，「犯行の了解可能性」を認定し，これを根拠に責任能力が肯定される例が少なくありません。この「了解可能性」は，前述のとおり，この規範的評価の判断資料として裁判上考慮されているということができ，また，考慮すべき有用な概念ということができるといえます（前述第1節3，111頁，「条解刑法」，「警察学論集（入江）」，「大コンメ刑法」366頁，428頁以下）。

第4節　その他

1　クレプトマニア

最後に，関連する問題として，クレプトマニア（窃盗癖あるいは病的窃盗）患者の刑事責任能力について検討することにします。

(1) 精神障害としての病的窃盗には「クレプトマニア」という疾患があるといわれていますが，その輪郭は明確ではありません。窃盗癖は複数の障害に起因する症候群であるといわれており，疾病であり，犯罪でもあります。合併精神障害としては，摂食障害（特に過食症），物質使用障害，気分障害，不安障害（特に強迫性障害），パーソナリティ障害が多く，特に摂食障害は窃盗癖を合併しやすいといわれています。

　　　　　　　　　　　　　　　　　　　　　精神障害としてのクレプトマニアの輪郭

そして窃盗癖の大部分は，衝動性障害（衝動制御障害）として始まり，嗜癖化メカニズムで悪化進行すると主張する見解もあり

ます。このような見解によれば，摂食障害も嗜癖問題としての側面を持ち，窃盗癖と摂食障害は合併しやすいといわれていることから，嗜癖治療モデルによる対応が有効ではないかとみているようです。

(2) いずれにしても，クレプトマニアという診断だけでは，刑事責任能力に直ちに問題があるとはいえないように思われます。

　一般に，窃盗癖患者の事理（是非）弁識能力には概ね問題がないと考えられているようです。問題となるのは行動制御能力です。多くの患者では，クレプトマニアという「衝動制御の障害」のために，行動制御能力が相当程度減退していると主張されるケースが多いのではないかと考えられます。そのような場合，通常は，心神耗弱には相当せず，責任能力はあると考えられる場合が多いのではないかと思われます。

　そこで，窃盗癖は，心神耗弱には当たらないとしても，病的精神状態を背景とした犯行であり，また，刑罰による再犯予防効果が少なく，一定の治療により治療効果が期待されるとして，情状酌量すべきである（量刑事情として考慮すべき）との考えもあります。そして窃盗癖への治療としては，条件反射制御法，カウンセリング（個人精神療法），認知行動療法，家族療法，集団精神療法，薬物療法，自助グループの利用などが考えられるとしているようです（以上，竹村道夫精神科医師，平井慎二精神科医師，滝井正人精神科医師の参考文献掲載の見解参照。）。

2　司法精神科医学における可知論と不可知論

　不可知論とは，伝統的な司法精神医学の立場から，精神の障害が自由意思（正常な精神機能や精神作用）にどこまで影響するか知ることはできないとし（不可知），可知論は，精神の障害が自由意思に与える影響の程度を知ることができるとし（可知），診断名によって直ちに責任能力の有無が決せられるものではなく，事例ごとにその程度を比較するのが合理的であるとする考え方です（この点に関し，最高裁［上記最三小決昭和59.7.3］は，可知論的立場に立っているといわれています。）。

　この問題について，福島博士は，「人間の行為の責任の由来を，人格の自由な意思決定に求めるとすれば，そのような自由を

可知論的立場

人間は本来果たして持っているかどうか，どのような場合にその自由が奪われたといいうるのかどうか，それを経験科学的に判定することは可能かどうか，という哲学的な議論の泥沼に足を踏み入れなければならない。万人に異論のない結論に達することは永久にできまい。」と述べています（「精神鑑定（福島）」300頁）。

第8章　即決裁判手続

即決裁判手続は，手続の合理化・効率化と迅速化を図るため，争いのない軽微な事件について，簡易な手続で迅速に裁判できる当事者に利用しやすい制度として，平成18年10月から実施されています。

以下要点のみ記載することにします。

第1節　総論

即決裁判の申立てがあった事件の公判期日は，できる限り，公訴提起の日から14日以内の日を定めなければならない（刑訴法350条の16，17，21，刑訴規則222条の17，同18）。

したがって，国選弁護人選任，弁護人からの同意書の受領や公判期日指定手続に関する事務については，特に迅速な処理が求められることに留意しなければなりません。

第2節　手続

1　検察官による申立て（刑訴法350条の16第1項）

2　要件（同条の16第1項～6項）
- 事案が明白かつ軽微であること
- 証拠調べが速やかに終わると見込まれること
- その他の事情
- 被疑者の同意及び弁護人の同意又は意見留保

3　有罪である旨の陳述（同条の22）

4　証拠調べ等手続の簡略化，伝聞証拠排斥の適用除外（同条の24，27）

5　即日判決の要請（同条の28）

6　必要的刑の執行猶予（同条の29）

第3部　資料編

刑事事件ケース１～６（図面省略）
【ケース１】　犯人性が争われ，犯人と断定するに合理的な疑いが残る（無罪）ケース
○　本ケースは，犯人性が争われ，証拠構造から，目撃供述と識別供述の信用性判断が不可欠となり，さらに間接事実の証明力の検討が必要となる事例である。

　識別供述の問題性（第１部第１章第２節３事実認定ク33頁）を参考にしながら，以下，起案形式で，目撃供述と識別供述の信用性及び間接事実の証明力を検討する。

第１　本件公訴事実及び争点
１　本件公訴事実の要旨は，「被告人は，平成○年３月27日午前４時55分ころから同日午前４時57分ころまでの間に，東京都○○区△△１丁目１番１号付近から同区△△１丁目11番１号付近に至るまでの路上において，Ａ（当時18歳）ら不特定多数人が容易に覚知し得る状態で，ことさら自己の陰茎を露出して示し，もって，公然とわいせつな行為をしたものである。」というものである。

　これに対し，被告人は，捜査・公判を通じ一貫して，公訴事実記載の犯行は「やってない，身に覚えがない」旨陳述し，弁護人も当公判廷でこれに沿う主張をしている。

２　本件の争点と証拠構造　　　　　　　　　　←争点と証拠構造を把握する
(1)　本件の目撃者Ａ，同Ｂの捜査・公判における各供述及び関係証拠によれば，公訴事実記載の日時ころ，同記載の場所で，何者かが，Ａ（当時18歳）ら不特定多数人が容易に覚知し得る状態で，ことさら自己の陰茎を露出して示し，公然とわいせつな行為をした事件が発生したことを認めることができる。
(2)　問題は，被告人が犯人であると認められるか否かである。これに関する関係証拠は，①まず直接証拠として，被告人が犯人であるとする目撃者Ａ，同Ｂの各目撃，識別供述があり，②次に，被告人が犯人であることを窺わせるような間接事実として，犯行から近接した時間，近接した場所に着衣等が犯人とよく似た被告人が居たという事実がある。しかし，後述のとおり，間接事実についてはその証明力があまり高度なものとはいえないので，犯人と被告人との同一性が認められるか否かは，結局，被告人が犯人であるとする目撃者の供述の信用性いかんに係っているといえるので以下この点を中心に検討し，最後に上記間接事実につき若干検討を加える。　　　　　　　　　　　←問題の摘示

第3部　資料編

第2　目撃者両名の**目撃供述及び識別供述の信用性**の検討
1　被告人逮捕に至る経緯及び捜査経緯　　　　←経緯などの**前提事実の確定**
　　証人C，同A，同B及び被告人の各公判供述，実況見分調書（甲2），現行犯人逮捕手続書抄本（甲1）等を総合すると次のような事実が認められる。
　(1)　C警察官は，平成○年3月27日午前4時57分ころ，東京都○○区△△1丁目2番先を相勤務のD警察官と警ら用無線自動車目黒1号で警ら中，110番指令により「○○区△△1丁目1番1号E方前路上で公然わいせつ事件発生，被疑者は黒色ニット帽，ジャンパーを着装，駆け足でいずれかへ逃走」との無線を傍受したことから，現場周辺の捜索を開始した。引き続き「商店街方向もしくは○○駅方向へ逃走」との無線が入ったことからその方向に向かい，以前こうした事件の場合には公園で自慰行為をすることが多いということを聞いたことがあったことから，丁度その近くにあるXY公園に行った。同人らは，午前5時5分ころ，発生現場から直線距離で約100メートル離れた，○○区上○○2丁目32番区立XY公園に到着し，捜索していたところ，同公園内に設置されている公衆便所の女子トイレの鍵が掛かっていたことから，本件犯人が潜んでいる可能性もあり，解錠させるためにドア越しに事件捜査への協力を呼びかけノックをし続けたところ，程なく，着衣等が上記無線連絡事項に近似した年齢20歳くらい，身長170センチメートルくらい，カーキ色のジャンパー，茶色ズボン，黒色手提げ鞄を所持した男（本件被告人）が出てきた。同鞄の中身の確認を依頼するとその男は「何もしていませんよ，でも女子トイレに入っていたからしょうがないか。」と言いながら同鞄を差し出し確認に応じた。その中から手配の特徴の一つであった黒色ニット帽が出てきた。C警察官は，無線機で，本件発生場所で目撃者から事情聴取中のパトカー2号乗務員のF警察官に，目撃者の面通しを要請した。同パトカーに同乗した目撃者3名が，午前5時24分，XY公園入口前に到着したので，同3名にジャンパー，黒色ニット帽を着用した被告人を同パトカー車両後部座席内から一緒に面通しをさせ，最短で少なくとも約10メートル強の距離から犯人であるかを確認させたところ，目撃者3名から，犯人に間違いないとの供述を得たことから，C警察官らは，午前5時25分，被告人を現に罪を行い終わって間がなく，誰何されて逃走しようとした公然わいせつの現行犯人と認めて逮捕した。
　(2)　なお，本件の所轄警察署である○○警察署は，犯行最終現場である△△1丁目10番1号KH方付近（別紙図面Ⓑ）に犯人が射精した精液が遺留されていたにもかかわらずその採取を行っておらず，現行犯人逮捕手続書には面通しの距離が最短でも少なくとも約10メートル強はあったものを2メートル（証人尋問

— 118 —

の際に5，6メートルと変更したが）と記載している。また，被告人が逮捕当時着用していたジャンパーは東京拘置所に移監される前に処分しており，当該着衣を着用しての検証を不可能にしている。　　　　　　　　←捜査上問題
2　目撃者両名の目撃供述の信用性　　　←まず，**目撃供述の信用性について**
(1)　目撃者の**目撃状況**

　　Aの公判供述及び検察官事務取扱検察事務官調書（甲6），Bの公判供述及び警察官調書（甲7），実況見分調書（甲2），電話聴取書（甲12）によれば次のような事実が認められる。

ア　犯行は，△△1丁目8番2号F方付近（別紙図面Ⓐ）から同11番1号G方付近（同図面Ⓑ）に至るまでの路上，約100メートルの区間で行われており，その間には6基の街路灯（同図面○印のB－5262～5266，△△48）が設置されている。最初に犯行に気づいたのはAであり，場所は同図面Ⓐの位置である。真向かいには街路灯（B－5262）がある。犯行当初午前4時55分ころは日の出（当日の日の出は5時35分）約40分前で，辺りはどちらかというと全体的に暗く，照明による灯りを必要としている状況であった。

イ　Aら女子3名は，ローソンで買い物をした後，道幅約2.5メートルの道路の右側を3人横1列（右端がA）で並んで歩いていたが，進行方向右斜め前方（前記図面Ⓐ点）に男が立っており，何でこんな所に人がいるんだろうと思ったところ，すかさずその男がAを覗いてきた。びっくりして怯んだとき1，2秒目が合ったので直ぐ下の方に目を逸らすと，陰茎を出しそれをしごいているのを発見した。Aは犯人を1ないし2メートルくらいの距離で，犯人の左前方から目撃した。Aは思わず「やばい，やばい，キモい」と声を出してしまい，他の2人の後ろを通って左側に逃げたが，ローソンで買ったカップラーメンにお湯を入れていたことと靴の踵を踏んで歩いていたことから走ることはできなかった。他の2人も同様にお湯の入ったカップスープ等を持っていたので速く走ることはできなかった。男はAらの後から陰茎を出し，しごきながら同図面Ⓑ点まで追いかけてきた。その間，Aは途中1回，犯人を全体的に，更にE宅（同図面上「本州（事）ホンシュウタロウ」と表示）に入るときに同Ⓑ点で犯人を約10メートルの距離から，全体的にそれぞれ2，3秒間目撃している。Aの視力は，両眼共に裸眼で1.5である。

ウ　Bは，3人横1列の真ん中を歩いていたが，突然AがBら2人の後ろを通って一番左側に移動したので，変だと思い右方向を見ると，約1.5メートルくらいの所に男がいた。まず，その男の顔を一瞬見て，次に全体的に見たところ陰茎を出しそれを右手でオナニーをするように手を動かしていた。それ

を見てびっくりし，すぐに目を逸らしたが，目撃時間は，1，2秒である。Bはびっくりしたが，男を刺激しないように無視してその場を通り過ぎ，少し歩いてから振り返ると犯人は陰茎を出したままついて来ていた。誰彼となく「やばい，やばい」と言って3人一斉に走り出した。しかし，ローソンで買ったカップスープにお湯を入れていたのでそれほど早くは走れなかった。Bが走りながら再び後ろを振り向くと，7，8メートルくらい後を犯人が陰茎を出したままついて来ていた。Bが犯人を最後に見たのはE宅に入るときで，犯人は前記図面Ⓑ点（E宅から約10メートル）で立ち止まり，陰茎を右手でしごいている状態だった。以上犯人を目撃した時間は，いずれも1，2秒間ぐらいである。Bの視力は，裸眼で右目が2.0，左目が1.5である。

(2) 目撃者の**目撃内容**

ア　Aは，最初に犯人を見たときの周囲の明るさについては，まだ夜が明けてなかったのでどちらかというと暗かったが，犯人が居た真向かいに街路灯があったので明るかったと述べ，目撃内容については，『犯人は目が少しぎょろっとしており，黒目が大きく見え，頭には黒のニット帽をかぶり，顔面の左側からは髪がぼさっと出ていた，服装はよく覚えていないが，ジャケットみたいなコートを着ており色合いは分からないが全体的に暗い感じに見えた，身長は175センチメートルはないくらいだった，身長を割り出した根拠は，自分自身が161センチメートルであり，最初に目が合ったときの目の位置関係からそのように思った』旨述べ，更に，途中2回目に振り返ったときは，陰茎を出し，しごきながらついて来ており，3回目E宅に入るときに振り返ったときは，犯人は前記図面Ⓑ点で立ち止まり，少し足を開いた感じでちょっと後ろに反った格好で陰茎を右手でしごいているのが，近くには街路灯があったことからはっきり見えた旨公判廷で供述する。

イ　Bは，最初に犯人を見たときの周囲の明るさは，まだ夜が明けてなかったので暗かったと述べ，目撃内容については，『犯人はニット帽をかぶっており，顔は一瞬しか見てないのではっきり見てないが，ニット帽から出た襟足とか輪郭とかは覚えている，左右髪がでていた，黒っぽいジャンパーを着ており，全体的には，黒っぽく見えた』旨述べ，更に，途中2，3度振り返ったが，その時はカップのお湯をこぼさないようにしながら早歩きで，さっさっと振り向き，犯人が7，8メートル後をついてくるのを確認するのが精一杯で，犯人については全体的な感じしか見ていない，最後にE宅に入るときに振り返ったときは，前記図面Ⓑ点で立ち止まり，陰茎を出し，しごいているのが見えた旨公判廷で供述する。

ウ　Aら3名は，E宅2階に上がり，窓から外を確認したところ犯人の姿が無かったことから，すぐに110番に通報することになり，午前4時57分ころBが自己の携帯電話で警察に通報した。Bは，性器を出した変質者に家まで追いかけられた，Aは黒っぽいニット帽，黒っぽいジャンパー，ズボンを着用した男と通報した旨供述している。
(3)　両名の目撃供述の信用性ないし証拠価値　　　　　　　　←特に下線部
　ア　Aの目撃供述を検討すると，犯人を目撃したのは3回で，目撃時間は初回が1，2秒，他は2，3秒であり，最初は，人通りのない時間帯に予期せぬ場所でいきなり陰茎を露出した男に出会うという体験の特異性の中で，驚愕と恐怖に駆られて一刻も早くその場から逃れたいという意識が先立ち，冷静かつ意識的な観察を期待しうる心身の状況にはなく観察能力としては相当低下していたと思われ，顔などの具体的詳細な識別は困難であったと思われる。
　イ　次に，Bの目撃供述を検討すると，犯人を目撃したのは3，4回で，目撃時間はいずれも1，2秒あり，最初は，目撃体験の特異性の中で，驚愕と恐怖に駆られていたことからAと同様，観察能力としては相当低下していたと思われ，顔などの具体的詳細な識別は困難であったと思われる。
　ウ　E宅に着いてから，みんなで「怖かったね」というような話をした後にBが自己の携帯電話で，午前4時57分ころ前記目撃内容に沿う内容で警察に110番通報をした。目撃者3名は，相当驚愕し焦っていた（Aは，この時の状況を「挙動不審みたいになってみんなてんぱっていた」と表現した。）ので110番する際に，こんな感じの人だとか，ニット帽かぶっていたとか，若かったとか，犯人の身なり服装等についてみんなで話し合って意見交換した。犯行開始から2分程度後に，E宅に着いてからは間もなく110番通報をしており，犯行直後の，犯人特定補強のための緊急やむを得ない意見交換であったものの，相互暗示の可能性があったことは否定できない。
　エ　また，Aの目撃内容中『目が少しぎょろっとしており，黒目が大きく見えた』という部分は，「すかさずその男がAを覗いてきた」との状況から察すると，犯人がAを驚かそうとして目を剥いた時の状態を目撃した可能性が高く，黒目の大小は相対的なものと考えられることから犯人を特徴づける指標としては曖昧であって，不十分である。被告人の目つきは法廷で観察した限り，いわゆる切れ長でやや細目，黒目も取り立てて大きいとまではいえない。また，両名のその他の目撃内容についても，本件当時まだ冬場の服装格好を必要とする時期であることからすると，長い髪にニット帽をかぶり（長い髪であればニット帽のかぶり方によっては髪は左右にはみ出ると思われ

る。），ジャンパーを着用する格好は，若者にはよく見られる格好であり，身長も平均的であることからするとこれらの目撃供述では犯人をその他の人物から区別する指標としては不十分であるといわざるを得ない。

3　目撃者両名の犯人識別供述の信用性の検討　←次に**識別供述の信用性について**
(1) 面通しの際の両名の識別供述について
　ア　犯人識別手続
　　① Aら3人は，『犯人らしい人がいるので確認して欲しい』との連絡を受け，面通しは犯行から27分後に，犯行現場から約100メートル離れた公園内で行われている。面通しの方法は，制服警察官が数名いる中で警察官により職務質問されていた男を面通しする形をとっており，被告人に同人が所持していた黒のニット帽，カーキ色のジャンパーを着用させて公園内を歩かせ，パトカー後部座席（公園側からA，羽賀，Bの順）に目撃者3人を同乗させ，最短で少なくとも約10メートル強（被告人の公判供述に従うと更に10メートル）離れた距離から面通しを3人一緒に行っている。
　　② Aは，面通しの時の状況について，周囲は大分明るくなっていた，運転席に警察官が乗車していたが，その警察官からはトイレの前で警察の人に調べられている人を見てくれと言われただけで，犯人であるかのような暗示を与えるような言い方はなかった，他の人は制服を着た警察官だったので誰を見るかはすぐ分かった，その男は黒っぽいジャケットに茶色のズボンを着用していたが，初めはニット帽をかぶっておらず，髪の毛が少し長めな感じで，肩に付くくらいの長めの横の毛がすごく見えており雰囲気的に犯人とすごく似ていた，その後ニット帽をかぶると，身長，全体的服装の色とか格好，雰囲気などが犯人に似ており，断定はできないがその人が犯人だと思った旨供述している。
　　　その後，警察の人からもっと近くで面通しで見て欲しいといわれ，2回目の面通しを○○警察署で行い，透視鏡からニット帽をかぶった男の横顔を見たとき，横顔とか髪の毛がすごく似ている感じがして，間違いないと思った旨供述している。
　　　本件面通しは，目撃から本件最初の面通しまでは30分足らず，2回目の面通しまでもそれ程経過してない（公園からすぐにパトカーで○○警察署に移動）時点の記憶が鮮明なうちに行われており，目撃した際の原初的な印象が知覚作用を介してまだ脳裏に残っている時期での面通しであることからすればAの識別供述は信用性が高いと見ることもできる。
　　　しかしながら，Aは当初は「ほぼ間違いない」と供述していながら弁護

人からの反対尋問の際には，「はっきりこの顔ですとは言えません」「100パーセントは言えないけど，ほぼ」「80パーセントくらい」などと変遷も認められる。さらに，公判廷でニット帽もかぶらず髪型も短髪にし服装も異なっている被告人を見て，犯人と被告人が同一と認めた根拠につき，犯行現場で見たときと公判廷で見たときと顔の印象とかそういうものがほぼ一緒だったからと供述している。しかし，Aは犯行現場で1，2秒，犯人の目の辺りと左顔面辺り（顔面の左側からは髪がぼさっと出ていたと供述）を見ただけであり，目についての印象は第2の2⑶エで既述したとおり犯人が目を剥いた時の状況だとすると，公判廷の被告人の目は切れ長でやや細目であること，また髪も短くなっていたことからすると面通しにより形成された印象，記憶に基づくかその影響を受けていると思わざるを得ず，後記のとおり，識別過程に存する重大な欠陥によってある程度の変容を受けている可能性を否定できない。←識別過程における変容（下線部）

③　Bは，最初の面通しのときは，その男の雰囲気とか服装とか顔の輪郭とか背丈とかを総合して犯人だと思った旨供述している。

　その後，警察の人からもっと近くで見て欲しいと言われ，2回目の面通しを○○警察署で行い，Aと同様に透視鏡からニット帽とジャンパーを着用した男を見て，服装とか雰囲気などから，犯人と同一人物と思った旨供述している。

　しかしながら，Bは当初は「犯人と同一人物と思った」「とても似てます」と供述していたが，弁護人からの反対尋問の際には，輪郭や雰囲気の意味の曖昧さを露呈し，「似てるとは言えても，間違いないということは自信がない」「雰囲気とか服装は自信あるけど，顔は見てないから自信がない」と変遷している。さらに，犯行当日に作成されたBの警察官調書（甲7）には，最初に目撃したときの犯人の特徴につき，『年齢20歳位，身長170センチメートル位，黒色ニット帽，カーキ色ジャンパー，茶色ズボン，一見遊び人風の男』と記載されており，同人は公判廷で，色合いが分かったのは公園で面通しをしたときと明言しており，現行犯人逮捕手続書の記載と酷似していることからも警察官から誘導を受けていた疑いが極めて濃い。そしてA同様に公判廷の被告人を見て背丈とか輪郭とか雰囲気が似ていると供述しているが，輪郭についてはニット帽によって縁取りされた顔を一瞬目撃したときの印象を表現していると思われ，前記のとおり，顔については自信がないと供述していることからするとBの脳裏にある記憶は，犯人の印象雰囲気ではなく，面通しにより形成された被告人の印象

— 123 —

雰囲気に取って代わっている可能性が極めて高い。A同様，識別過程に存する重大な欠陥によって変容を受けている可能性を否定できない。

イ 　犯人識別手続の妥当性

　　本件面通しの状況をみると，一方で，目撃から本件の最初の面通しまで30分足らずの記憶が鮮明なうちに行われているが，他方，①本件犯人識別手続きに入る前に，犯人の容貌，着衣等の特徴等に関する詳細な事情聴取やその記録化が行われていないこと，②本件面通しが，『犯人らしい人がいるので確認のため見て欲しい』との警察からの連絡によりなされており，目撃者としては，警察官の言動により，警察が被告人が犯人ではないかとの強い嫌疑を持っているらしいことを知った上で面通しに臨んでおり，また③判例・実務において暗示性が強いためできるだけ避けるべきとされているいわゆる単独面通しの方法がとられているのである。しかも，④本件は，目撃者3人一緒にこの面通しによる犯人選別の方法が採られているのである。さらに追い打ち的に，⑤警察官から『もっと近くで面通しで見て欲しい』といわれ（この言い方は，「多分」とか「似ている」と言っている目撃者らに，次は同人の顔がよく見えるところで確認して欲しいともとられかねない言い方にもなっており，極めて暗示的誘導的である。）透視鏡を通し2度目の単独面通しをしてしまっているのである。最初の面通しは，緊急のためやむを得ない側面があったとはいえ，2度にわたって同様の方法（しかも両名が犯人の特徴と指摘している服装等を着用させている。）が採られ，人違いの可能性を排除するために配慮した形跡が全く見られず，いかにも軽率かつ不用意とのそしりを免れない。

　　つまり，目撃から2回目の面通しまでそれ程時間を置かず記憶が鮮明なうちに行われているが，目撃者らが落ち着きを取り戻す間もなく，面通しを始める前に犯人性の嫌疑があることを植え付けた上で，友達3人一緒に面通しさせることにより一つの意見が形成しやすい状況が設定され，まず目撃者が犯人の特徴と指摘している服装等を着用させてやや離れた距離から識別させ，未だ確信するに至ってない目撃者に，たたみかけるように，次は同人の顔を識別できる距離から再確認をさせているに等しいといわざるを得ない。

　　したがって，目撃者両名の犯人識別供述の信用性の評価については慎重を期する必要があるというべきである。

ウ 　話し合いの可能性　　　　　　　　　　　　　　　　　　　←下線部

　　本件初回の面通しは，前述のとおり，目撃者3人一緒にこの面通しによる犯人選別の方法が採られているのである。前記両名は，3人は，面通しの際

に，みんなで似てるとか似てないとか相談したが，結局それぞれが犯人だと思うと言った旨それぞれ供述している。しかし，話し合いがなされた以上，それぞれの意見形成に影響を与えた可能性は否定できない。

　以上の事実に照らせば，両名の識別供述が相互に補強しているとは言いにくく，かえってこれら犯人識別供述の信用性を下げているといわざるを得ない。

　エ　**犯人識別の確信度**　　　　　　　　　　　　　　　　←下線部

　検察官は，Aが，被告人の犯人性につき確信に満ちた供述をしている点，Bが被告人は犯人に似ていると一貫して供述している点をそれぞれとらえて，その信用性を裏付けるものである旨主張している。

　しかしながら，犯人識別供述の危険性は，客観的事実との符合性という点から信用性を計ることができる他の供述証拠とは異なり，わずかな暗示，誘導によって当初の記憶に変容を来しやすく，また，目撃者自身もそのことに気付かないということから，その供述自体に内在しているのであって，その意味では，その信用性のいかんは供述者の中立性・誠実性・供述の一貫性，供述態度の誠実さなどとは関わりが乏しいといわざるを得ない。また，目撃者が自信を持って被告人を選別したとしても，観察条件等他の要素から信用性が否定される場合もあり，逆に，目撃者が『断言はできないが』などと控えめな表現であっても諸事情から信用性が肯定される場合もあり，供述者の犯人識別の確信度とその識別の正確性との間には有意的な関連性を認めない。

　よって，上記検察官の主張は採用しない。

(2)　以上の次第で，目撃者両名の犯人識別供述は，もともと前提となる目撃内容自体が犯人をその他の人物から区別する指標としては不十分であることに加え，2回にわたり単独面通しを行い，しかも初回は目撃者3名一緒に同席させるという軽率，不用意な過ちを犯し，強烈な暗示・誘導を受けた状態の下で行われたものであって信用性ないし証拠価値は相当低いといわざるを得ない。

　　　　　　　　　　　　　　　　　　　　　←信用性ないし証拠価値の結論

　結局，目撃者両名の目撃供述や犯人識別供述は，いずれも被告人と本件犯行とを結びつけるものとしては脆弱なものといわざるを得ない。

第3　被告人の犯人性を推認させる間接事実について　　←間接事実の証明力の検討（下線部）

1　以上見た識別供述のほか，本件では，被告人が犯人であることを窺わせるような間接事実が存在している。すなわち，服装が犯人と酷似していた被告人が，本

件犯行から近接した時点に，近接した場所で，しかも女性トイレで発見されたこと，その際にニット帽はかぶっておらずに鞄の中にしまっておいたことである。そこでこの点の証明力を検討する。

2　被告人は，まず女性トイレにいたことの弁解として，要旨，今年2月初め頃，○○区所在の会社を解雇され，社員寮を出てからは同区内の公園等で野宿し，目が覚めると行く場所もなく寒かったことから以前からよく行っていた○○駅前のゲームセンターに行き閉店までいて時間をつぶす生活を繰り返していた，所持金は5万円程しか持ってなかったのでゲームセンターではゲームをしないで見て時間を過ごし，食事はパンなどで食いつないでいた，本件当時も閉店までおり，本件公園で野宿することにしベンチで寝ることにしたが，午後10時頃ゲームセンターで知り合った人から貰った発泡酒（350ミリリットル）を半分くらい飲んでおり，酒に弱いこともあって，すぐに眠ってしまったが，1時間くらいして寒さで目が覚めた，風も少しあり寒くてたまらなかったので寒さを凌ぐために公園のトイレで寝ることにしたが，野宿をするようになってからは寒い時期だったので不潔とかいってる余裕はなかった，男子トイレは床が濡れており座って寝ることができなかったので，女子トイレで寝ることにした，寝る際にはトイレドアの内鍵をかけて寝た，寝方は便器の下段の床部分にお尻をつき，両膝を両手で抱きかかえるような格好（いわゆる体育座り）で，ジャンパーのフードをかぶり，頭は壁にもたれかかるようにして寝た，寝る際には鞄は便器のある上段のところに置いた，その後トイレ内で寝ているとトイレのドアをノックする音が聞こえ，それで目が覚め，最初は寝ぼけ眼だったが警察の人だと分かりドアを開けた旨公判廷で供述する。

3　以上の弁解供述は，本件犯行当日の最低気温が4.8度，風速毎秒2メートル弱の中で野宿生活をしている者の立場からすれば不合理，不自然，不可解なものということはできない。ニット帽をかぶっていなかった点についても，被告人は帽子マニアとして鞄の中に帽子を4着持っており，大事に鞄に入れておくことは十分考えられ，寒さを凌ぐためにジャンパーのフードをかぶっていたとすると取り立てて問題にすることはできない。

　また，被告人は，発見された時，鞄を所持していたが，Aの供述によると犯人は鞄を所持していなかった可能性がある。被告人が犯人だとすると鞄をどこかに置いて行動していたと考えないと辻褄が合わないことになるが，鞄はホームレスの被告人にとって唯一の財産であり，その中には好みの帽子4着の他，身の回り品を入れていたのである。同人は盗まれるのが嫌で鞄はいつも手元から離さず持っていたと供述しているが，必ずしも理解できないことではなく信用性に乏しい

弁解ともいいがたい。

　更に，逮捕時の被告人の服装の色合いは，被告人写真撮影報告書（甲９）によれば，ニット帽が黒色，ジャンパーがカーキ色（深緑），ズボンが薄茶色（ベージュ）である。犯行時は，全くの暗闇ではなく，明け方ではあるがまだ全体的には暗く，照明による灯りを必要としていた状況で，犯行現場である路上約100メートルの区間には６基の街路灯が設置されていたのである。その照度から察するに上記３点の色合いは分からないまでも，黒色のニット帽を基点として明らかに濃淡に段差が生じていたと思われ，少なくともズボンは他の２点より薄く白けた様に映ると思われる。しかし，Ｂは，色合は分からなかったが全体的に黒っぽく見えたとも供述しているのである。

　そして，犯行後，本件犯人は，目撃者らから警察に通報され程なく警察官が現場付近に駆けつけるであろうことは容易に想像できたと考えるのが相当であり，そうだとすれば，公園の女子トイレに潜むのではなく捜索の及ばない建物の中に入るか可及的速やかに現場付近から遠ざかるというのが，本件犯人にとって合理的行動といえるのではなかろうか。

４　そうしてみると，この点は，被告人が犯人であることを「合理的な疑い」を容れる余地なく推認できるとまでは考えられず，また，前記目撃者両名の犯人識別供述の信用性や証明力を飛躍的に高め得るものとも認めがたい。

第４　結論

　以上検討してきたとおり，被告人と本件犯行とを結びつけるいくつかの根拠は，いずれも脆弱なものといわなければならない。そしてその脆弱さに照らせば，この複数の根拠が重畳していることをもってしても，被告人と本件犯行とを結びつけるものとはならないといわざるを得ない。

　結局，被告人を本件犯行の犯人と断定することについては，なお，合理的な疑いが残るというべきであり，よって，本件公訴事実については犯罪の証明がないことになるから，刑事訴訟法336条により被告人に対し無罪の言い渡しをする。

【ケース2】　目撃供述と弁解供述の信用性が争点となるケース
○1　第1の事実の証拠構造は，直接証拠として防犯カメラの映像，間接事実を証明する証拠として証人2人の供述があり，第2事実の証拠構造は，直接証拠として証人1人の目撃供述がある場合，それぞれの各供述の信用性を中心に検討をし，続いて被告人の弁解供述の信用性につき検討を加え，その信用性を判断した結果，それらの総合判断により事実を認定する事例である。
　2　更に，本事例の被害品は，どこにでも売っている100円ライターとたばこであり，このような被害品の万引事案の場合，被害品の特定が難しく，公訴事実の認定は，さらに困難を増す事例でもある。
　3　本ケースのような事例は，映像等により，動かしがたい事実の層が比較的厚い事案であるので，動かしがたい事実は，被告人の詳細な弁解供述の信用性判断に極めて寄与するところが大きいといえる（第1部第1章第2節2(7)イ，ウ　動かない事実の層の意義9頁）。以上を前提に，以下，起案形式で，動かない事実等を確定し，証拠構造に従い，各供述の信用性を検討する。

（罪となるべき事実）
　被告人は，
第1　平成○年2月1日午前9時28分ころ，東京都○○区△△1丁目1番1号×
　　　×株式会社△△店において，同店店長XY管理のたばこ1箱（販売価格480
　　　円）を窃取した
第2　同日午前9時32分ころ，同店において，同人管理のライター2個（販売価格
　　　合計150円）を窃取した
ものである。
（事実認定の補足説明）
1　争点（窃盗罪の成否）と証拠構造　　　　　　　　　　　←証拠構造の把握
　(1)　弁護人は，被害品とされているたばこ1箱（判示第1事実）とライター2個（判示第2事実）は被告人がもともと持っていたものであり盗んでいないので無罪である旨主張し，被告人もこれに沿う供述をする。
　(2)　判示第1事実の直接証拠として防犯カメラの映像があり，たばこ1箱の販売履歴がないことなど支払いの事実がないという間接事実を証明する証拠としてA及びBの供述，判示第2事実の直接証拠としてAの目撃供述があるので，上記各供述の信用性を中心に以下検討し，続いて被告人の弁解供述の信用性につき検討を加える。

2　動かしがたい事実　　　　　　　　←**動かしがたい事実の確定**（DVD 映像等）
　関係証拠によれば，以下の事実が明らかに認められる。
(1)　**被害店舗内に設置されている防犯カメラに録画されている映像（捜査報告書に添付されたDVD，甲28）には**，被告人が，平成○年2月1日午前9時26分ころ，東京都○○区△△1丁目1番1号×××株式会社△△店（以下「被害店舗」という。）の南東方面出入口（現場の見取図，甲6）から右手にペットボトルをもって入店する様子，その直後，被告人が同出入口付近の19番レジカウンター（同見取図⑲）において，店員に同レジカウンター後方棚に置いてある商品を取らせ，同商品を同レジカウンター台（購入商品をスキャンするために置く台，以下同じ。）の上に置かせた様子，その後被告人は店内に行き，しばらくして再び同レジカウンターに戻り，同カウンター台上に置いてある同商品を手に取る様子，その後同カウンター台上に同商品を戻し店員に話しかけている様子，再び同商品を手に取り店内に入ろうとしたところ，店員が手を差し向けながら何か言っている様子，被告人がすぐに引き返し同商品を手に持ったまま店外に出て行く様子がそれぞれ**映し出されている**（甲28添付DVD 表示時刻9：27：5～9：30：1〔実時刻より1分38秒進んでいる，以下同じ。〕）。
(2)　その後，19番レジカウンター係の店員が店外に向けて手を差している様子，**直後同店員が店外の路上を追いかける様子がそれぞれ映し出されている**（甲28添付DVD 表示時刻9：34：3～9：34：4）。
(3)　さらに，被害店舗外の東京都○○区△△1丁目1番22号先路上に設置された防犯カメラ及び同3丁目5番1号先**路上に設置された街頭監視カメラに録画されている映像**（捜査報告書〔甲30，32〕に添付されたDVD）には，9時33分ころ，被告人が，被害店舗の店員に呼び止められ，被害店舗方面に連れ戻される様子（甲32添付DVD，表示時刻9時33分14秒～9時33分39秒〔実時刻と誤差なし〕，なお，甲30の表示時刻は実時刻より1分10秒遅れている〕），続いて同店員が被告人を店内に連れてくる様子（甲28添付DVD 表示時刻9：35：1）がそれぞれ映し出されている。
(4)　引き続き，被害店舗内に設置された防犯カメラには，被告人が被害店舗内に連れ戻された後，19番レジカウンター脇で店員らと話している様子（甲28添付DVD 表示時刻9：35：2～9：38：5），その後9時46分ころ，警察官らが到着し，**被告人から事情を聴取している様子，同警察官らが被告人に手錠をはめる様子がそれぞれ映し出されている**（甲28添付DVD 表示時刻9：48：2～10：27：4）。
(5)　**現行犯逮捕時被告人が所持していたたばこの銘柄は開封された状態の煙草20

本入りのパーラメントロングであり，その状況は写真のとおりである（甲35写真1ないし6）。

同じく現行犯逮捕時被告人が所持していたライターは4本であるが，そのうち逮捕時に差し押さえたライター2本は，被害店舗が陳列していたライターと，その色，形状及びバーコードのJANコード番号（4　977648111459）が同じである（甲21，23）。他の2本は，現行犯逮捕に伴う身体の所持品検査時に重ねばきしていた内側のズボンの左右のポケットから出てきたものであり，色，形状及び同JANコード番号は写真のとおりであり（甲26），当時被害店舗では販売していない。

(6)　19番レジカウンター係担当の**店員が目撃時に立っていた場所からライターが陳列されていた場所までの距離**は9メートル50センチメートルである。

なお，販売用たばこの陳列棚の場所は現場の見取図⑲（甲6）横の「タバコ棚」で示す位置であり，陳列状況は写真のとおりである（甲6写真4）。また，販売用ライターの陳列場所は現場の見取図⑱（甲6）の「×」で示す位置であり，その陳列状況は写真のとおりである（甲6写真6ないし13，甲14写真1，2）。**被告人が立ち止まってライターを見ていた18番レジカウンター付近の照明の状況，19番レジから18番レジ方向の見通し状況**は各写真のとおりである（甲6写真3，5ないし7，11ないし13，甲7写真5）。

(7)　被告人は，現行犯逮捕時，所持金は無かった。

3　証人A，同B，同Cの各供述とその信用性　　　　←**目撃証人等の信用性の検討**

(1)　A及びBの証言内容及びその信用性

ア　Aは，要旨，①被告人からたばこを指示され，販売用のタバコ棚からパーラメントロング（被害品と同種類のもの）を取り出した，②しかし被告人は，直ぐには購入せず，店内に行ってしまったので，他の客の購入商品と混じらないようカウンター台の端に寄せて置いた，③再び被告人はカウンターに戻ってきたが，同たばこを手に取り再度店内に行こうとしたので，たばこはレジで会計するか戻してくださいと言って被告人が再び店内に行くのを制止したところ，万引きじゃない，お前はそこで止まっていろ，などと荒げた口調で言いながら，同たばこの支払いをしないで同たばこを持ったまま19番レジ（現場の見取図⑲）側の出入口から店外に出て行った，④隣の18番レジ（同見取図⑱）で精算するか確認するため被告人の動向を追っていたが，見失ったことから，同18番レジの担当者に同銘柄のたばこ1点で購入した客の有無を確認したところ，そのような客はまだ来てないとのことだったので来た場合は連絡するよう伝えたが，結局その連絡はこなかった，⑤他の客のレ

— 130 —

ジを扱うなどして少し経過した後，18番レジカウンターの方を見たところ，同カウンター横の同見取図◎の位置（甲6写真6，甲7写真3の「免税」の旗（ポップ広告）の前付近）に印象的な格好（特徴的なハット帽子をかぶっていた）をしていた被告人がAの方（19番レジカウンター）に背を向けた格好で立っているのに気づいた，そのとき被告人は同見取図×の位置に置いてある販売用ライターを掴み持ち上げてオイルを確認しているように見えたので先程のたばこと一緒に購入するのかと思って見ていた，⑥その後ちょっと目を離したが，再び18番レジカウンターの方を見ると被告人はまだその場に立っており，すかさず販売用ライターをつまんで握りしめ，そのままクルッと90度くらい反時計回りで出入口の方に体を向け，被害店舗の出入口から店外に出た，⑦その直後の被告人の動向は2本の柱等により一旦遮られたものの，柱の間からスカイツリー方面（Aのいる19番レジ側出入口方向）に向かって通過する姿がちょっと見え，目の前を通り過ぎる際，こちらを向いてニヤッとしてたばこを取り出し（タバコケースからたばこ1本が飛び出ている状態）吸おうとしていたので「その商品，お会計まだですよね」と手を差し出して声を張り上げたが，そのまま歩き去っていったので頭に血が上ってしまい，すぐに追いかけた，⑧被告人に追いついたとき「支払いは済んでいませんよね」と言って，被告人が持っていたたばこを引き渡してもらい，被告人を店内に連れ戻した，⑨そして同たばこは同見取図⑲横のカウンター（同見取図「350」の上）に置いた，⑩すぐにインカムで店内の従業員にたばことライターの万引犯人を捕まえたので警察への通報及び応援を依頼する旨通報した，⑪その後防犯カメラの映像を確認したあと警察官からメッシュの袋に入った少なくとも3個以上（何個入っていたかは明確に覚えていない）入ったライターを見せられ，被害品と思われるものを選ぶように指示されたので，レジでもよく出る商品だったことから，これうちで扱っている商品ですと言ってJANコードを確認し，2個を選んだ，⑫被告人が逮捕され連れて行かれる際に，同見取図⑲横のカウンター上に置いていた封の切られたたばこを万引きされた商品ですと言って警察官に渡した旨供述する。

イ　Bは，要旨，①警察から2月1日時点のたばこ（パーラメント100BOX）の仕入実績，販売実績と在庫の数値を出すように協力を求められたことから，2月1日から同5日までの仕入れ，在庫，販売履歴を確認したところ，1個足りなかった，②そこで在庫を目と手で一つ一つ数えたがやはり1個足りないので，2月1日午前5時から午前9時50分までの防犯カメラの映像を確認したところ，被告人がたばこを手に取って外に出て行く様子が映ってい

た。そして同じパーラメント100BOXの単品のJANコードを入力して販売履歴を確認したが，被告人が同たばこを持ち出した時から逮捕されるまでの間に，販売履歴は残っておらず，代金（480円）の支払を受けた記録はなかった。③ライターについても，警察からたばこと同様に，仕入実績，販売実績と在庫の数値を出すように依頼されたが，ライターは被害店舗の中でも売れ筋商品なので上記数値を正確に出すのは無理であると回答した旨供述する。

　A及びBは，いずれも被告人とは全く面識がない第三者であり，宣誓をして，被告人の面前で上記内容を冷静かつ淡々と供述しており，供述態度も真摯であり，不自然な点はない。また，あえて被告人を陥れるために虚偽の内容を語る動機，理由は見出せない。Aの供述内容は具体的かつ詳細であり，記憶に明確に残っている事柄とそうでない事柄，目撃できたものとできなかったもの，断定できるものとできないものは明確に区別して述べており，迫真性にも富んでいる。反対尋問にも全く揺るぎない。また，Bの供述内容は，被害会社のフロアマネージャー（副店長）として，Aの目撃証言のみだけでなく，被害店舗責任者として数日間の仕入れ，販売履歴等帳簿や映像及びJANコードから裏付けをとっており，客観性及び合理性もある。

　いずれの供述も前記動かしがたい事実（DVDの映像）などの客観的な事実とも符合しており，互いに支え合い，A及びBの前記各供述はいずれも極めて信用性が高い。　　　　　　　　　　　　　←信用性の検討（下線部）

(2)　C警察官の証言内容及び信用性

　Cは，要旨，①×××△△店においてたばことライターを万引きした人間を確保しているとの通報を受けて勤務先の交番から3，4分で被害店舗に到着した，②店員に事情を聞いて被告人の元に行き事情を聞いたところ，「俺はやっていない，×××の前を通ったら呼び止められてここにいる」と答えた，③そのとき現場の見取図⑲上部のカウンター台上（同人の証人尋問調書添付図面記載のライター2個があった場所と記載してある○印，以下同じ。）に置かれてあったライター2個と飲みかけのペットボトルについて被告人に聞いたところ，「俺のだ」と答えた，④その後，同見取図⑲横のカウンター台上（タバコがあった場所と記載してある○印）に置いてあったたばこ（封の切られたパーラメントロング）について同じく被告人に聞いたところ，「店員に取られたものだ」と答えた，⑤たばことライターはどこで買ったか聞いたところ，「プライバシーだから答える必要はない」と言って答えなかった，⑥その後防犯カメラの映像，Aの目撃状況を踏まえ，被告人をライター万引きの事実で現行犯

逮捕した，⑦その直後身体の所持品検査をしたところ，4，5枚重ねばきしていたズボンのうち，内側にはいていたズボンの左右のポケットの中に赤色，青色のライターがそれぞれ1個ずつ入っていた，⑧そのライターは本件被害品であるライター2個とは着火するときに親指を添える部分（着火ボタン）が異なっていた旨供述する。

　　Cは警察官であるが，<u>宣誓の上，被告人の面前で冷静かつ淡々と供述しており，記憶に明確に残っている事柄とそうでない事柄は区別して述べ，一貫しており，不合理な部分はなく，概ね被告人も争いがない。供述態度にも不自然な点はない。その供述内容も具体的かつ詳細で，前記動かしがたい事実（DVD映像等）にも符合しており，信用性も高い。</u>　　←信用性の検討（下線部）

4　被告人の弁解供述とその信用性　←**被告人の弁解供述の信用性の検討**（下線部）
(1)　これに対し，被告人は，要旨，①当時ズボンを4，5枚重ねばきしていたが，一番外にはいていたズボンにはポケットがなかったので，内側にはいていたズボンのポケットにライター4個と吸いかけのたばこ1箱，新品のたばこ1箱を入れていた，②銀座から△△まで1時間ほどかけて歩き，午前3時か4時ころ△△に着いて△△交差点近くのラーメン屋で女子2人と午前9時ころまで飲食した，そこで吸いかけのたばこは全部吸った，③その店を出て被害店舗である×××の方に歩いて行き被害店舗の前を通ったとき，店内に知人がいるのを見つけたので，その知人にたばこを買ってもらおうと思って被害店舗に入った，知人が精算するときに一緒に買ってもらいやすくするために，先に欲しいたばこを店員（A）に用意させ，レジにそのまま置いて店内に友人を探しに行ったところ，友人は見つからなかった，④他の階にそのたばこを持って友人を探しに行こうとしたところ，店員から店内に持って行っては駄目だといわれ，いかにも万引犯のような扱いをされたりし，対応も悪く頭に来てたので，他のレジに変えようとしてそのたばこを持って18番レジに向かった，⑤しかし，レジには他の客がおり，店内も混んでいたので6階ぐらいまで探しに行くのも面倒になり，店員に黙って18番レジ付近（手前カウンター台か奥の台か忘れたが）にそのたばこを置いた，⑥そして被害店舗を出て，行きつけのクラブに向かい，そのクラブで色違いの同種2個のライターを使ったパフォーマンスをしようとポケットからライター2個（本件被害品と同じJANコード）を取り出し手に持ったが，そのクラブは既に閉まっていた，ライター2個を手に持ったまま別のクラブに行こうと引き返したが，被害店舗横を通る際，先程置いたたばこが気になり確認するため再び18番レジ付近に行ったが，そのたばこは置いてなかった，⑦店を出ようとしたところ，綺麗な色をしたライターが置い

てある箱が目についたので，先程ポケットから取り出した自分のライターを手の中に入れた状態のまま，パフォーマンス用に使えないかと思い，店のライターを手に取ってみたが，どこにでもあるライターなので元の箱に戻して店外に出た，⑧そして19番レジの方を見ながら通過し，しばらく歩いたところで店員（A）に呼び止められた旨供述する。

(2) 次に，上記弁解供述の信用性を検討する。

　ア　本件たばこについて

　　被告人が△△交差点方向から歩いてきて被害店舗の前に来たところ店内に知人がいるのを見つけた旨供述する点は防犯カメラの映像を見る限り，△△交差点とは逆方向から歩いてきて被害店舗に入っており（甲28添付DVD表示時刻9：27：5），また，その映像からも知人を認めて入店したような挙動は窺えない。仮に，知人におごってもらうためなら，所持金を持っていなかったのだから入店して直ぐにたばこを選定するのではなく，先に見かけた友人を探すのが自然であり，また，友人が見つからず，他の階も探そうとするのであれば，まして小さく所持品と区別の付けにくいたばこであればなおさら，当該19番レジで一旦返却すべきであり，ただ19番レジの店員の対応が気にくわないからというだけで，たばこは当該レジで必ず精算することになっているとのAの説得を無視し，制止を振り切って未払いのたばこを手に持ったまま，所持金のない被告人が，店内を移動せず，店外に出て他のレジ（18番レジ）に向かうことは万引行為の成立を否定し得ない行動であり，およそ理解できない不合理な弁解である。しかも，当時18番レジには担当者がいるのに，購入することを止めたからといって同レジ担当者等店の者に黙ってその付近に置いた（戻した）とする点も，極めて不自然，不合理な弁解である。そして，仮に戻したのであれば，嫌疑を晴らす上で重要な事柄であるのに，聞かれなかったから戻したと答えなかったとする点も極めて奇妙であり，理解に苦しむ。以上いずれの弁解も到底受け容れがたく，信用できない。

　　これに対し，弁護人は，たばこ1箱の販売履歴がないことなど支払い事実がないという間接事実に対し，店員又は顧客など他の者が窃取した可能性や18番レジ付近にたばこを置いた（戻した）後，周囲にいた顧客が持ち去った可能性の存在，その他本件たばこを盗んだとした場合それを手に取りながら窃取現場とされているレジ前を通る不自然，不合理さなどを主張するが，いずれの主張も疑いを差し挟むに足りず，上記認定を左右しない。

イ　本件ライターについて
　　　18番レジ付近の明るさ，Aの視力（矯正視力1.2）及びAは当時被告人の動向を気にかけ注視していた状況であったことに照らせば，じっと凝視していたとはいえないまでも，被告人が手に取って持ち上げたライターを箱に戻したのか，つまんで握りしめて持ち出したのかは，十分識別できたと推認でき，手に取ってみたが，元の箱に戻して店外に出た旨の被告人の弁解は信用できない。
　　　これに対し，弁護人は，Aの目撃証言につき，映像上一定時間をおいて2回チラッと見たに過ぎない（甲28添付DVD表示時刻9：34：20～30秒台），見たのは被告人がもともと所持していたライターを手に持って店外に出て行く場面であった可能性がある，被告人の立ち位置や目撃距離，照度などから被告人がライターを手に取った際の手元は見えなかったはずであり，仮に見えたとしたら，「あっ！商品をとられた！」と，咄嗟の挙動に出るはずのところ，映像上Aは特別な挙動を示していない等る主張する。そこで検討するに，前述（3(1)イ）したとおり，つまんで握りしめ，そのまま店外に持ち出したとのAの目撃証言の信用性は極めて高いものであるところ，まず，もともと所持していたライターを見間違えた可能性を主張する点は，どこでも売っている種類の店のライターと同種類の自分のライターを手に持ったまま，店のライターを物色するという不自然で理解しがたい弁解を前提にするものであること，次に，仮に見えたとしたら咄嗟の挙動にでるはずのところ映像上Aは特別な挙動を示していないと主張する点は，Aの供述によれば，同人は被告人が店のライターを手に取っている姿を見てたばこと一緒に購入すると思って見ていたところ，ライターをつまんで持ち出すのを目撃し，かつ，目の前をニヤッとしてたばこを出しながら通ったので支払っていないことを注意したところそれを無視し歩き去ろうとしたことから万引きと確信し，今迄目の前で万引きに出くわすことがなかったことから頭に血が上ってしまい，直ぐに追いかけたことが認められ，その事実に照らせば，映像上のAの挙動は一貫性を欠くものではない。その他る主張する点を含めても，Aの上記目撃証言の信用性を何ら左右しない。
(3)　以上のとおり，被告人の弁解は，本件たばこ及び本件ライターいずれの弁解についても，その核心部分において不自然，不合理であり到底信用できない。したがって，被告人の弁解を前提とする弁護人の主張は採用できない。
5　以上のとおりであり，本件たばこについては，前記動かしがたい事実並びに前記A，B及びCの各証言によれば，被告人は本件たばこ1箱の支払をせず，店外

に持出したことが認められ，被告人は本件たばこ１箱を窃取したと優に認定できる。

　次に，ライターについては，前記動かしがたい事実並びにＡの目撃証言及びＣの証言によれば，Ａは，本件たばこの支払をしていなかった被告人の動向を追っており，一度見失ったものの，再度被告人の姿を認め，販売用ライターを掴み上げそれを確認する様子と，瞬時目を離した後，被告人がライターをつまんで握りしめて店外に持ち出す状況とをそれぞれはっきりと目撃していること，すぐに目の前をたばこを取り出しながら通り過ぎようとした（上記ライターを掴み確認する被告人を発見してから通り過ぎるまで10秒ほどの間である。）ので声を掛けたが無視して行ってしまったので直ぐに追いかけ連れ戻した際，被告人は被害店舗で販売用としてレジカウンターに置いていたライターと色，形状，ＪＡＮコードが同じであり，オイルの量も販売用のものと比べ殊更違いのない，色違い（赤色と青色）のライターを２個所持していたこと，被告人は逮捕時，その他に被害店舗で当時販売していない赤色と青色の同種類のライターを重ねばきしていた内側のズボンのポケットに１個ずつしまい込んでいたことが認められる。

　以上の認定に加え，被告人はクラブで色違いのライターを両手に持ったパフォーマンスをすることから日頃から綺麗な色違いの同種類のライターを２個ずつ集める習性がついていたので，このときも綺麗な色をしたライターがあったので箱から取り上げて見ていた旨弁解していることや被告人は箱からライターを少なくとも２度取り出していること，連れ戻された際，ライター２個を手に持っていたことに照らし，Ａはその個数や色合いまでは覚えていないものの，被告人が本件ライターをつまんで握りしめる場面は明確に目撃していることから，合計２個のライターを窃取したと推認することができる。　　　　　**←認定（下線部）**

6　以上によれば，合理的な疑いを差し挟む余地なく，各判示事実を優に認定することができる。よって弁護人の主張は理由がない。

【ケース3】 黙秘権及び供述拒否権を行使したケース

○ 黙秘権及び供述拒否権を行使した場合，他の供述証拠や第三者の供述証拠，その他の状況証拠等から被告人の犯人性を判断しなければならない事例である。

黙秘権の行使は，黙秘権の効果と関連して，これをどのように考慮してよいか問題がある（第1部第1章第2節3⑷エ㋪b，刑事事実認定における弁論の全趣旨26頁）。とりわけ，反論，反証すべき事項について，全く黙秘している点をどのように，どの程度，心証として酌むことができるか（黙秘の態度が結果的に被告人に不利益に扱われることになる場合），難しい事例である。

また，万引犯を逮捕するのは店外に出た時点で実施するのが通常であるが，店内で逮捕する場合の問題点も検討すべき論点である。

以上の点を踏まえて，起案形式で，以下検討する。

(罪となるべき事実)

被告人は，平成○年11月11日午後8時52分ころ，東京都○○区○○1丁目1番1号××株式会社△△△店において，同店店長TX管理のレトルト商品7袋等50点（販売価格合計1万3006円）を窃取したものである。

(事実認定の補足説明)

1　争点（窃盗罪の成否）

　弁護人は，被告人は被害品とされているレトルト商品7袋等50点につき，盗む意思はなく，レジにて精算する意思を有していたのであるから窃盗の犯意はなく，同被害品についてそもそも窃取行為は存在しないのであるから，被告人は無罪である旨主張し，被告人も盗む意思はなかった旨供述する。

2　動かしがたい事実　　　　　　　←**動かしがたい事実の確定（DVD映像等）**

関係証拠によれば，以下の事実が明らかに認められる。

(1)　**被害店舗内に設置されている防犯カメラの画像**（捜査報告書〔甲17〕に添付されたDVDに記録されたもの及び同カメラの映像解析写真〔甲15〕）には，被告人が，平成○年11月11日午後8時39分ころ，東京都○○区○○1目1番1号××株式会社△△△店（以下「被害店舗」という。）に入店し，地下1階食料品売場で買い物かごをとり，店内を移動しながら各商品棚に陳列されている商品を眺めたり，選別しながら順次商品を取って買い物かごに入れていく様子，警備員が時々被告人を窺う様子，その後，被告人が同フロアにあるカフェコーナーに移り，同売場を動き回った後，その場にしゃがみ込む様子，そして1，2分ほど経過した後，被告人が店内の警備員に連行される様子がそれぞれ**映し出されている**（甲17添付画像表示時刻20時39分51秒〔補正時刻同54秒〕～

20時52分26秒〔補正時刻同29秒〕)。
(2) 各商品の価格及び税込み価格の表示状況は被害品陳列状況（甲14）のとおりであり，カフェコーナーには「カフェコーナーの商品はカフェコーナー専用レジにてご精算をお願いします。」と表示された幟がある（甲13，写真９）。
(3) **警備員がカフェコーナー店内において被告人を逮捕した際**，被告人はポリ袋２袋（甲12）の中にそれぞれ被害店舗において販売していたレトルト商品等食料品売場及びカフェコーナーにおいて**販売されていた商品を所持していた**。なお，**その時の被告人の所持金は1500円である**。
(4) 保護決定調書（甲22）等（弁５～７）によれば，被告人に支給されていた生活保護受給月額６万7320円は被告人が平成26年12月11日から居住していた更生施設＊＊アパートに直接支払われており，被告人は同施設からその額の範囲内で，１日650円（本人支給金450円，被服購入費200円）の他，その都度必要な費用を現金で支給されていた。
(5) 被告人は，不安障害及び向精神薬乱用により東京都立ＸＹ病院に通院していたが，担当医師は就労可能と判断している。

3 証人Ａ及び同Ｂの各供述とその信用性の検討　　←買物状況の目撃証人等の信用性の検討（下線部）

(1) Ａの証言内容及びその信用性
　ア Ａは，大要以下のとおり供述する。
　　① 本件の前日である11月10日本件と同じ時間帯ごろ，カフェコーナーの社員から警備室にグレーのカゴに入れた商品を白い買い物袋に入れて精算せずに店から出て行った男がいるとの連絡があったので，防災センターの防犯カメラでその男が入店してから出店までを確認した。その男は防犯カメラを意識してカメラの映らないところでやっていたので，その男がグレーのカゴから白い買い物袋に移し替えるところはカメラの映像では確認できなかったが，マスクをした長髪の男が明らかに精算をせず，詰め替えたビニール袋のまま，店外に出ていくところを確認できたので，同人の画像を印字した写真（甲26）を防災センターの掲示板に張り付けて注意喚起をした。
　　② 翌11日，相警備員が，前日の万引犯が来店していると防災センターに無線を発したのを傍受したので，前日映像で見た万引犯と同様の風体の男（マスクをした長髪の男）を探したところ，相警備員と防災センターで防犯カメラの映像をモニターで確認している者及び佐藤の３人が前日の万引犯と同一人物との点で一致したので，相警備員と二人で万引きをされない

ように被告人であるその男（以下「被告人」という。）の行動を監視続けた。被告人は店内をキョロキョロするような行動はなかったが，通常の買い物客と違ってじっくり考えながら買い物をするという感じではなく，商品を確認しながらも急いで買い物をしている様子であり，またレトルト食品など特定の商品を大量に買うなど偏った商品の買い方をしていた。
　　③　被害店舗では未精算の物はグレーのかごに商品を入れ，レジで精算が済んだものは赤いかごに入れることにしている。そして，食料品は食料品売場のレジで，カフェコーナーの商品はカフェコーナーのレジで，それぞれ精算することにしており，店内にその表示もしている。また，清算後の商品を持ち帰るためにマイバッグを用意してない人のために，レジで3円から5円で白色の被害店舗の名前の入ったポリ袋を販売している。
　　　ところが，被告人は，食料品売場からカフェコーナーに移り，防犯カメラの死角になる場所にしゃがみ，持っていたかごの中の商品を白色のポリ袋2袋の中に移し替え始めた。通常，万引犯を捕まえる場合は，未精算のまま店外に出たところで声をかけることにしているが，前日この男に大量にやられているので今日は逃がすわけにはいかないと思っていた。しかし相警備員の交代時間で自分1人になってしまったことから外に出たところで1人で対応すると逃げられてしまう虞もあったので，未精算が確認できたことから，防災センターの指示を得て，被告人が自分で用意した袋に移し終えるのを待って，被告人に声をかけて逮捕した。その後商品管理室に被告人を連行したが被告人は一切無口で何もしゃべらなかった。警察官が到着したので，被告人が店のグレーのかごからポリ袋に移し替えて所持していた本件被害品全てを，警察官に任意提出した（甲5）。
　イ　Aは，被告人とは全く面識がない第三者であり，宣誓をして，被告人の面前で上記内容を冷静かつ淡々と供述しており，供述態度も真摯であり，不自然な点はない。また，あえて被告人を陥れるために虚偽の内容を語る動機，理由は見出せない。Aの供述内容は具体的かつ詳細であり，目撃できたものとできなかったものは明確に区別して述べており，迫真性にも富んでいる。反対尋問にも全く揺るぎない。防犯カメラの死角になっている部分以外は前記動かしがたい事実（防犯カメラの画像）などの客観的な事実とも符合しており，Aの前記供述は極めて信用性が高い。
(2)　Bの証言内容及びその信用性
　ア　Bは，大要以下のとおり供述する。
　　　何もしゃべらない被疑者を逮捕したとの連絡を受け，被告人を取り調べる

ことになった。その際，被害店舗の買い物かご2個に分けて入っていた白いポリ袋2つと万引きした商品であるレトルト商品7袋等50点の商品を引き継いだ。かごの中の商品を一点一点確認し，種類やメーカー等を分け，値段は被害店舗から入手したレシート（甲4）記載の商品と一点一点照合し，領置調書（甲6）を作成した。2つのポリ袋のうち，1枚（証拠品写真撮影報告書，甲12，写真2）は大きさが縦60センチメートル，横34センチメートルであり，被害品である同領置調書21番の手提げポリ袋と色合いも大きさも同じだった。なお，同21番のポリ袋の入った包装は破かれており，ポリ袋20枚中16枚が残っていた。

　イ　Bの証言内容及び信用性
　　Bは警察官であるが，宣誓の上，被告人の面前で冷静かつ淡々と供述しており，記憶に明確に残っている事柄とそうでない事柄，分かっていることと分からないことは区別して述べ，供述内容に誇張するところも窺われず，一貫しており，不合理な部分はない。供述態度にも不自然な点はない。その供述内容も具体的かつ詳細であり，信用性も高い。

4　被告人の弁解及び弁護人の主張の検討　　　　　　　　　　　　　　　　←下線部
⑴　これに対し，被告人は，被告人質問においては**全ての質問に対し黙秘した**が，被告事件に対する陳述において公訴事実記載の事実も盗む意思もない旨述べているので，窃盗の犯意の有無について検討する。

　ア　被告人は，レジで精算する前に所持していたポリ袋に移し替えたところで逮捕されたのであるから，ポリ袋に移し替えていた理由や精算する意思を有していたことを明らかにすべきところ，黙秘してその理由を一切語らない。しかも前記動かしがたい事実並びにA及びBの各証言によれば，逮捕時被告人が白いポリ袋に移し替えて所持していた50点の販売価格合計額は1万3006円相当であるところ，そのときの被告人の所持金は1500円であることが認められる。したがって，盗む意思はなかった旨の被告人の弁解は到底信用できない。←**以上，弁解すべき点について黙秘している状況及び判断（下線部）**

　イ　これに対し，弁護人は，被告人の買い物の状況に不審な行動がなかったことなどから，買い物かごが一杯になり，更に買い物を続けるために，ただ単にビニール袋に移し替えた可能性があるとか，向精神薬乱用の症状などにより注意力，集中力等の判断力が低下していたことから自己の所持金の管理能力に欠け，本件商品を精算できると誤認していた可能性が高いなどと主張して被告人はレジにて精算する意思を有していた旨主張するが，前記動かしがたい事実に照らしてみても，いずれの主張も疑いを差し挟むに足りず，上記

ア の認定を左右しない。
(2)　以上によれば，被告人は，所持していた白いポリ袋の中に本件各被害品を移し替えようとした時点で万引（窃盗）の犯意があったことは明白であり，上記犯意の下に本件各被害品を上記ポリ袋に入れる行為をもって，同被害品を自己の占有に移したと解すべきである。　　　　　　　　　　←認定（下線部）
5　以上のとおりであるから，被告人は万引（窃盗）の犯意の下に本件各被害品を所持していたポリ袋に移し替えたことが認められ，合理的な疑いを差し挟む余地なく，判示事実を優に認定することができる。

【ケース4】 記憶ないし意識障害等から責任能力を争うケース

○1 本ケースは，記憶ないし意識障害等から全く記憶にないと供述したことから，他の供述証拠や第三者の供述証拠，その他の状況証拠等から了解可能性及び精神状態を判断し，責任能力の有無を判断しなければならない事例である（第2部第7章刑事責任能力参照）。

2 被告人の責任能力が問題となる場合，弁護人から正式鑑定請求が出される場合がある。このような場合に，まず被告人質問を実施し，質問結果に基づいて正式鑑定の要否を判断したり，あるいは，専門医（精神科医）の尋問をして，正式鑑定に代える場合もある。事案にもよるが，正式鑑定を採用すると，鑑定人の選任手続及びその鑑定結果が出るまでに時間を要し，審理期間が長引くデメリットがある（身柄事件の場合にはなおさらである。）。正式鑑定をせず，専門医（精神科医）の尋問に代えて責任能力を判断すると，審理時間が大幅に短縮できるメリットがある。したがって，事案の内容から立証状況を予測し，大まかな審理計画を立て，審理に要する審理期間等から三者間で十分立証計画を話合い，事件進捗の見極めをすることが求められる。

3 裁判官の交代が予想される異動時の審理進捗の見極め，証拠採否の見極め（正式鑑定請求等），その他地裁に移送すべきか否かの見極めなどのときには，後の審理に影響を残さず，スムースに引継ぎができるように細心の配慮が求められる（第1部第1章第2節3(8)ウ事件審理の見極め43頁）。

また，公判手続の更新がある場合の証拠の標目（下線部）の記載方法に注意すべき事例である。

以下，責任能力の判断を，起案形式で検討する。

（罪となるべき事実）
被告人は，平成○年1月15日午前10時55分ころ，東京都××区△△1丁目1番1号○○商事株式会社1階事務室において，同社顧問A管理の現金3万2000円を窃取したものである。

（証拠の標目）かっこ内の甲乙の数字は，証拠等関係カードにおける検察官請求証拠の番号を示す。

1 <u>第2回及び第3回公判調書中の被告人の供述部分</u>　　　←証拠形態の転化
　　　　　　　　　　　　　　　　　　　　　　　　　　　　　（下線部）

2 <u>第2回公判調書中の証人Aの供述部分</u>

3 被告人の検察官2通（乙3，4）及び司法警察員（乙2）に対する各供述調書

4　Ａの検察官に対する供述調書（甲４）
　　5　被害届（甲１）
　　6　実況見分調書（甲２）
　　7　窃盗被疑事件捜査報告書（甲15）
（弁護人の主張に対する判断）
　被告人は，本件犯行当時ぼーっとしており，犯行時のことは覚えてない旨供述し（第２回公判調書中の被告人の供述部分，以下「公判廷の供述」という。），弁護人は，本件犯行前日夜に飲んだ大量の睡眠薬の影響で被告人は本件犯行時意識がはっきりしていなかったのであるから，是非の弁識能力及びその弁識にしたがって行動する能力が著しく減退していたものであり，心神耗弱状態にあったと主張して責任能力を争うので以下のとおり判断する。
１　前提となる事実（動かしがたい事実）
　　被告人が判示犯行（以下「本件犯行」という。）を行ったことは，関係証拠から明らかであり，争いはない。また，関係証拠によれば，以下の事実が認められ，これらの事実についても，被告人が覚えていないと供述する部分はあるものの，概ね争いはない。
(1)　犯行時及びその前後の状況等
　　ア　被告人は，うつ病に罹患しており，睡眠障害もひどかったことから，平成20年ころから就寝時，睡眠薬を服用していた。被告人は前回の判決（平成26年２月10日）後，インターネットで買物をするようになったが，購入した記憶のない商品が届いたり，朝気づいたら商品が入ったコンビニの袋がたくさんあることがあった。また，朝，目が覚めても睡眠薬がなかなか抜けていないことも多かったが，会社の出勤時間が午前11時からだったこともあり，そのころには薬も抜けていることが多かったので出勤していた。
　　イ　被告人は，不動産賃貸業を営業内容とする○○商事株式会社（以下「被害会社」という。）に採用され，平成○年１月14日から被害会社の事務所に出勤を開始した。その翌日である本件犯行当日は勤務時間である午前11時前に出勤したが，当日は他の従業員である経理担当のＹは休日であり，同社の責任者であるＡは同事務所の３階の部屋にいたことから１階の事務室には他に誰もいなかった。そのころ，被告人は，同事務室のＡの机上に置いてあった透明のプラスチックケースの中から現金３万2000円を窃取した。
　　ウ　被告人が出勤する前から同事務所の３階の部屋にいたＡは，昼ころ，同事務所１階事務室に降りてきたところ，当日の朝上記プラスチックケースの中に入れておいた現金が少なくなっていることに気づき，警察に通報した。

エ　通報を受けて到着した警察官は，Aからの聴取結果及び同事務室出入口を外から撮影していた防犯カメラ画像の結果から被告人をTM警察署に任意同行した。同署の事情聴取において，被告人は「やっていません」と答えたが，目がうつろであり体調が悪そうだったので，同警察官は指紋の対照のため被告人の財布在中の全ての紙幣16枚の任意提出を受け，当日の取調べを打ち切り，後日取調べをする旨被告人に伝えて同人を自宅に帰した。

オ　翌16日被告人の財布在中の紙幣から経理担当Yの指紋が検出された。

(2) 被告人の前科

被告人は，平成20年から迷惑防止条例，万引き計3件の前歴の他，平成25年5月17日窃盗罪（万引き）により罰金30万円に処せられ，さらに同26年2月12日窃盗罪（万引き）により懲役1年4年間執行猶予に処せられた。

(3) 被告人は，前掲罰金に処せられた後，クレプトマニアと診断されたことから通院治療を始めたが，その後中断し，本件犯行後，再び治療を開始した。

2　当裁判所の判断　　　　　　　　　←責任能力についての判断（下線部）

(1) 関係証拠によれば，①被告人は犯行当日ころお金に困っていたこと，②被告人は本件犯行当日の朝も前日飲んだ睡眠薬が抜け切れていない様子はあったものの，母は始業開始時間が遅いので仕事に出ても支障がないと判断して被告人を送り出したこと，③被害会社には午前11時少し前に着いたが（TT区の自宅から××区の会社までの出勤手段は捜査段階では電車と供述していたが被告人質問時はタクシーと変遷している），出勤後，席のパソコンの電源を入れ，前日経理担当のYから頼まれた請求書，見積書，出金伝票などの書類の確認やAから指示されたエクセルを利用しての電話帳の作成（従前の電話帳から新旧取引先の入替などをする。）をしようとしていたこと，④上記作成の基となる電話帳や下書きが見当たらなかったことからAの机上などを探していたところ現金の入ったプラスチックケースを見つけ本件犯行に及んだこと，⑤被告人は，その後も上記電話帳等が見当らなかったことから3階の部屋にいるAに電話をし，Aのところにそれらを取りに行ったこと，そのときの被告人の受け答えははっきりしており様子など不自然なところはなかったこと，⑥昼ころ，Aが1階事務室に降りてきたとき被告人は席に座ってパソコンを操作していたこと，⑦上記プラスチックケースの中の紙幣が少なくなっていることに気づいたAは，自分が離席している間被告人しかいなかったことから被告人に問い質したところ，被告人は「知らない」と答えたので，Aは前日に集計した金庫内訳明細表に記載された金種と照合するためその場で被告人に紙幣を数えさせたところ，即座に紙幣を数えることができていること，⑧窃取したのは誰もいない

ときであり，窃取したものは小銭以外の紙幣であることが認められる。
(2) 上記認定事実によれば，新しい勤務先での出勤状況，出勤後の仕事の処理状況及び本件発覚に係るAとのやり取り等，犯行前後の被告人の一連の行動は一貫しており，言動は理にかない，了解可能である。また，Aが金種の照合をさせるため被告人に紙幣を数えさせたところ，被告人は即座に数えることができており，犯行当時被告人は意識が朦朧とした状態とは認められない。
(3) さらに，第2回公判調書中の証人Aの供述部分（以下「Aの証言」という。）に基づくと以下のとおり認定できる。なお，Aの証言は，記憶に残っている事柄とそうでない事柄は区別して述べており，その証言内容に不合理な部分はなく，概ね一貫しており，乙号証等他の関係証拠とも合致している点が多く，虚偽の事実を作出したとは考えがたい。高齢（81）であることを踏まえると多少の曖昧さについても，信用性にさしたる影響はなく，信用性は高い。

ア　Aは紙幣が少なくなっていることに気づいた際（上記(1)認定事実⑦），被告人に問い質したところ「知らない」と言ったので，まず，Aは被告人にその所持金を聞いたところ，「5万幾ら，持ってます」と答えたので，「普通娘さん5万何ほも持ち歩くのかね」と聞いたら，被告人は「キャッシュカードを持っていないから自分は現金を持ち歩く」と述べており，当時1万数千円しか持っていなかった被告人のその場の言い逃れとしては，合理的であり，了解可能である。

イ　そして，被告人は，本件犯行当日，警察では「覚えていない」との弁解でなく，「やっていません」と言って犯行を否認していたところ（前提となる事実(1)エ），警察から帰宅を許された後，Aに対し，「私が盗りました」と犯行を認める趣旨の発言をしたこと（被告人も本件犯行5日後の警察官面前調書（乙2）で同様に供述している。），この事実に加え，捜査段階の被告人の供述状況等（乙2ないし4，11，なお，捜査段階では睡眠障害による多量の睡眠薬服用と記憶障害についての供述はない。）に照らせば，被告人質問時には記憶が失われている可能性は認められるとしても，少なくとも本件犯行直後は，本件犯行時の記憶の相当部分が残っていたと見るのが自然である。

(4) 以上によれば，後に記憶が失われたか否かはともかく，本件犯行時，意識は存在していた，意識障害はなかったと認めるのが相当である。

　以上の認定は，要旨，①睡眠薬の影響で記憶が失われることがよく見られるのは連続した部分であり，睡眠薬を飲んでから眠りにつくまでの間の短期記憶である，②犯行前後の記憶はあるものの，犯行時の記憶がないというのは睡眠薬からの影響とは考えにくい，③意識障害が生じているときは言動に一貫性が

なく，また合理性もない，④記憶がないことは意識障害の存在にはならない，⑤クレプトマニアは意識障害がないということが前提である旨の＊＊医師の証言とも矛盾しない。

(5)　これに対し，弁護人は，かかる薬の影響で夜中に自らが意識しない中で買い物や外出するなどして記憶が断片的に途絶えることがしばしばあり，かかる薬の影響は薬を飲んだ翌日の朝まで続くことがあった，本件犯行時も前日飲んだ睡眠薬の影響で同様の状態であった旨主張するが，インターネットにより商品を購入した事実やコンビニで買い物をした事実を想起できないことがあった（前提となる事実(1)ア）としても，ネット購入の場合，通常パスワードや口座番号など個人情報の打ち込み操作が求められ，コンビニで購入する場合も店員とのお金のやり取りが求められることに照らしてみると当該行為（購入）時に意識がない状態で買い物をすることは考えにくく，後に記憶を想起できなかったとしても，そのことから同行為時の意識の存在を否定できることにはならない（前掲＊＊医師の証言④）。さらに，弁護人は，被告人が捜査機関に対し比較的詳細に本件事件の経緯等について供述していることについて，かかる供述は捜査機関の誘導によってなされている部分も多くあることから，それをもって是非の弁識能力及びその弁識にしたがって行動する能力があったと判断できない旨主張するが，公判廷の供述をもってみても誘導の内容が明確でないことに加え，捜査段階で被告人が供述した内容には被告人しか知り得ない事柄も多く記載されており，また，記憶喚起や前後の内容をつなぐために多少の誘導はやむを得ないところであり，捜査機関に対する被告人の供述調書の内容の信用性を全て否定することはできない。もとより，責任能力の判断は捜査段階の供述のみをもって判断できるものではない。以上のとおり，弁護人の主張は，いずれも採用できない。

(6)　結論
　　以上によれば，被告人には睡眠薬服用による多少の意識減退はあったとしても，本件犯行時，適法な行動を選択するだけの自由意思は十分存在しており，是非善悪を弁別し，これに従って行動する能力において著しく劣っていなかったと優に認めることができる。したがって，弁護人の前記心神耗弱の主張は理由がない。

　　　　　　　　　　　　　　　　　　　　　　　　←心神耗弱を否定

【ケース５】　バイクと人の接触の有無及び日本語能力が争点となるケース
○１　バイクと被害者の接触の有無及び日本語能力や取調べ状況から捜査段階の被告人（外国人）の供述や実況見分調書等の証拠能力が争われた場合，日本語能力及び取調状況に問題がなかったことを間接事実等から検討し，証拠能力の有無を判断することが必要である。また，接触の有無については，制動距離（スリップ痕の長さ）から制動初速度を算出し，科学的根拠に基づくなどして接触の有無を検討する必要がある事例である。二輪車であるバイクと四輪車である自動車では制動時の摩擦係数がことなり，制動初速度や制動距離に違いがあるので，注意を要する事例である。
　２　簡裁刑事裁判の中には，略式命令に対する正式裁判の請求により，公判手続に移行する事案があり，自動車運転過失致死傷罪もそのような事案の１つである。略式起訴の場合，略式裁判手続での終局を目指していることから，正式裁判の請求後，因果関係や過失が争われると，立証等審理に時間がかかるケースが多い。本ケースもそのような事例を題材としたものである（傷害との因果関係が明確でなく，診断した医師の証人尋問を実施している）が，外国人被告人の場合には，通訳の問題もあり，さらに立証に手間取り，審理が長引くことも多い。
　　　以下，起案形式で，各論点について検討する。

（犯罪事実）
　　被告人は，平成○年３月30日午前10時ころ，普通自動二輪車を運転し，東京都××区△△２丁目７番先道路をSS方面からUU方面に向かい進行するに当たり，進路前方には車両用対面信号機の設置された自転車横断帯が併設された横断歩道が設けられていたのであるから，同信号機の信号表示に留意し，これに従って進行すべき自動車運転上の注意義務があるのにこれを怠り，同信号表示に留意せず，同信号機が赤色の灯火信号を表示しているのを看過したまま漫然時速約30ないし40キロメートルで進行した過失により，同自転車横断帯手前の停止線手前約７.６メートルの地点に至って同信号機が赤色の灯火信号を表示しているのを認め，急制動の措置を講じたが間に合わず，折から同自転車横断帯上を信号に従い右方から左方に向かい横断進行してきたＡ（当時50歳）運転の自転車に自車前部を衝突させて同自転車もろとも同人を路上に転倒させ，よって，同人に加療約１週間を要する頭部打撲等の傷害を負わせたものである。
（事実認定の補足説明）　　　　　　　　　　　　　　　　　　　　　　　←争点
　　弁護人は，被告人の以下の弁解を承けて，実況見分調書は刑事訴訟法321条３項

の要件を満たしておらず，警察官及び検察官に対する被告人の各供述調書は被告人の供述録取書面といえないから同法322条の要件を満たしておらず，いずれも証拠能力がないので証拠から排除されることにより本件公訴事実を認定することができないから被告人は無罪である旨主張し，被告人は，要旨，速度については，当時渋滞していたため，スピードは10キロメートル程（公判供述では，15ないし20キロメートルに変遷している。）しか出していなかった，また，制動措置を講じた場所は停止線手前ではなく，停止線を越えた横断歩道手前のところで被害者（A）に気付いてブレーキを踏んだ，その時にもしかしたら赤信号ではないかと思ったが，当時，路肩を走行していたことから，信号は停止していたトラックに隠れていたため見えなかった，被害者は被告人が運転する普通自動二輪車（以下「オートバイ」という。）に気付いて自転車もろとも転んでしまい，そのとき被告人もオートバイもろとも転んでしまったので互いに衝突はしていない，供述調書は捜査官が被告人の供述に基づかず勝手に作成したものであるなどと弁解するので，判示事実を認定した理由について補足説明する。

1　前提となる事実（動かしがたい事実）　　　　　　　←動かしがたい事実の確定
　　関係証拠によれば，以下の事実が明らかに認められる。
　(1)　被告人は，平成○年３月30日午前10時ころ，オートバイを運転し，江戸前通り（全６車線，幅員22メートル（中央分離帯を含む））をSS方面からUU方面に向かい第１車線を①から②（実況見分調書添付の交通事故現場見取図（甲１），以下「見取図」という。）に沿って走行していた。
　(2)　Aは，東京都××区△△２丁目７番先道路の車両用対面信号機が設置された横断歩道に併設された自転車横断帯上を，右方から左方に向かい自転車で横断進行していた。その横断帯手前の停止線では車両が停止していた。
　(3)　被告人が走行していた車線の路面には側溝フタから③地点まで10.6メートルにわたって波線模様のスリップ痕（スキッドマーク）が残されていた（見取図）。
　(4)　Aは，オートバイが走行してきたことにより自転車もろとも路上に転倒した。それにより両足等に痛みが残ったことから救急車でOK病院に搬送された。
　　　Aを診察した同病院のC医師は，頭部，両側下腿及び両側肘のレントゲンと頭部のCTスキャンを撮り，その結果，骨折やひびが入るなどの異常は認めなかったが，下腿部分に皮下出血や腫れ等があったことから内服薬として痛みと腫れを抑える薬ロキソニンと胃薬ムコスタを各３日分，湿布薬のイドメシン３パック（１パック７枚），ナボールゲル（消炎鎮痛剤）軟膏１本を処方した。

同医師はAの各所の痛みの訴えや皮下出血，腫れの状況から加療約１週間を要する頭部打撲，両側下腿打撲，両側肘関節打撲との診断をした（甲６，８，同人の証言）。
(5) なお，被告人は，中国で出生したが，平成７年11月に本邦に入国し，日本人の配偶者と結婚し，現在の在留資格は永住者である。被告人は，平成19年12月７日免許取消の行政処分を受けた後，平成21年９月，東京都HH市の運転免許試験場で日本語による試験を受け，普通免許及び大型二輪免許を再取得している。　　　　　　　　　　　　　　　　　　　　←日本語能力の程度理解に寄与

2　当裁判所の判断
(1)　はじめにA及びBの各証言の信用性並びに実況見分調書（甲１）の証拠能力を検討する。
　　ア　Aの証言とその信用性　　　　　　　←被害者証言の信用性の検討
　　　(ア)　Aは，要旨以下のとおり供述する。
　　　　Aは，自転車横断帯手前で信号が変わるのを待っていたが，青に変わったのを確認した後，自転車が平地を普通に走行する速度で渡り始めた。三車線とも信号待ちのため停止線手前で車両が停止していたのを覚えている。見取図Ⓐ地点付近に停止していた車両がどのような車両かよくは覚えていないものの，バスやトラックなどの大型車ではなかった。その車両の前を超えた辺りで第１走行車線を進行してくるオートバイに気付いたが，直ぐに見取図Ⓧ地点で，そのオートバイがAの自転車の真ん中辺りにそのまま衝突した。そのため，同人は自転車もろとも右側に倒れた。衝突直前のオートバイの走行状況は，傾いたり倒れたりしておらず，オートバイは衝突した後倒れた。衝突時の信号はまだ青が点灯していた。この横断歩道は，よく通っており，歩行者用の信号が青信号に変わったのを確認した後直ぐ渡り始めているので，自転車のその時の速度からして渡りきる前に信号が変わることはない。転倒により両足，両腕，頭を打撲した。痛みが残ったところもある，特に，右足のふくらはぎ内側と右肘の痛みが強かった。頭の打撲は，衝突の際に，最後まで頭を保護しようと体で踏ん張り，頑張ったが頑張りきれず，最後は道路に頭部右側をコツンとぶつけてしまったことによると思う。右側の腕や足の痛みは倒れるときに自分の自転車によるものと思われるが，左側の足や腕にはそれまでなかった傷があり，痛みもあったことからこの衝突によるものと思うがどうようにして傷や痛みが生じるようになったのかは分からない。救急車は直ぐには呼ばなかった。怪我の程度はよく分からなかったが痛みがあったことから，病院で見

てもらった方がよいとの警察官等の助言もあり，結局救急車を呼んでもらうことになり，OK病院に搬送された。病院では問診とレントゲン及びCTの検査があり，湿布薬と痛み止めの薬を1週間程度処方され，当日診断書をもらった。OK病院にはこの時の1回しか行ってないが，その後痛みが引かなかったので，7月頃までみずほ整骨院に通院し，電気治療やマッサージを受けた。現在痛みはない。警察官は，実況見分をする際，最初はAと被告人の両名から事故状況を聞き，場所の特定をしていた。一緒に聞かれていたときは事故状況の説明や地点等は全て一致していた。いつからいつまでが実況見分というのか分からないので実況見分に最後まで立ち会っていたかどうかは分からない。状況的には終わりかけていたかもしれない。ただ，途中で，100メートルくらい離れた所にある自営の店に行って店を開けて1，2箇所に電話をかけてから，現場に戻ってきた。その後，上記のとおり，救急車を呼んでもらって病院に行った。

　ところで，<u>被告人は，事故直後，日本語で，すみませんと繰り返し謝りながら去年バイクの免許を取ったばかりなのに免許停止になると困るなどと話していた。事故の説明もその場での謝罪も，また，その後5月中に会ったときの謝罪も全て日本語で話していた。</u>　　　←日本語能力の程度
　　　　　　　　　　　　　　　　　　　　　　　　　　　　　　（下線部）

(ｲ)　<u>Aは，被告人とは全く面識がない第三者であり，宣誓をして，被告人の面前で上記内容を冷静かつ淡々と供述しており，供述態度は，記憶を真剣に喚起しようと努め，記憶に明確に残っている事柄とそうでない事柄を区別して述べており，また，被告人の立場に立った供述もするなど真摯であり，不自然な点は全く見あたらない。いずれの供述内容も具体的かつ詳細であり，迫真性にも富んでいる。反対尋問にも全く揺るぎない。本件事故が交通量の多い幹線道路の交差点付近で起きたことや被害者が横断する際，複数の車両が横断帯手前の停止線の手前付近で停止していたことに照らしても，ことさら虚偽の内容を語ったり，誇張して語る動機，理由は見出せない（被告人も当公判廷でAの証言につき，虚偽及び大げさな内容は語っていない旨供述している。）。</u>本件道路（全6車線）のように交通量が多く，幅員の広い幹線道路（昭和通り）の横断帯を自転車で横断する場合，青信号であることを確認して渡るのが通常であり，しかもAが青信号現示時間31秒（甲1）の横断帯を，普通に平地を走行する速度で渡り始めたと供述していることに照らしても（自転車の普通の走行速度を17km／hと考えると，幅員約22メートル（見取図）を渡り切るには約4.7秒で足り

る（交通資料集，立花書房16頁）．），Aが青信号になってから横断し始め，衝突したときはまだ信号は青が点灯していた旨の証言は極めて合理的，かつ，自然であり，十分信用できる。また，傷害の点についても，衝突時の状況，受傷状況についての供述内容は具体的かつ詳細で，誇張している様子は窺えず，前記前提となる事実にも符合しており，また診断したC医師及びBの各証言にも裏付けられている。この点のAの証言も極めて信用性が高い。　　　　　　　　　　　　　　　　←信用性（下線部）

イ　Bの証言とその信用性　←取調時及び実況見分時の警察官証言の信用性検討（下線部）

(ア)　Bは，要旨以下のとおり供述する。

a　**実況見分時の状況**について

事故の通報を受けて最初に現場に到着したときには被害者であるAと被告人，両名が現場にいた。事故があったのかとのBの問いかけに両名ともその旨を答え，衝突した場所として両名ともにほぼ同じ場所を示したのでその場所を衝突した地点（見取図Ⓧ）と特定した。両名に怪我について尋ねたところ，被告人は大丈夫と答えたが，被害者の方は体が痛いと言っていた。しかし，被害者は，すぐに病院に行くほどではないと認識したのか，一旦荷物を家に置いてから病院に行く旨答えたので，すぐに救急車は呼ばなかった。そして，両名に進行してきた方向を聞き，信号表示の確認等衝突時の状況を尋ねたところ，被害者は間違いなく青ですと答えたが，被告人は明確には答えなかったので，さらに，聞き出したところ，赤だったと答えたので赤信号を見た場所を尋ねたところ，何度も現場の進路を往復しながら確認していたが，この辺りだと答えたのでその場所を最初に赤信号を見た地点（見取図②）と特定した。そしてすぐにブレーキをかけたと答えたので，同地点を，制動措置を講じた地点と特定した。その地点は停止線から計測すると7.6メートル手前になる。さらに，オートバイの進路に沿って上記②地点先の路面に，「側溝フタ」からタイヤのスリップ痕が残っていた（見取図）ので被告人に同人が乗っていたオートバイの痕跡か尋ねたところ，「そうなのかな」というような答えだった。次に，被害者を気付いた場所について尋ねたところ，見取図Ⓐ地点に車が停止していたので被害者が横断してくるのは見えず，ぶつかる直前まで被害者に気付かなかった旨答えたので，被害者を発見した地点，危険を感じた地点を見取図③と特定した。また，被告人は本件道路は仕事でよく通る道と答えていたので，交差点がある

と認識した場所を聞いたところ見取図①辺りを指したので，同①点をそれと特定した。その際に見通し状況を尋ねたが，前方100メートル先ぐらいまではよく見えると話していた。最後に，被告人は，衝突して被告人，被害者がそれぞれ倒れた場所として見取図④，同⑦を指したので各地点をそれぞれ特定した。

　なお，被告人は普通の日本語で喋っていたので日本人でないことは直ぐには気付かず，免許証を確認した際に，免許証記載の氏名が日本名と違ったので本人に尋ねて中国籍であることが分かった。日本語が分かるかどうか被告人に確認したところ，分かると答えたので実況見分を続け，その後全て日本語で話したが，通じなかったことはなかった。

　　　　　　　　　　　　　　　　　←日本語能力の程度（下線部）

　b　取調べの状況　　　　←日本語能力の程度等（以下下線部）

　被告人を取り調べるにあたっては，実況見分時に中国籍であることが分かったので，改めて日本語が分かるかを尋ねたところ被告人は分かると答えたので，通訳は付けなかった。取調べの際に，日本語が通じなかったことも被告人が中国語で話してきたことも一切なかった。

　初めに，事故当時の速度を尋ねたところ，被告人はよく分からないと答えたので，手持ちの速度実験結果等の表（速度ごとの停止にかかる空走距離や制動距離，ブレーキ痕の長さから速度を推定する表など）を示しながら，現場のスリップ痕の長さにこの表の数字を当てはめると時速約40から50キロメートルくらいは出ていたことを説明したが，被告人はもっとゆっくりだったと答えたので35から40キロメートルくらいかと尋ねたところそのくらいだと答えた。その他事故の状況や各地点を尋ねる際は，実況見分時に作成した原図を見せながら取調べた。供述内容のパソコンへ入力も被告人の面前で行っている。取調べの最後に調書を読み聞かせ，違っている部分や内容に間違いがあれば申し出るように伝えたところ，被告人はないと答えて調書に署名をし，指印を押した。

(イ)　証人Bは，警察官歴7年であり，本件事故当時は警視庁SM警察署所属の警察官であるが，実況見分調書の作成も200件以上に及ぶ経験を持っている。実況見分をするに当たっても，まず事故当事者から状況を聴取することからはじまっており，地点の特定にあたっては被告人（実況見分当初はAも立ち会っており，その際，衝突地点は両者一致している）の指示に従って各地点を特定のうえ記載している。信用できるAの証言にも裏付けられている。特に，被告人がBに対し，赤信号に気付いた場所として見取

図②を指示し，すぐにブレーキをかけたと供述した旨証言している点については，後記のとおり，被告人が運転するオートバイによる痕跡と認められるスリップ痕の開始位置にも（反応時間に個人差があることを考慮しても）ほぼ符合しているといえる。供述内容も，具体的かつ詳細であり，記憶に明確に残っている事柄とそうでない事柄は区別して述べており，反対尋問にも全く揺るぎなく，十分に信用できる。　　←信用性（下線部）
　ウ　実況見分調書の証拠能力　　　　　　　　　　　←認定（下線部）
　　　弁護人は実況見分調書について，被害者を立ち会わせていながらその旨の記載がない，その調書に後日訂正をしている箇所がある，指示説明をした地点が被告人の指示地点とは異なっているなどと主張し，上記調書は司法警察員が独断で記載したものか，誘導に基づいて作成されたものであるから真正に作成されたものとはいえず，刑事訴訟法321条3項の要件を満たしておらず，証拠から排除すべき旨主張する。
　　　しかしながら，前記各証言のとおり，実況見分は当初Aも立会っていたものの，途中から同人はその場を離れ上記見分は終始被告人立会が中心であり，後日実況見分調書に訂正をしている箇所は，実況見分をした際の原図の地点や距離を上記調書に移記する際に記載漏れをしたものを後日補足したものと認められ，その他関係証拠によっても，弁護人が主張するような誘導をしたり，警察官の独断によりことさら虚偽の内容を盛り込ませたりした形跡は窺えない。したがって，上記調書は真正に作成されたものということができこの点の弁護人の主張は採用できない。
(2)　次に，被告人の公判供述の信用性及び各供述調書（乙1，2）の証拠能力を検討する。
　ア　被告人の供述の信用性
　　　まず，被告人は前記スリップ痕は自車が残したものではない旨弁解するが，関係証拠によれば，同スリップ痕は本件事故の約15分後に実施された実況見分の際に発見されたものであり，2(3)のとおり，そのスリップ痕跡はオートバイの走行に沿って側溝の蓋から波線模様に路面に印象され，しかもその終点は被告人が被害者に衝突した時（両名が見分時指示した衝突地点は Ⓧ）の被告人の位置③（いずれも見取図）に至っていることが認められる。路面に印象されたスリップ痕の上記形状は，事故直前に側溝の蓋でスリップし，バランスを崩したのは確かである旨の被告人の供述（後記のとおり証拠能力が認められる乙2）にも符合するものといえる。したがって，上記スリップ痕は被告人がオートバイの制動措置を講じた際に残されたものと明らか

に認められる。

　そうすると，**速度や制動措置を講じた場所について弁解する点は，**上記スリップ痕の長さから初速を計算すると後記のとおり時速約30ないし40キロメートルは出ていたと認められ，制動措置を講じた場所についても上記スリップ痕の位置とは明らかに矛盾している。信号はトラックに隠れて見えなかったとか互いに衝突はしていないなどと弁解する点は，**信用できるA証言及び同B証言にも全く反し，**見取図の車両の車高（この車両がトラックなど大型車との証拠はない。）及び停止位置並びに**被告人の進行方向から望む信号機の視認状況（甲1添付写真1）に照らしてみても，**また，衝突について被告人質問（第5回公判期日）での供述では転倒した勢いでAの自転車を巻き込む形でぶつかったと**変遷していることなどに照らしてみても，到底信用できない。**

　その他，捜査官が被告人の供述に基づかず勝手に供述調書を作成したなど弁解する点を含め，変遷や不合理な弁解に終始した被告人の供述態度に照らすと被告人の公判供述は信用できない。

　イ　**被告人の各供述調書（乙1，2）の証拠能力**　　　　←認定（下線部）

　　弁護人は，警察官調書（乙1）については被告人が供述した内容でなく，捜査官らが都合の良いように創作した調書に被告人に署名指印させており，検察官調書（乙2）についてはそれを引き写しているだけなので，いずれも <u>322条の被告人の供述録取書面には該当せず証拠から排除すべき旨主張</u> する点は，警察官調書については，Bの証言によれば，一部不動文字の入った交通事故用の調書によるものではあるが，被告人自身に実況見分時の原図を見せながら取調べをし， <u>全て被告人の面前で供述内容をパソコンに入力しそれを印刷したものに，被告人は誤りがないことを確認した上で署名，指印していることが認められ，</u> また， <u>検察官調書については，被告人の公判供述によっても被告人から取調べのうえ録取したことが十分に認められ，また，いずれも任意性に疑いを差し挟むような誘導等の事情も認められない。</u> したがって，各供述調書ともに同法322条の要件を満たし，この点の弁護人の主張も採用できない。

(3)　**制動を講じた地点の位置及びその時点での速度**について　　←計算式により
　　　　　　　　　　　　　　　　　　　　　　　　　　　　　　　　算出

　ア　ブレーキをかけた②地点から停止線までの距離は７．６メートルである（②地点かⓍまでの距離13.3mから停止線からⓍまでの距離5.7m〔Ⓧの位置は自転車横断帯の左端から0.6m，同横断帯の幅が1.6m，同横断帯右端から

停止線まで4.7m〕を差し引いた距離）。
 イ　スリップ痕の長さから制動初速度の推定（計算式は甲９による。）
　　㋐　本件のようにスリップ痕が一条の場合は，(a)一輪のみブレーキがかかって路面を滑走し，他の一輪はただ転動した場合（この場合は転動した車輪にはエネルギー消費はなかったと考えられる。），(b)二輪が重なってスリップした場合，(c)一輪滑走で他の一輪が滑走しない程度の制動の各場合が考えられる。なお，(c)の場合は，制動初速度は上記(a)，(b)の場合の中間に存在する（最高裁判所事務総局編交通事件執務提要222頁「自動二輪車の制動距離に関する鑑定例」参照）。
　　㋑　上記各場合について上記計算式に摩擦係数（μ）は0.7，スリップ痕（S）の長さは10.6m（後記のとおり，制動効果は後輪によるものと認められるので，車軸間の距離は差し引かない。）を各代入して制動初速度（v）を求めると以下のとおりである（gは重力加速度である。）。なお，上記計算式は全車輪同長のスリップ痕を残したものに適用できるものである（前掲執務提要227頁）。
　　　　したがって(a)の場合は，$v = \sqrt{2\mu gS} = \sqrt{2 \times 0.7 \times 9.8 \times 10.6/2} = 8.5$m/s $= 30.69$km/h，(b)の場合は，$v = \sqrt{2\mu gS} = \sqrt{2 \times 0.7 \times 9.8 \times 10.6} = 12.06$m/s $= 43.41$km/h，(c)の場合は，$(30.69$km/h $+ 43.41$km/h$)/2 = 37.05$km/hとなる。
 ウ　本件の場合，二輪が重なったスリップ痕と認めるに足りる証拠はない。二輪車の場合，前輪に急制動をかけると転倒の危険があるので，ブレーキ痕が一条の本件の場合は，二輪が重なったスリップ痕と認めるに足りない以上，前輪のみによる制動痕とは考えにくい（信用できるＡの証言によれば，オートバイは衝突前に転倒していない。）。被告人が公判廷で前輪後輪ともにブレーキをかけた旨供述していることに照らすと，制動効果は後輪のみによる場合か，後輪による制動効果のほか前輪の制動効果もあったが前輪についてはタイヤが路面を滑走しない程度の制動効果しかなかった場合のいずれかと認めるのが相当である（前掲執務提要225頁，230頁）。
　　　　そうすると，制動初速度は，上記イ㋐の(a)及び(c)の場合のとおりであるが，見取図③は衝突した時（場所は㊇）の被告人の位置であるから，衝突による制動効果を考慮に入れると，さらにこの数値をそれぞれ若干上回るものになることや被告人が捜査段階で35ないし40キロメートルと供述していたこと（乙１，２，Ｂ証言）に照らすと，制動を講じる直前では時速約30ないし40キロメートルで進行していたと認定するのが相当である。　　←制動初速度

(4) 結論
　以上によれば，被告人は，対面信号機が赤色表示であるにもかかわらず時速約30ないし40キロメートルで進行して本件自転車横断帯上で衝突事故を起こしたことが明らかであるから，対面信号機の信号表示に留意すべきところ，同信号機が赤色表示をしているのを気付くことなく，漫然と進行し，停止線手前約7.6メートルに至って赤色表示に気付き制動措置を講じたが間に合わず本件衝突事故を惹起した，赤信号看過の過失を認めることができる。
　よって，弁護人の主張は理由がなく，判示事実は優に認定できる。

【ケース6】 不法領得の意思が争われたケース

○1　公訴事実の外形的事実は争わないが，不法領得の意思がないとして窃盗罪の成立を争った事例であり，不法領得の意思のような主観的要件が争われた場合の事実認定の仕方を検討する事例である。
　2　被告人に前科がないことから執行猶予をつける場合，法令の適用の中で簡単にその理由を記す程度にする場合
　　　以下，起案形式で検討する。

(罪となるべき事実)
　被告人は，平成○年12月11日午後5時ころ，東京都××区△△1丁目2番6号○○株式会社△△営業所内において，A所有の腕時計1個（時価約30万円相当）を窃取したものである。
(証拠の標目)　かっこ内の甲乙を付した数字は検察官請求証拠等関係カード甲乙の番号を示す。
　　被告人の当公判廷における供述
　　被告人の検察官調書（乙3）及び警察官調書（乙2）
　　Aの警察官調書抄本（甲4）
　　被害届（甲1）
　　実況見分調書（甲2）
　　被害場所写真撮影報告書（甲3）
　　答申書（甲7）及び資料入手結果報告書（甲8）
(事実認定の補足説明)
1　争点（不法領得の意思の存否）
　　弁護人は，外形的事実は争わないが，不法領得の意思が欠けているので，器物損壊罪が成立するに過ぎないと主張し，被告人も本件腕時計を持ち去ったのはAへの嫌がらせのためであるなどと弁解し，これに沿う供述をする。
2　動かしがたい事実（前提事実）
　　以下の事実は，関係証拠によれば明らかに認められ，争いはない。
⑴　被告人は，平成10年3月に○○株式会社に入社し，同社の△△営業所従業員として稼働していた。被害者であるAは，約19年前から同社に入社し，約17年前から△△営業所で稼働するようになり，その後，主任になり被告人の上司の立場にあった。
⑵　Aは，平成24年12月11日午後1時ころから同営業所の点呼所において机上に本件被害品であるロレックス製の腕時計（サブマリーナ，時計番号16610，P769163）を置いたまま勤務を開始し，その後同腕時計を置き忘れたまま，退

社した。なお，同腕時計は少なくとも同日4時ころまでは上記点呼所に存在していた。
 (3) 被告人は，同日4時半ころから，同営業所の机の拭き掃除をしていたところ，同日午後5時過ぎころ，上記点呼所の机上にAの持ち物である本件腕時計があることに気付き，同時計を仕事着のズボンのポケットに入れた。翌日，宿直勤務あけで自宅に帰るときに私服に着替え，私服のズボンに同腕時計を移し替え自宅に持ち帰った。
3 当裁判所の判断
 (1) 不法領得の意思の存否
  ア 前記動かしがたい事実(3)並びに被告人の警察官及び検察官面前調書（乙2，3）によれば，以下の事実が認められる。
   (ア) 被告人は，常日頃から，Aが自分の悪口を周囲の者に喋っていたり，同人からパワハラを受けたりしていると思い，同人に対し，不信感を抱いていた。
   (イ) 前記2(3)記載の日時ころ，被告人はAの本件腕時計が点呼所の机の上に置いてあるのを発見した際，同人に不信感を抱いていたことから嫌がらせをしてやろうとの思いが生じるとともに，そのうち使ってみようとの思いも生じ，見つからないようにするために自宅に持ち帰った。
   (ウ) 被告人は自宅に帰ってから本件腕時計をはめてみたところ，ベルトのサイズが小さくて自分の腕にはめることができなかった。その後，洋服ダンスの中に入れて隠しておき，ときどき，なくなっていないか確認していた。
   (エ) 被告人は，平成26年7月10日に○○車株式会社を退社した後，平成26年9月26日に本件腕時計の内部の清掃（オーバーホール）とベルトのサイズを大きくするために修理に出した。
   (オ) 修理後，被告人は本件腕時計を自身の腕にはめて使っており，平成28年1月19日警察の捜索差押え時まで所持していた。
  イ 以上の認定事実で示すとおり，本件腕時計は高価なロレックスであること及び同腕時計の自宅での保管状況，その保管期間が長期にわたること，自己の手首のサイズへの変更のための修理をしていること，被告人は同修理後に同時計を使用していたこと等を総合すれば，被告人が本件時計を自分の仕事着のズボンのポケットにしまい込む際，被告人には，嫌がらせのためとの意思の他，自分でも使用してみようとの意思の存在を推認することができる。したがって，被告人には，本件腕時計につき，権利者を排除し，自己の所有物と同様にその経済的用法に従い，これを利用，処分する意思が優に存在し

ていたと認められる。　　　　　　　　　　←**不法領得の意思認定**

　これに対し，被告人は，公判廷で，嫌がらせのために持ち帰ったのであり，そのときに，いつか使ってみようとは思っていなかった，もしAが腹を割ってきて，今までのパワハラについて謝れば，本件腕時計はAに返すつもりであったなどと供述する。しかしながら，嫌がらせのためにのみ自宅に持ち帰ったとする上記弁解供述は極めて不自然，不可解，不合理なものであり，到底信用できない。　　　　　　　←**被告人の弁解の信用性否定**

　この点につき，弁護人は被告人の意思が不自然，不合理な弁解であるとしても人は常に合理的な思考に基づいて合理的な行動はしないから不自然，不合理をもって被告人の弁解を排斥できない旨，また，被告人は本件犯行当時退職予定がないにもかかわらず，それを前提とする供述になっているなど供述調書に矛盾がある旨それぞれ主張し，捜査段階での供述内容（乙2,3の不同意部分）の信用性を争うが，被告人の供述状況，供述調書作成状況及び被告人が同調書の記載内容を確認の上，署名指印していること，その他被告人の公判供述を検討しても，パワハラ等の具体的内容もその程度も明らかになっておらず，嫌がらせの意思を生ぜしめる拠り所となった被害者に対する不信感もそれほど強いものとは認められず，嫌がらせの意思のみをもって，長期にわたる本件隠匿行為を説明することには無理があることなどを総合すれば，上記供述内容の信用性を否定できない。したがって，上記弁護人の主張は理由がない。　　　　　　　　　　　　　←**弁護人の主張排斥**

(2)　結論

　以上によれば，上記認定に疑いを差し挟む余地はなく，被告人は不法領得の意思のもとに本件犯行を敢行したと認めることができ，判示事実は優に認めることができる。したがって，被告人の弁解供述を前提とする弁護人の主張は理由がない。

(法令の適用)　　　　　　　　←**法令の適用の中で簡単にその理由を記す場合**

　被告人の判示所為は，刑法235条に該当するので，所定刑中懲役刑を選択し，その刑期の範囲内で被告人を懲役1年6か月に処し，被告人は不法領得の意思はないとの弁解を続けるなど反省の態度に疑問なしとしないが，今後被告人を支える婚約者がいることや被告人には前科前歴はなく初犯であることなど被告人に有利な事情を考慮し，情状により同法25条1項を適用してこの裁判の確定した日から3年間その刑の執行を猶予することとし，訴訟費用については，刑事訴訟法181条1項ただし書を適用して被告人に負担させないこととする。

(検察官の求刑　懲役1年6か月)

民事事件ケース7～12（図面省略）

【ケース7】 民訴法244条等を準用するケース

○ 期日をおいての数度にわたる求釈明にも何ら具体的な主張をせず，口頭弁論期日を重ね，訴訟提起後約1年に及ぶ間，独自の主張を展開するのみで必要と求める訴訟追行に応じない場合に，被告の意向も聴取した上，審理の現状及び当事者の訴訟追行の状況を考慮した終局判決規定（民訴法244条）及び裁判所の公正迅速審理及び当事者の信義誠実に従った訴訟追行義務（同2条）の趣旨に則り，対応を検討した事例である。

【当裁判所の判断】

1　本件において，原告の主張は必ずしも明確ではないが，原告は，隣地に居住する被告に対し，被告敷地側に伸びている原告所有の樹木の枝を被告が無断で切断したこと，あるいは被告が所有車両のエンジンを空ふかしするなどの騒音を立てたこと，さらに建造物等の破壊行為等と行為がエスカレートするなどして数十年にわたり数々の違法行為を重ねたことにより，原告が多大の損害を被ったとして，不法行為に基づく損害賠償として1280万円（休業補償，介護費用，慰謝料等）の一部である140万円を求める趣旨と解される。そのためには不法行為の要件事実として，原告は，違法な加害行為によって，どのような損害が発生したかを具体的にその事実を主張しなければならない。

　しかしながら，原告が加害行為と主張するもののうち，上記樹木の枝の無断切除については，被告は少し切除したことは認めてはいるものの違法性について争っているのであるから，その違法性について具体的に主張すべきところ，訴状及び訴状補正書，請求額拡張申出書，その他の準備書面等を検討してみても，違法行為と主張するのみで何ら具体的な主張はない。その他私道上の通行妨害，騒音妨害など加害行為とる主張する点についても，種々の犯罪名を掲げ，長年犯罪行為や違法行為が重ねられてきたなどと繰り返し主張するのみで，上記書面等を検討しても違法性を含め具体的にその事実を主張していると認めることはできない。また，上記行為などから原告が被ったと主張する損害についても，因果関係を含め，何ら具体的に主張していると認めることはできない。

2　したがって，原告の主張は，いずれも失当であって，本件請求は理由がないから，これを棄却することとし，主文のとおり，判決する。

　なお，原告は，期日をおいての数度にわたる求釈明にも上記のとおり，何ら具体的な主張をしない。口頭弁論期日を重ね，本件訴訟提起後約1年に及ぶも独自の主張を展開するのみで必要と求める訴訟追行に応じない。そこで，当事者の負担の公平・適正化等を考慮して，結審することとし，以上のとおり判断した。

【ケース8】 立証責任を修正するケース

1 争点は，時間外及び休日労働賃金の有無並びに解雇予告手当の有無であるが，法定労働時間外の労務提供時間については具体的立証がない場合に時間外労務提供時間を認定する事例である。
2 第1部第1章第2節3⑷事実認定エ㈠22頁証明の対象の**時間外労働をしていることの立証の程度**を参考にしながら，以下起案形式で検討する。

第1 請求

被告は，原告に対し，83万4554円及びうち24万7500円に対する平成23年8月6日から支払済みまで年14.6パーセントの割合による，うち16万9777円に対する平成23年7月4日から支払済みまで年5パーセントの割合による，うち41万7277円に対する本判決確定の日の翌日から支払済みまで年5パーセントの割合による各金員を支払え。

第2 事案の概要

1 請求の原因の要旨
  (1) 原告は，被告との間で，平成23年4月20日，月給17万円，前月末日締め，翌月5日払，勤務時間10時から19時（休憩時間12時から13時）の約束で雇用契約を締結し，不動産売買・賃貸・管理等の営業をしていたが，平成24年7月3日被告から事前の予告なしに解雇を通告された。
  (2) 上記雇用期間の時間外等手当の未払金として，下記のとおり24万7500円が存在する。なお雇用期間75日のうち，出勤した日数は所定の休日（毎週水曜日）を除いた65日であり，そのうち週休2日制のため10日間を休日出勤とし，残り55日を通常勤務とした。また毎日19時以降22時まで3時間の労働をした。
    ア 時間外労働165時間×872円（698円×1.25：端数切り捨て）＝14万3880円
    イ 休日出勤110時間×942円（698円×1.35：端数切り捨て）＝10万3620円
  (3) 被告は，前記(1)のとおり，労働基準法20条1項所定の予告期間をおかないで解雇の意思表示をしたのであるから，即時解雇に基づく解雇予告手当は平均賃金5659円24銭の30日分である16万9777円である。
  (4) なお，上記未払金及び解雇予告手当について，それぞれ同法114条による付加金合計41万7277円（24万7500円＋16万9777円）の支払が命じられるべきである。
  (5) よって原告は，被告に対し，請求の趣旨のとおり支払を求める。
2 争点
  (1) 時間外及び休日労働賃金の有無並びにその額について

（被告主張の要旨）

時間外手当等の存在は否認する。被告は原告に対し，時間外及び休日労働の指示はしていない。

(2) 解雇予告手当の有無及びその額について

（被告主張の要旨）

被告は原告を解雇したとの認識はない。原告が任意に退職したものである。

第3　当裁判所の判断

1 (1) 原告は，被告との間で，平成23年4月20日，月給17万円，前月末日締め，翌月5日払の約束で雇用契約を締結し，少なくとも平成24年7月2日まで不動産売買・管理等の営業をしていたこと，解雇予告手当の算出根拠となる上記雇用期間中の賃金総額は41万8784円であること，それに基づく平均賃金が5659円24銭であることは当事者双方に争いがない。　　　　　　　　　←争いない事実

(2) 被告は，第1回口頭弁論期日において，原告が時間外に労務を提供した事実及び原告を解雇した事実について全て否認したが，第2回口頭弁論期日においてタイムカードの存在は認め，次回期日に持参する旨約するも，以降口頭弁論期日を欠席し，タイムカードを提出しない。　　　　　　　　　　←ポイント

2　争点(1)について

(1) 証拠（甲1ないし5）及び原告本人尋問の結果並びに弁論の全趣旨によれば，以下の事実が認められる。

ア　原告は平成23年4月20日（水曜日）に被告に採用され，翌日から同年7月3日までの74日間勤務したが，所定の休日は毎週水曜日であることから出勤日数は64日である。

イ　原告の勤務時間は午前10時から午後7時まで（その間休憩時間は午後0時から午後1時）であり，勤務時間内は電話営業や物件案内等の資料作成，顧客の対応，物件査定の補助等の業務をしていたが，午後7時からは，分譲マンションを対象に各マンションの管理人が不在の時間帯である夜間を狙い売却物件の案内を求める趣旨のチラシのポスティングを被告代表者から指示されていた。

ウ　原告は，被告代表者からチラシ原本を手渡されるとその都度3000枚ほど印刷し，配布エリアを決め，自分のバイク（燃料費の支給はない。）で所定の休日以外の出勤日の午後7時ころから分譲マンションへの投函業務を数日かけて行っていた。

(2) 以上の事実を総合すれば，原告の主張する時間外労働が1日8時間，週40時間（労働基準法32条）ないし44時間（同法施行規則25条の2第1項）を超える

時間外労働であったことを推認することができる。

しかしながら，日々の法定労働時間外の労務提供時間については具体的立証はない。

ところで，労働基準法は，賃金全額支払の原則（同法24条1項）をとり，しかも，時間外労働又は休日労働について厳格な規制を行っていることからすれば，使用者側に，労働者の労働時間を管理する義務を課しているものと解することができることや厚生労働省が「労働時間の適正な把握のために使用者が講ずべき措置に関する基準」を策定し，この遵守を求めている（平成13. 4. 6 基発339号，季刊労働法198号74頁参照）ことに照らせば，使用者である被告が有効適切な反証をしていない（前記1(2)のとおり，タイムカードの提出を約束しながら次回口頭弁論期日から欠席しその提出に応じない。）本件において，立証責任により時間外勤務時間が正確に把握できないことをもってその不利益全てを原告に課するのは不公平である。　←立証責任の修正（上記下線部）

(3) そこで本件時間外労働時間について検討するに，上記認定を総合すれば，出勤した日は午後7時以降少なくとも1時間程度はポスティングの業務をしていたと認めるのが相当であり，上記認定に従い64日の勤務日数に9時間（1日の法定労働時間＋1時間）を乗ずると勤務期間中の合計労働時間は576時間となる。そして，被告の業務形態に照らし，原告の法定労働時間につき週44時間（労働基準法施行規則25条の2第1項）として考えると，毎週5日間は各1時間の，6日目は5時間の週10時間の時間外労働をしたと推計するのが相当である。そうすると64日間の法定労働時間は，472時間（10週（60日＝6日×10週）×44時間＋4日×8時間）であるから，勤務期間中の時間外労働時間は104時間（10時間×10週＋4日×1時間＝576時間－472時間）と推計することができる。　　　　　　　　　　　　　　　　　　　　　　　←推計算出

なお，原告が休日労働として主張する10日間は法定外休日（同法35条）であるから法定労働時間を超えない限り，時間外労働として扱えない。

(4) 以上によれば，時間外手当合計金額は以下のとおり9万1936円となる。

なお，1時間当たりの平均賃金は707円（争いがない1日の平均賃金は5659円，いずれも50銭未満の端数は切り捨て，50銭以上の端数は1円とする。以下同じ。）である。

104時間×884円（707円×1.25）＝9万1936円

3　争点(2)について

(1) 証拠（甲3ないし5）及び原告本人尋問の結果並びに弁論の全趣旨によれば，平成23年7月3日夜，原告は，チラシのポスティングをしているときに，

被告代表者から指示を受けた小野（上司）から被告事務所に戻るようにとの呼び出しを受け，同事務所において，上記小野が原告に対し，被告代表者が原告をクビにしたので翌日から出勤しないよう原告に伝えたこと，平成23年8月になって原告が被告代表者と面談した際に，被告代表者は原告に対し，未払給与の支払を条件に退職届の提出を求めたことが認められる。

(2) 以上の事実によれば，上記退職届は，被告代表者の誘導により未払給与の支払を期待した原告がやむなく提出したものであり，原告の自発的な退職意志の形成に基づいて作成提出されたものではない。したがって，平成23年7月3日，被告は原告に対し解雇を通告したというべきであり，この認定を覆すに足りる証拠はない。

(3) そうすると，解雇予告手当の額は，平均賃金5659円（争いがない）の30日分である16万9770円である。

4 結論

以上によれば，時間外手当の未払賃金額及び解雇予告手当額の合計額は26万8906円である。なお，付加金の支払についてはいずれも相当でないので命じない。

よって，原告の被告に対する請求は，26万1706円及びうち9万1936円に対する平成23年8月6日から支払済みまで年14.6パーセントの割合による，うち16万9770円に対する平成23年7月4日から支払済みまで年5パーセントの割合による金員の支払を求める限度において理由があるから，上記範囲で認容し，その余は理由がないから棄却することとし，主文のとおり判決する。

◎以下9～12のケースは交通事故事案ですが，事故態様・過失割合が問題となる場合，事故態様事実の認定・過失の評価のためには事故発生に対する過失行為，走行状況についての双方の主張は不可欠との観点から，民訴法280条を考慮しても，ある程度の詳しい主張の記載は必要との考えに基づきました。

【ケース9】 変形交差点前での接触事故態様を客観証拠等のみから認定するケース

○ 双方が過失の有無及び過失割合を争う場合，ドライバーの人証調べをせず，客観証拠（ただし，ドライブレコーダーはあるが，映像により決めてとはならないような場合），事故現場の図面，争いない事実（特に，交差点手前の変形した道路状況を前提事実として確定）及び陳述書などから事故態様を認定した事例である。互いに，相手の非をあげつらうなどの主張等の場合，できるだけ客観証拠や道路状況，ドライバー心理など経験則を駆使して事故態様を推認していくのが合理的と考えられる事例である。以下，起案形式で検討する。

第1 請　求
1 本訴
 (1) 主位的請求
　　被告会社は，原告会社に対し，112万1080円及びこれに対する平成○年12月5日から支払済みまで年5パーセントの割合による金員を支払え。
 (2) 予備的請求
　　被告会社及び被告Bは，原告会社に対し，連帯して，115万8384円及びこれに対する平成○年11月1日から支払済みまで年5パーセントの割合による金員を支払え。
2 反訴
　原告会社は，被告会社に対し，27万8953円及びこれに対する平成○年11月1日から支払済みまで年5パーセントの割合による金員を支払え。
第2 事案の概要
　本件は，交差点手前で大型貨物自動車と普通乗用自動車が接触した事故であり，原告会社が，主位的に被告会社に対し示談合意に基づき112万1080円及び遅延損害金を，予備的に被告Bに対し不法行為（民法709条）に基づき，被告会社に対し不法行為の使用者責任（民法715条）に基づき115万8384円（修理費用及び陸送費50万3604円，休車損65万4780円）及び遅延損害金の連帯支払を求めたのに対し，被告会社が原告会社に対し不法行為の使用者責任（民法715条）に基づき修理費用27万8953円及び遅延損害金の支払を求めた事案である。

1　争いのない事実又は証拠上あるいは弁論の全趣旨から容易に認められる事実
　(1)　平成〇年11月1日午前2時33分ころ，横浜上麻生線（以下「本件道路」という。）のR橋交差点手前において，第2車線を走行する原告会社の従業員で訴外〇〇（以下「訴外〇〇」という。）が業務のため運転する事業用大型貨物車（以下「原告車」という。）の右側後部と第3車線を走行していた被告会社の従業員で被告Bが業務のため運転する事業用普通乗用車（以下「被告車」という。）の左側前部とが<u>第2車線上（第3車線との区分線から40センチメートル内側）で接触した</u>（以下「本件事故」という。甲1，6，乙1，2，7）。

　　　　　　　　　　　　　　　←ポイントとなる争いのない事実（下線部）

　(2)　【本件交差点手前の道路から本件交差点に至る道路状況が変形であることから，この道路状況を図面写真により争いない事実として確定した】

　　　　　　　　　　　　　　　　　　　　　　　　　←（下線部）

　　　本件道路のR橋交差点手前にある横断歩道（本件事故現場手前にある横断歩道：事故状況簡略図及び写真［6，7］）までの各車線の幅員は，概ね，第1車線が3.4m，第2車線が3m，第3車線が3.2mであるが，当該各車線は本件R橋交差点の停止線から20メートル手前付近で広くなっており（概ね，第1車線が4.4m，第2車線が2.9m，第3車線が4m），それぞれ本件R橋交差点直前で第1車線は「直進・左折」，第2車線は「直進」，第3車線は「右折」になっている。そして<u>上記横断歩道から上記交差点手前の各区分線（停止線から20メートル手前付近で始まる区分線）までは区分線が切れていることから同横断歩道からみて同交差点手前で始まる各車線は右にずれていることになり，当該車線を直進する車両はその分カーブして進行することになる</u>（乙2各写真及び添付図面）。

2　争点
　(1)　示談合意の成否（争点1：主位的請求について）
　　　省　略
　(2)　事故態様，双方の過失の有無及び過失割合（争点2：予備的請求について）
　　（原告会社の主張の要旨）
　　　被告Bが，被告車を本件道路の片側3車線の第3車線から第2車線へと車線変更を行う際，第2車線上の安全を確認せずに同車線に進入したことにより，同車線の前方で走行していた訴外〇〇運転の原告車の右側後部に被告車の左側前部を接触させたものである。
　　（被告らの主張の要旨）
　　　本件事故は，本件R橋交差点での直進車線（第2車線）に原告車が進入した

際，大型車である原告車の引きずり部が接触したことにより発生したものであり，同接触の際被告車は車線変更をしていない。

　原告車が被告車を追い抜く際，左側は十分な余地があったのだからそのままの間隔で進行したならば被告車と接触することはなかったのに，追い抜いた後，ハンドルを右に切ったことから後輪タイヤが軸となり，車体を立て直す際，原告車の後部引きずり部が右に振れ，被告車の前部左側側面と接触した。

　以上のとおり，被告車は進路を変更しておらず，本件事故は原告車がハンドルを右に切ったからであり，相手の過失が大きい。

(3) 損害省略

第3　当裁判所の判断

1　争点1について

　全証拠をもってしても原告会社と被告会社との間に本件事故に関する示談合意が成立していると認めるには足りない。したがって，主位的請求は理由がないからこれを棄却する。

2　争点2（以下，予備的請求）について

(1) 証拠及び弁論の全趣旨によれば，以下の事実が認められる。

　ア　本件R橋交差点前の××3丁目交差点では，赤信号のため，原告車は第2車線の2台目に，被告車は第3車線の2台目にそれぞれ停止していた。被告Bは本件道路を進み，本件R橋交差点を直進するつもりでいた。

　イ　××3丁目交差点の信号が変わったことから両車両はそれぞれ発進し，被告車はそのまま真っすぐ直進していたが，被告車の前車が右折するため減速し始めたことから被告車も減速し，かつ，直進車線（第2車線）に入るため本件R橋交差点手前の前記横断歩道を過ぎても右にずれている当該車線に進まず，そのまま真っ直ぐ進んだことから，第2車線と第3車線の区分線が被告車の前部ライト部分（被告車体左側端から約40cm内側部分）に位置する状態で第2車線を跨ぐように進行することになった。以上のとおり，被告車が第2車線に40センチメートル程はみ出す形で進行していたところ，××3丁目交差点（第2車線）を被告車より遅れて発進した原告車は追い上げるように近づき，被告車が減速した際に，左側から追い抜いて行き（第2車線の幅員2.9メートルのところ，原告車幅は2.49メートル，被告車は40センチメートル第2車線に侵入），原告車の追い抜きに気づいた被告Bが更に減速しようとしたが間に合わず，追い抜き終了間際に原告車の後部引きずり部が被告車の前部左側側面と接触した。　←ポイントとなる認定事実（下線部）

(2) 以上の認定によれば，原告車は，もともと第2車線を本件R橋交差点に向か

って直進していたところ，本件R橋交差点手前付近で第1車線が広くなることにより，走行していた第2車線も右にカーブすることからその車線に沿って当該車線を直進しようとしたところ，前から第3車線を走行していた被告車が当該車線のカーブに従うことなく，そのまま真っ直ぐ進んで行ったため第2車線に侵入し，両車線を跨って進行していたことから，これとの接触を避けるために原告車は第2車線を左に寄りこれを追い抜いた後，車体を立て直すため再びハンドルを切った際，原告車の後部が右に振れ（横振り）たか，あるいは追い抜きの際被告車との間隔を十分に取らなかったため，第2車線にはみ出し走行していた被告車と接触したものと推認することができる。

(3) 以上によれば，被告車は，本件R橋交差点を直進するため第3車線（右折車線）から原告車が直進進行していた第2車線に進入しようとして第2車線及び第3車線を跨って原告車の右側前方を進行していたとみることができるから，もともと第2車線を進行していた原告車の進路を妨害したことになることは明らかであり（道路交通法26条の2），更に原告車の追い抜き間際に被告車が適切に減速すれば接触を免れたということができる。したがって，被告車は原告車の進路を妨害し，かつ適切に減速しなかった被告車（被告B）の過失は大きいということができるから，本件事故を招来した主たる原因は被告車（被告B）にある。なお，被告Bは第2車線と第3車線との間の現在の区分線のほかに路面上に薄い青色（緑色）の直線があり区分状態が明白とはいえない旨主張するが，上記薄い青色区分線は第3車線内に存在しているのに対し，現在の区分線は第2車線側に存在し，被告Bはその現在の区分線より更に第2車線内に40センチメートル侵入して跨っていたことは認めているのであるから，区分状態の不明確さは上記認定を左右しない。

　　他方，訴外○○は，原告車が大型で，車長が長い（重量12.55トン，全長11.99メートル，車幅2.49メートル）のであるから追い抜く場合，車体を立て直す際に後部に横振りが生じるので自車の後部の振り幅及びはみ出し走行している被告車との車間並びに被告車の動静に十分注視すべきところ，それらを怠り，漫然と追い抜いたため本件接触事故が生じたということができる。したがって訴外○○にもそれらを怠った過失が認められ，原告車（訴外○○）にも本件事故発生の原因の一端が存在するといわざるを得ない。

(4) 以上の認定並びに本件接触事故が交差点付近で起きた事故であること及び本件交差点手前付近の車線の状況その他本件に現れた一切の事情を考慮すると双方車の過失割合は，原告（原告車）20パーセント，被告（被告車）80パーセントと認めるのが相当である。

【ケース10】　交差点内での自動車とバイクの事故態様を客観証拠等で認定するケース

○　信号による交通整理の行われている交差点を右折しようとした普通乗用自動車とバイクとの接触事故である。争点は，事故態様と損害（原告が履いていたブーツの時価額及び通院慰謝料）であるが，原告が，被告車の交差点前での動作やウインカー点滅の有無，バイク転倒の事実など細かい点まで争い，無過失を主張しているような場合でも，主張に合理性がないと思われる場合，人証調べはせず，争いのない事実と客観証拠（図面，交差点付近写真）及び交差点手前のコンビニの防犯カメラの映像・写真を細かく検討し，さらに陳述書などから双方車の走行状況，動作を推認し，事故状況を認定するのが合理的と考えられる事例である。

　なお，双方の過失の内容が争点となることから，それぞれの主張事実を詳しく記載した。

　以下，起案形式で検討する。

第1　事案の概要

　本件は，信号による交通整理の行われている交差点を右折しようとした普通乗用自動車とバイクとの接触事故であるが，原告株式会社K（以下「原告K」という。）は，被告B（以下「被告B」という。）に対して不法行為（民法709条）に基づき，被告T株式会社（以下「被告T会社」という。）に対して不法行為の使用者責任（民法715条）に基づき損害額合計40万7923円（バイク修理費36万7923円及び弁護士費用4万円）及びこれに対する遅延損害金の連帯支払を，原告Mは，被告Bに対して不法行為（民法709条）に基づき，被告T会社に対して不法行為の使用者責任（民法715条）及び自動車損害賠償保障法3条に基づき損害額合計36万2142円（物的損害4万7142円〔ブーツ破損〕，人的損害33万6150円〔治療費5万6150円，通院慰謝料28万円〕，既払金5万6150円，弁護士費用3万5000円）及びこれに対する遅延損害金の連帯支払をそれぞれ求めた事案である。

1　争いのない事実及び証拠上あるいは弁論の全趣旨から容易に認められる事実

　(1)　平成○年8月16日午前10時40分ころ，原告Kは，本件道路をW台方面からN方面に向かって普通自動二輪車（横浜Cぬ5823，以下「原告バイク」という。）を運転していたが，横浜市××区△△地先交差点（以下「本件交差点」という。）内において，先を走行していた被告T会社の従業員である被告Bが運転する普通乗用自動車（保有者被告T会社：横浜500は000，以下「被告車」という。）が本件交差点をG丘方面に右折しようとしたことから，後方から同車の右側方を通過しようとした原告バイクが転倒する交通事故（以下「本件事故」

という。状況は交通現場見取図〔甲7〕参照）が発生した。
(2)　本件道路は片側一車線であり，車道片側の各幅員は4.7メートルである。被告車が右折しようとしたG丘方面は1車線で入口の幅員は4.1メートルであるが狭路が入り組んでいる（事故現場付近の道路状況：甲2，交通現場見取図〔甲7〕，乙3各添付写真）。
(3)　原告バイクの修理費は36万7923円であり，原告Mの治療費は5万6150円であるところ，任意保険により既に支払を受けている。

2　争点

(1)　本件事故態様及び過失割合について
（原告らの主張の要旨）

　　被告車は本件道路を走行していたが，セブンイレブン前に近づいたあたりでブレーキランプを点灯させ（ウインカー及びハザードランプを点灯させていない），左歩道側路肩に寄り，徐々に速度を落とし，停車するような動作を見せた。そこで原告バイクを運転していた原告Mは，左側にセブンイレブンがあることから被告車がその場で停車するか，そこに行くために左折するものと考え，被告車の横を通過した。しかし，一旦原告Mの視界から消えたはずの被告車が，突然原告Mの視界左方に現れ原告バイクの前に立ちふさがったので，原告Mは急ブレーキを踏みながら右へ回避行動をとり，被告車もブレーキを掛けたことから前面衝突は避けられたものの原告バイクはバランスを崩し，原告Mの体ごと路面にたたきつけられた。

　　被告車は，原告バイクの存在に気付かず，被告車が転回を試みて原告バイクを大きく回り込む形で走行したと考えられ，被告Bは，一旦ブレーキランプを点灯させつつ自車を左に寄せ徐々に速度を落としたのであるから，転回を開始するにあたっては，予め右に方向指示器を点灯させ後方の車両に自車が右方に進行する旨の合図を出した上，十分に周囲を確認し，後方から接近してくる車両もしくは側方を通過する車両の有無とその動静に特に注意を払うべきところその義務を怠っている。しかも本件事故現場は転回禁止場所である。したがって被告車の行為は道路交通法53条1項，3項，同施行令21条1項及び同法26条の2などに違反するものであり，注意義務違反の程度は極めて重い。

（被告らの主張の要旨）

　　被告Bは，本件交差点に差し掛かり，右ウインカーを点灯させ，減速し右よりの中央線付近に被告車を移動させて右折を開始した。にもかかわらず，原告Mは，被告Bのウインカー点灯に気づかず，減速したことをもって被告Bが停止するものと誤信し，被告車の右側から追い越しをかけたが，被告車が右折を

開始したことから，原告バイクは転倒した。被告Bは以上のような丁寧な運転をしていたのであるから，よもや追い越し禁止区域内で，特に交差点の中で追い越しをかけてくる車両がいることは予見できず，過失は存在しない。
　(2) 本件事故による損害について
　　ア　原告Mが履いていたブーツの時価額
　　イ　原告Mの通院慰謝料
第2　当裁判所の判断　　　　　　　　←ポイントとなる認定（以下の下線部）
1　証拠（甲7，8-1，2，10，11～17，乙1，2）及び弁論の全趣旨によれば，以下の事実が認められる。
　(1) 被告B勤務会社は本件事故現場から，7，8分のところであり，被告Bは同現場交差点の近くに住むお客の自宅に向かっていた。
　(2) 両車は，1キロメートルくらい手前から1ないし1.5台分の車両間隔をおいて，前後に連なって時速30ないし40キロメートルくらいの速度で同方向に進行してきており，互いに存在を認識していた。
　(3) コンビニ前の防犯カメラ（乙3添付図面のカメラ（I））によれば，被告車が本件道路進行車線の真ん中辺りを時速30キロメートル前後で，その右斜め直ぐ後方の本件道路進行車線端，中央線付近を原告バイクが走行していた。
　(4) 被告車は右折手前，10メートル付近でウインカーを点灯させたが，被告車が左折ないし停止すると思った原告バイクは，本件交差点の停止線手前で被告車の右側横を通り抜けようとした。
　(5) 被告車は横断歩道を過ぎた交差点内②付近（双方立会のもと作成された交通事故現場見取図（甲7），乙3添付図面①）でやや左に寄りながら右にハンドルを切ろうとした際，両車両は本件交差点内の横断歩道を過ぎた辺りで極めて接近し，停止状態になった後，被告車はさらに大回りに右折進行し（弁論の全趣旨），直後，原告バイクは転倒した（転倒地点は反対車線上である。）。
3　これに対し，原告Mは，被告車はセブンイレブン付近で減速しながらウインカーやハザードランプを点灯することなく，左に寄ったことからその場で被告車が停車ないし左折する（コンビニに入るため）と思った旨主張するが，交差点手前で，しかもウインカーによる合図がない中で，コンビニの存在や左に寄る動作（この点は的確な証拠はない。）などの被告車の動きのみで被告車が左折ないし停車する（当該場所は駐停車禁止場所）などと判断したのは思い込みに基づくものであり，安易に過ぎる。被告車が上記動きをしたとしても，本件交差点内で追い抜き又は追い越し等（被告車の右側方を通過するにあたり，対向車線にはみ出したか否かを断定するには足りないが，上記現場見取図，乙2図面及び乙3写真に

— 171 —

よればその可能性は否定できない。）をしようとする行為を完全に正当化できるものでない。被告の右折方法も適切ではないが，そのことは不適切な右折方法として過失割合において斟酌されるべきものである。

　　　したがって，後続の原告バイクとしては，まず，徐行ないし待機するなどして前車である被告車の動静を十分注視すべきであり，それを怠り，上述のとおり，被告の動静を思い込み軽信して交差点内で追い抜きないし追い越し等の行動に出たところ，予測に反した被告車の動きに驚き，衝突を回避するために，急ブレーキをかけるなどして転倒したものと認めるのが相当である。

　　　他方，被告車は，本件交差点を右折するのであるから，右折手前30メートル地点で右折ウインカーを点灯させ，かつ右側の中央線に寄り，交差点中央付近で右折すべきところ，右折ウインカーを点滅させたのは10メートル手前であり，右にハンドルを切り始めたのは現場見取図②付近からであり，しかも大回り右折をしている。そして後続の原告バイクが右後ろに接近していたことに被告Bが改めて気づいたのは上記見取図③付近（乙3添付図面Ⓓ）である。以上によれば，上記被告車の右折方法は，同法53条1項，3項，同施行令21条1項，同法36条4項による求められる義務に反し，後続車（原告バイク）が前車（被告車）の進行予測をするに際し誤解を招いたということができ，結果，原告バイクの上記行動を招来し，かつ転倒させたものということができる。

4　以上の認定及び本件事故前原告バイクは右側を走行していたこと（同法18条），本件事故がバイクと普通自動車の接触事故であること，その他本件に現れた一切の事情を考慮すると，本件事故の双方の過失割合は，原告（原告バイク）が60パーセント，被告（被告車）が40パーセントと認めるのが相当である。

5　争点(2)（原告の損害）について
　(1)　原告M着用ブーツの損害
　　　本件ブーツは購入後3か月を経過しており，着用していた以上，消耗品であるから賠償すべき時価額を認めることはできない。
　(2)　人的損害（通院慰謝料）
　　　証拠（甲5の1ないし4）及び弁論の全趣旨に照らし，11万円（別表Iを適用し，実通院日数の3.5倍を基に算出）と認めるのが相当である。

6　以上によれば，原告K会社が被告らに対し本件事故により賠償を求めることができる損害額は，原告バイクの修理費36万2142円に過失割合40パーセントを乗じた14万4856円（端数切り捨て。）及び本件事故と相当因果関係のある弁護士費用相当額1万5000円の合計15万9856円である。

　　　同様に，原告Mが被告らに対し本件事故により賠償を求めることができる損害

額は，人損分1万0310円（（通院慰謝料11万円＋治療費5万6150円）×0.4－既払額5万6150円）及び本件事故と相当因果関係のある弁護士費用相当額5000円の合計1万5310円である。

【ケース11】 交差点手前でのＵターン車と後続車との接触事故のケース

○ 信号機による交通整理の行われている交差点手前の横断歩道付近において，本件交差点手前横断歩道付近からＵターン（転回）して対向車線に進入しようとした被告車（足の不自由な身体障害者用に改造された乗用車）の右後部ドア付近と，本件交差点を右折しようとして被告車の後続を進行していた原告車の前部左角が接触した交通事故である。争点は事故態様，双方の過失割合であるが，双方の主張に一部問題が有るようなケースでもあり，人証調べをするよりも，客観証拠（交差点の状況図面，写真等，信号サイクル）を基にして双方の各主張の一部を退け，かつ，上記信号サイクル，実況見分調書（信用性を争うが，それを肯認），争いのない事実，陳述書及び損傷状況を詳細に検討し，本件事故状況を推認するのが合理的と考えられる事例である。身体障害者用改造車による運転操作ないし走行方法への影響が争点となると難しい問題になる。

　なお，双方の過失の内容が争点となることから，それぞれの主張事実を詳しく記載した。

　以下，起案形式で検討する。

第１　事案の概要

　本件は，普通貨物自動車と普通乗用自動車の接触事故である後記１の本件事故により原告Ａに生じた損害50万3107円（修理代金39万7807円，代車料10万5300円）に関し，原告Ｂが，うち修理代金39万7807円を原告Ａとの自動車保険契約に基づいて同人に支払ったことにより原告Ａの損害賠償請求権を代位取得したとして，保険法25条１項１号に基づき同額の，また，原告Ａが，不法行為に基づく損害賠償として21万3300円（うち代車料10万5300円及び弁護士費用10万8000円）の各支払を被告に対し求めた事案である。

１　争いのない事実及び証拠上あるいは弁論の全趣旨から容易に認められる事実

(1)　平成○年12月20日午後７時10分ころ，横浜市××区△△３丁目12番２号先の信号機による交通整理の行われている交差点（以下「本件交差点」という。）手前の横断歩道付近において，ＴＴインター方向からＫＫインター方向に向かって走行し（以上原告Ａ及び被告が走行していた道路を，以下「本件道路」という。），本件交差点手前横断歩道付近からＵターン（転回）して対向車線に進入しようとした被告の運転する普通乗用自動車（以下「被告車」という。）の右後部ドア付近と，本件交差点を右折しようとして被告車の後に続き本件道路第３車線（右折車線）を進行していた原告Ａの運転する普通貨物自動車（以下「原告車」という。）の前部左角が接触する交通事故（以下「本件事故」とい

う。）が発生した。
(2) 本件事故により原告車の受けた損害は，修理代金39万7807円である。
(3) 本件交差点手前の状況は別紙図面のとおりである（甲3の1［図面］，3の2［写真］，乙1）。本件道路の信号サイクル周期は130秒であるが，原告車及び被告車が走行していた第3車線の信号サイクルは青色が19秒，黄色が3秒，全赤色が4秒，その他は赤色である（甲10）。
(4) 原告Bは，原告Aと原告車を契約車両として自動車保険契約を締結していた（甲6）ことから，平成27年2月20日，原告Aに対して修理代金39万7807円を支払った。

2 争点
(1) 本件事故態様，当事者双方の過失の有無及び過失割合（争点1）
（原告らの主張の要旨）
本件事故の態様は，片側3車線の本件道路において，原告車が，第3車線の右折車線を走行して前方の本件交差点へ向かって進行していたところ，第2車線（直進車線）から転回を開始した被告車が，第3車線を横切る際に原告車の進路を妨害したため，原告車に衝突した事故である（甲3）。
被告は，被告車を運転するにあたり，指定区分に従って走行し（道路交通法35条1項），転回させるにあたっては，転回地点の30メートル手前から右折の合図をし（同法53条，同施行令21条1項），他車の正常な交通を妨害するおそれがあるときは進路変更及び転回をしてはならないところ（同法25条の2第1項，26条の2第2項），これらの義務を怠り，漫然と直進走行が指定された第2車線から方向指示器を点滅させることなく転回を開始し，第3車線の原告車の進路を妨害して原告車に衝突させた過失がある。

（被告の主張の要旨）
被告がTTインター方向に転回しようと右ウインカーを点滅させて本件道路第3車線（右折車線）に進入した際，前方の本件交差点信号が赤であったため，同車線には既に2，3台が停止していたことから，しばらく停止することとなった。その後，信号が青に変わったため，前車に引き続き被告車を進めようとしたとき，かなり後方に原告車の姿が見えた。被告は，本件交差点手前の横断歩道にさしかかった地点で転回を開始しはじめたが，その時信号は黄色になっており，後方を確認したところ，かなりの速度で被告車に接近してくる原告車を確認した。被告車はさらに転回を続け，向きがTTインター方向になったところで，被告車の右後部に衝撃を感じた。
以上によれば，原告Aは，前方に右ウインカーを出している被告車を認めた

はずであるから，同車が右折又は転回しようとすることは容易に予見可能である。しかも信号は黄色又は赤に変わっていた。しかし原告Aは，夜間かつ雨天で視界不良の中，上記信号の変化に焦り，追い越しを禁止されている右折転回中の被告車の右側から強引に追い越し（同法28条2項，34条2項），右折進行を強行しようとして本件事故を起こしたのである。したがって，本件事故発生の主たる原因は原告にある。

(2) 損害（代車料の存否）（争点2）

第2 争点に対する判断

1 争点1（本件事故態様，当事者双方の過失の有無及び過失割合）

(1) 証拠及び弁論の全趣旨によれば，以下の事実が認められる。

ア 被告は勤務先から自宅に帰るために，一旦本件道路をKKインター方向に向かって，比較的遅い速度で走行していたが，本件交差点手前付近からTTインター方向に転回しようとして，右ウインカーを点灯させ右折車線である第3車線に進入した。

イ そのころ，被告車の後ろを走行していた原告車も，走行していた被告車の後ろ14メートル付近にまで接近していた（原告車の位置は①，その時の被告車の位置は㋐〔交通事故現場見取図，乙3〕）。さらに，被告は信号表示に従い，横断歩道付近で転回するためにゼブラゾーンに被告車を寄せ，やや大回りしながら転回しようとした（同見取図㋑，㋒）。被告車がゼブラゾーンに同車を寄せ始めたことなどから車線を間違えたと軽信した原告Aは，本件交差点を右折しようとしていたことから，対面信号機の変化など前方に気を取られた（現場の見分状況書，同見取図②）。

ウ さらに，被告は，横断歩道手前付近（上記見取図㋒）で転回を開始しようとしたが，第3車線後方から速度を上げて接近する車両（原告車）を認めた。しかし，被告は，そのまま右折し，転回を続けたところ，横断歩道上（上記見取図Ⓧ付近）で自車右側後部付近に衝撃を感じた。両車両の衝突箇所は，原告車が前部左角付近（甲4の3）であり，被告車は右後部ドア付近（甲7）である。

(2) この点につき，被告は，転回を続け対向車線の横断歩道にさしかかったところで被告車の右後部付近に，原告車の右前部角付近が接触した（乙1図面，走行経路A→B→C）旨主張し，また，原告Aは，原告車が第3車線の右折車線を走行して前方の本件交差点へ向かって進行しようとしていたところ，被告車が第2車線（直進車線）から転回を開始した（甲3の1図面，走行経路㋓→㋔→㋕→㋖）旨主張するので以下検討する。　　←**各主張を争いのない事実等との整合性から検討（下線部）**

— 176 —

ア　まず，被告の上記主張については，原告車の衝突箇所は前部左角であること（争いのない事実等）に照らし，両車両の接触状況とは整合しない。
　イ　次に，原告Aの上記主張については，上記認定の重要な証拠とした現場の実況見分調書（乙3）記載の指示説明と同原告の主張は齟齬している。
　　ところで，同調書は記憶の鮮明な本件事故直後，原告A立会いの下に作成されたものであり，同調書記載の指示説明は両車両の接触状況と整合しているし，また，同原告が上記見分時の警察官に対し，誤った指示説明をしたと認めるべき的確な証拠はない。したがって，同調書記載の指示説明の方が信用できる。
　　以上のとおりであるから，原告A及び被告がそれぞれ主張する衝突直前の各車両の走行経路及びそれに基づく事故態様は，いずれも採用できない。
(3)　以上の認定を前提に過失割合を検討するに，原告A，被告とも本件道路はよく通っていることから（甲8，乙2），本件交差点の信号サイクル，とりわけ本件第3車線（右折車線）の右折進行可能の信号サイクルが短いこと（青色が19秒，黄色は3秒）は双方とも熟知していたと推認することができる。
　　そして，原告Aにおいては，被告車が当初右ウインカーを出したものの，左に寄ったこと（第3車線左側のゼブラゾーン上まで寄ったことは認められるが，第2車線まで車線変更した［甲3の1図面㊃，㊄］と認めるには足りない。）や右折ウインカーが消えたと思ったことなどから同車が進路を間違えたと軽信し，併せて右折可能信号サイクルが短いことから右折することに気がはやり，前方信号の変化にのみ注意を奪われ，被告車の動静に注意を払うことを怠り，右折進行を強行した過失が認められる。
　　他方，被告においては，転回行為が許されているとはいえ（甲17），本件事故現場は交差点手前であり，通常の走行時に比べ，さらに危険が増すことから，信号の変化に注視することは勿論，後続車など周辺を走行する車両の存在，動静にもとりわけ注視すべきところ，対面信号が黄色に，さらには赤に変わる状況であったことから信号サイクルの短い中で転回行為を完了させなければならないことに焦り，原告車の接近を右後方に認めたにもかかわらず，原告車の進行を妨げる形での転回を強行した過失が認められる。
(4)　以上を総合すると，原告車，被告車ともに，それぞれ相手車の動静確認を怠り，各車とも強引に進行を続けたこと，被告車が転回を試みた場所は交差点手前の横断歩道上であること，その他本件に現れた一切の事情を考慮すると，双方の過失割合は，原告車が40パーセント，被告車が60パーセントと認めるのが相当である。

2 争点2
　証拠（甲4の1，5，8）によれば，原告Aは原告車を使ってエアコンの取り付け作業の仕事をしていること，本件事故による修理期間は平成27年1月14日から同月29日であること，その期間中原告Aは代車（レンタカー）を使用したことが認められる。したがって，代車の必要性は認められ，その費用は10万5300円（7020円×15日間）と認めるのが相当である。

3 　そうすると原告Aの損害は，代車費用10万5300円に過失割合（60％）を乗じた6万3180円及び相当因果関係のある弁護士費用6000円の合計6万9180円である。
　次に，原告Bが本件事故により代位請求することができる額は，保険金として支払った原告車の修理費用39万7807円（争いのない事実等）に過失割合（60％）を乗じた23万8684円（小数点以下切捨て）である。

【ケース12】 乗用車とバイクの事故態様を各供述の信用性を中心に認定するケース

○ 路外施設に右折しようとした普通乗用自動車とバイクとの接触事故である。
　典型的な事故事例であるが，角を曲がった直後の接触事故であり，双方の主張・陳述が食い違うことから，本人尋問の結果，道路状況及び経験則，陳述書と本人尋問との変遷内容及びドライバー心理等から各本人尋問の信用性を検討して，信用性を判断し，また，事故場所付近の道路の構造及び状況やドライバーの心理，経験則から事実を推認するのが合理的と考えられる事例である。
　以下，起案形式で検討する。

第1　事案の概要
　本件は，路外施設に右折しようとした普通乗用自動車とバイクとの接触事故であるが，甲事件原告（乙事件被告）（以下「原告」という。）は，甲事件被告（以下「被告B」という。）に対して不法行為（民法709条）に基づき，損害額合計53万1033円（バイク修理費42万4757円，着衣等損害5万8000円及び弁護士費用4万8276円）及びこれに対する遅延損害金の支払を求めたのに対し，乙事件原告（以下「被告C」という。）は，原告に対して不法行為（同法709条）に基づき，損害額合計24万2231円（車の時価額15万5000円，買換諸費用6万5210円（法定費用5万6810円，行政書士費用8400円）及び弁護士費用2万2021円）及びこれに対する遅延損害金の支払を求めた事案である。
1　争いのない事実及び証拠上あるいは弁論の全趣旨から容易に認められる事実
　(1)　平成○年1月20日午前11時20分ころ，原告は，本件道路を北HA町方面からT台方面に向かって普通自動二輪車（2横浜に4171，以下「原告バイク」という。）を運転していたが，横浜市M区西HA町119番地先本件道路上（事故発生状況図Ⓧ，甲6）において，先を走行していた被告翔平が運転する普通乗用自動車（横浜503の9181，以下「被告車」という。）が路外施設（ドラッグストア）に右折しようとした際に，後方から同車の右側を追い越し通過しようとした原告バイクと衝突する交通事故（以下「本件事故」という。）が発生した。
　(2)　本件道路は片側一車線であり，車道片側の各幅員は3メートルである（甲6）。本件道路は事故現場に向けて比較的角度の深いカーブになっており，同カーブ途中には左方向への側道が存在する。本件事故現場は同カーブを経て直ぐのところであるが，本件道路は同カーブから事故現場を含め，なだらかな下り坂になっている（甲5，6，7）。本件道路事故現場付近の両側には路外施設及びその駐車場があり，両車の進行方向（T台方面）右側の路外施設（ドラッグストア）の出入り口はコンクリートフェンス壁により見通しができない。ま

第3部　資料編

た同左側の路外施設出入り口までは歩道と車道との間にガードレールが存在するとともに，車道端は段差（ガーター）になっている（甲7各写真）。

2　争点
(1)　本件事故態様及び過失割合について
（原告の主張の要旨）
　　被告車は原告バイクの道路前方に位置していたが，本件道路左方に寄って停止しているように見えたので，原告は被告車を追い越すため，右ウインカーを出して被告車の右方を追い越そうとしたところ，被告車が急に右折進行開始したために双方の車両が衝突し，原告バイクが転倒したものである。したがって，被告は，被告車を右折進行させるにあたり，周囲の交通状況に注意を払い，被告車の右方において被告車を追い越そうとしている原告バイクとの衝突を回避すべき注意義務を負っていたにもかかわらず，この義務を怠り本件交通事故を発生させたのであるから上記注意義務を怠った過失がある。
（被告らの主張の要旨）
　　本件事故は，原告バイクが，路外施設駐車場に右折進入するため減速して右ウインカーを出し，予め車線の右側に寄って上記路外駐車場に右折しようとした被告車を，センターラインを超えて被告車の右側から追い越そうとした際に発生したものである。したがって，原告バイクは道路交通法25条3項（路外に出ようとする車両の後方にある車両は，前方車両の進路の変更を妨げてはならない。）及び同法28条2項（前車が路外に出るために道路の中央に寄って通行しているときは，追越し車両はその左側を通行しなければならない。）に違反するものであり，自動車運転手は他の交通関与者が交通法規を守り，事故を回避するため適切な行動に出るであろうことを信頼して運転すればたり，他の交通関与者が上記のような違反行為に出ることを予測して運転する必要はないから，被告Bには何ら過失はない。
(2)　本件事故による双方の損害について

第2　当裁判所の判断　　　　　　　　　←以下ポイントとなる認定（下線部）
1　争点(1)（本件事故態様及び過失割合）について
(1)　被告らは，路外施設に右折進入するため減速して右ウインカーを出し，予め車線の右側に寄って上記路外駐車場に右折しようとしたところ原告バイクと衝突した旨主張するので検討するに，<u>右ウインカーの点滅や被告車を車線右側に寄せたとする的確な証拠はないものの，本件道路は片側幅員3メートルの一車線であることや本件事故現場道路の両側には路外施設が存在し，その手前は見通しの悪いカーブであること</u>（前記争いのない事実等）などの本件道路の状況

に照らし，経験則上，被告車は対向車及び後続車等に対し，右折する旨のシグナルを送ったと推認するのが相当である。

　もっとも，原告は被告車が車線左側に寄っていたので左側の路外施設に入るのかと思った旨供述している（右折合図や道路の中央に寄る行動が適切になされていた場合に，それを無視して，しかも見通しの悪い路外施設の出入り口前で，みだりに被告車の右側から追越しを敢行することは無謀であり考えにくいことに鑑みると上記供述は信用できる。）ことや右折ウインカーを出した位置について被告Bは同人の陳述書では同添付図面①辺りと陳述するも本人尋問では同添付図面❾地点付近と変遷するなどあいまいな供述をしていることなどに照らすと被告車の後続車への進路の変更の合図や道路中央に寄る行動は遅すぎていたと認めるのが相当である。

　そうすると，その直前が見通しの悪いカーブであることや右折先が路外施設の出入口であることに照らせば，道路中央寄りも不十分なままで，かつ，右折合図後適切な間を置くことなく右折の行動にでることは「他の車両等の正常な交通を妨害するおそれがある」ときに当たり（同法25条の2第1項，26条の2第2項），被告車はその場所で一旦一時停止をして対向車，後続車及び周辺車等の存在その動静に注視すべき義務があるところ，それを怠り（なお，被告は右折する前にルームミラーによる後方確認をしたと主張し，それに添う供述をするが，その真後ろがカーブであることからルームミラーによる後方確認のタイミングによっては後続車がルームミラーに映し出されないことから停止しての確認が求められる。），右折を敢行したことに本件事故発生の原因の一端が存することはいうまでもない。

(2)　他方，原告バイクとしては，被告車が車線右側（中央線側）にどの程度寄ったのか証拠上明らかでなく，同車線左側に残されたスペースは不明である上に，ガードレール及び車道端に段差が存在することに照らせば，本件後続車両である原告バイクが前車を追い越す場合に左側を通行しなければならないとまではいえない（同法28条1項，2項）。

　しかしながら，原告バイクは，被告車の右折の合図やその行動が遅すぎたとはいえ，速度又は方向を急に変更しなければならないこととなったとも認められない（弁論の全趣旨，同法25条3項）から被告車の後方で待機して被告車の動静を注視すべきところ，それを怠り，漫然とその右側を進行したために本件事故を招来させたということができる（甲5）。したがって，本件事故発生の原因の多くは原告バイクに存するというべきである。

(3)　以上検討した結果及び本件事故がバイクと普通自動車の接触事故であること

などその他本件に現れた一切の事情を考慮すると，本件事故の双方の過失割合は，原告（原告バイク）が60パーセント，被告B（被告車）が40パーセントと認めるのが相当である。

2 争点(2)（双方の損害）について

証拠（甲3，乙4の1及び2）及び弁論の全趣旨によれば，原告の損害は，原告バイク修理費42万4757円，被告香の損害は15万5000円（被告車の時価額）とそれぞれ認められる。なお，原告の着衣等の損害5万8000円（ジャージ3万8000円，長袖Tシャツ1万8000円，）は認めるに足りる的確な証拠がなく，被告Cが主張する買換諸費用については本件事故との相当因果関係は認められない。

個別労働関係民事紛争に関する各種手続比較表

項　　目	民事調停（簡易裁判所）	労働審判（地方裁判所）	少額訴訟（簡易裁判所）
審理の対象	民事に関する紛争（民調法1）。訴額について制限はない。個別労働関係民事紛争のうち少額の金銭請求事件については，他の事件に比較し，特に効率的な調停運営を目指している。	個別労働関係民事紛争（労働契約の存否その他の労働関係に関する事項について個々の労働者と事業主との間に生じた民事に関する紛争（労審法1））。訴額について制限はない。	訴額が60万円以下の金銭の支払の請求（民訴法368Ⅰ）
手続の特色	調停（話合い）による解決手続 調停委員会が，当事者の話合いにより，実情に即した解決を目指す手続（民調法1）。3回の期日までに解決することを目指す。	3回以内の期日で，早期に柔軟な解決を図ろうとする手続 労働審判委員会において，調停の見込みがあれば調停（話合い）を試み，調停の見込みのないときは労働審判を行う（労審法1）。	原則として，1回の期日で審理し，直ちに判決を行うとする手続（当事者は1回の期日までに主張及び必要な証拠を提出しなければならない。）
審理方法	調停主任裁判官1人と民事調停委員2人（労働関係に詳しい弁護士及び社会保険労務士）で組織する調停委員会が調停を行う（民調法5Ⅰ，6）。	労働審判官1人と労働審判員2人で組織する労働審判委員会が労働審判手続を行う（労審法7）。	裁判官が審理及び裁判を行う。審理に際し，司法委員が指定されることが多い。
管　　轄	①相手方の住所，居所，営業所もしくは事務所の所在地を管轄する簡易裁判所 ②当事者が合意で定める地方裁判所若しくは簡易裁判所	①相手方の住所，居所，営業所もしくは事務所の所在地を管轄する地方裁判所 ②当事者が合意で定める地方裁判所	①被告の住所，居所，営業所もしくは事務所の所在地を管轄する簡易裁判所 ②当事者が合意で定める簡易裁判所 ③義務履行地を管轄する簡易裁判所
手数料	訴訟の半分	訴訟の半分	訴訟に同じ
予納郵券	2500円程度	300円程度	5600円程度
申立書の記載内容及び程度	簡易な記載 申立ての趣旨，紛争の要点の記載のみで足り，類型別の申立て用紙が用意されている。請求金額を「相当額」とすることも認められる。	厳格な記載※1 訴訟と同程度に請求の趣旨及び理由が記載されている必要がある（労働審判手続から通常手続へ移行する場合には，申立書は訴状とみなされるので，明確な記載が必要である。）。	厳格な記載 1回の期日で判決ができる程度に請求の趣旨及び請求原因事実を記載し，必要な証拠書類等を提出する必要がある。
書証（添付資料）等の提出時期	できる限り早期に提出 1回期日に提出されないときは，調停委員会から提出を求められることもある。	第2回期日までに提出（労審規27） 遅くとも第2回期日までに必要な証拠書類等が揃っていない場合には，立証不十分として請求が認められないこともあり得る。	第1回期日までに提出 原則として1回の期日で審理を終了する手続であるから，同期日までに必要な書証が提出されていることが必要（民訴法370Ⅰ，Ⅱ）。証拠調べに制限あり（民訴法371）。
申立てから第1回期日までの期間	3週間以内を目途（第1回期日は原則として2時間を予定）	40日以内（労審規13）	30日以内（民訴規60Ⅱ）

許可代理人	要件に該当すれば認められる。	原則として，弁護士に限られる。 許可代理人が認められることはほとんどない（法人の場合，代表者本人の出頭が必要）。	要件に該当すれば認められる。
反訴（反訴的申立て）	反訴的申立てがあるときは，同時に手続進行される。	認められない。 反訴がある場合には，労審法24条により通常訴訟に移行される。	認められない（民訴法369）。 反訴がある場合には，被告から通常移行の申述があり，通常訴訟に移行する。
手続の主な完結事由	①調停成立（民調法16） ②調停に代わる決定（民調法17）	①調停成立（70％は調停成立で完結） ②労働審判	①仮執行宣言付少額訴訟判決（民訴法376Ⅰ） ②和解（民訴法89） ③和解に代わる決定（民訴法275の２）
手続が完結しなかったときの取扱い	不成立で終了（民調法14） →改めて訴訟提起が必要（付調停事件については受訴裁判所に記録送付（調停に関する情報を伝達）	異議の申立て →通常訴訟に移行（労審法22Ⅰ，Ⅱ）	異議の申立て →通常訴訟に移行（民訴法379Ⅰ）
棲み分け	話し合いによる解決を希望するものであれば申立て可能	請求額に制限がない。	少額の金銭債権の請求に限られる。 請求原因事実に争いはないが，特段の理由もないのに支払が遅延しているような事案に適している。
手続のメリット等	①当事者間の合意による解決が図られることにより，任意の履行が期待される（強制執行手続を行う必要が少ない。）。 ②手続が比較的簡単である。 ③非公開の手続	①当事者間の合意による解決が図られる一方，合意の見込みがなければ，労働審判により，早期の解決が期待される。 ②非公開の手続	①１回の期日で審理が行われ，早期かつ迅速な解決が期待される。 ②公開の法廷
その他	申立て用紙を備付け（未払賃金，時間外手当，解雇予告手当，退職金）	本人による手続遂行には困難を伴う。可能な限り弁護士を代理人に依頼するよう促している。	

2017年（平成29年）1月27日

事業者の廃業・清算を支援する手法としての特定調停スキーム利
用の手引き

日本弁護士連合会

　本手引きは，既に当連合会が2013年（平成25年）12月に策定・公表した「金融円滑化法終了への対応策としての特定調停スキーム利用の手引き（2014年（平成26年）6月及び同年12月改訂）」及び2014年（平成26年）12月に策定・公表した「経営者保証に関するガイドラインに基づく保証債務整理の手法としての特定調停スキーム利用の手引き」に基づく，新たな運用が開始された簡易裁判所の特定調停手続を利用した事業者（法人又は個人事業者）及び保証人の債務処理の手法（以下総称して「本特定調停スキーム」といいます。）について，特に事業者を廃業・清算するために同スキームを活用するに当たって，手続の進め方等を明らかにしたものです。
　本手引きは，特定調停手続を利用して，廃業・清算をする事業者及びその保証人の債務の整理をスムーズに進められるように，事業者及び保証人の代理人弁護士が参考とする指針として作成されたものですので，この点を御留意ください。

第1　特定調停スキーム（廃業支援型）の概要・要件
1　特定調停スキーム（廃業支援型）の概要
　　本手引きにおける特定調停スキーム（廃業支援型）とは，金融機関に過大な債務を負っている事業者の主たる債務及び保証人の保証債務を一体として，準則型私的整理手続の一つである特定調停手続及び保証債務につき，経営者保証に関するガイドライン（以下「経営者保証GL」といいます。）を利用して，債務免除を含めた債務の抜本的な整理を図るものであり，事業の継続が困難な事業者を円滑に廃業・清算させて，経営者又は保証人の新たな事業活動の実施等を図る制度です。本手引きにおいては，保証債務の整理を図る一体型を原則としていますが，事業者のみを単独で廃業・清算させることも可能です。

2　特定調停スキーム（廃業支援型）のメリット
（詳細は別紙1「廃業支援型手続として特定調停を活用するメリット」参照）
（1）事業者（主たる債務者）及び保証人のメリット
　①　取引先を巻き込まないことが可能であること。
　②　実質的債権者平等の計画など柔軟な計画策定が可能であること。

③ 手続コストが低廉であること。
④ 一体的に保証債務の整理を行えること。
⑤ 残存資産や信用情報機関に登録されない点で保証人の経済的更生を図りやすいこと。
⑥ 特別清算と異なり，事業者は株式会社以外の法人も対象とするなど対象範囲が広いこと。
(2) 金融機関（債権者）のメリット
① 経済的合理性が確保されていること。
② 裁判所が関与すること。
③ 資産調査や事前協議が実施されること。
④ 債権放棄額を貸倒損失として損金算入が可能であること。

3 特定調停スキーム（廃業支援型）の活用事例
(1) 事業者（主たる債務者）について
ア 特定調停の中で弁済計画に基づき事業者の主たる債務及び保証人の保証債務について整理を行い，事業者については通常清算により整理する事例
イ 特定調停の中で弁済計画の同意と保証債務の整理を行い，事業者の主たる債務については特別清算により整理する事例
※ いずれのケースにおいても，保証人の保証債務の整理を図る一体型を原則としておりますが，事業者（主たる債務者）のみを単独で廃業・清算させることも可能です。
※ 親族や第三者が別会社を設立し，事業を承継させて事業を継続する場合は，いわゆる第二会社方式の再生型手続として位置付け（「金融円滑化法終了への対応策としての特定調停スキーム利用の手引き」の適用場面），本手引きの対象とはしません。
　なお，「金融円滑化法終了への対応策としての特定調停スキーム利用の手引き」，「経営者保証に関するガイドラインに基づく保証債務整理の手法としての特定調停スキーム利用の手引き」及び本手引きの適用場面については，別紙2「各手引きの適用場面」を参照ください。
(2) 保証人について
ア 自宅について
① オーバーローン（被担保債権が担保価値を上回る）を前提として，自宅を担保権者と協議して保証人の資産として残し，住宅ローンの返済を継続しつつ自宅に居住し続ける事例
② 金融機関に経済的合理性が認められることを前提として，自宅を保証人の

資産（いわゆるインセンティブ資産）として残し，自宅に居住し続ける事例
③　事業者（主たる債務者）の金融機関に対する担保権設定済の自宅について，近親者等の第三者が適正価格にて購入し，当該第三者の理解を得て自宅に居住し続ける事例
イ　その他資産について
①　金融機関の経済的合理性を踏まえて，当該経済的合理性の範囲内で一定の資産を残す事例
②　保証人の状況（介護費用，医療費等）を踏まえて，一定の生計費を残す事例
※　保証人の保有する資産に応じて様々なケースがあります。

4　特定調停スキーム（廃業支援型）の費用
(1)　裁判所手数料（調停申立てに当たっての印紙代）
(2)　弁護士（支援専門家）に要する費用
　　支援専門家及び代理人となる弁護士の費用がかかります（また，必要に応じて公認会計士，税理士等の費用もかかります。）。

5　特定調停スキーム（廃業支援型）の要件
　特定調停スキーム（廃業支援型）を利用するに当たっては，次の事項を全て充たす必要があります。
(1)　対象事業者及び保証人について
ア　主たる債務者である事業者（法人，個人を問いません。）が，過大な債務を負い，既に発生している債務（既存債務）を弁済することができないこと又は近い将来において既存債務を弁済することができないことが確実と見込まれること（事業者（主たる債務者）が法人の場合は債務超過である場合又は近い将来において債務超過となることが確実と見込まれる場合を含みます。）。
イ　保証人の保証債務の整理も同時に進める一体型の場合には，保証人について，経営者保証ＧＬの要件を充足すること（例えば，弁済について誠実であるとか，財産状況等を適時適切に開示しているとか（経営者保証ＧＬ３項(3)），免責不許可事由のおそれがない（経営者保証ＧＬ７項(1)ニ）などの要件を満たすことが必要です。）。
(2)　対象債権者について
　　事業者（主たる債務者）に対して金融債権を有する金融機関（信用保証協会を含みます。以下同じ。）及び保証人に対して保証債権を有する金融機関を対象債権者とすること。ただし，事業者（主たる債務者）又は保証人の弁済計画の履行

に重大な影響を及ぼす恐れのある債権者については，金融債権を有する債権者以外でも対象債権者に含めることができます。
(3) 債務整理の目的

事業者（主たる債務者）の早期清算により経済的合理性を図り，もって社会経済の新陳代謝を促進させるとともに，経営者又は当該事業者の保証人による新たな事業の創出その他の地域経済の活性化に資する事業活動の実施等に寄与するために，当該事業者及びその保証人の債務（保証人の債務にあっては，当該事業者の債務の保証に係るものに限る。）の整理を行う場合であること。

(4) 法的倒産手続（破産など）が相応しい場合でないこと

すなわち，次のいずれにも該当しない場合であること。
① 対象債権者間の意見・利害の調整が不可能又は著しく困難な場合であること。
② 否認権行使や役員の責任追及などの問題があること。
③ 個別の権利行使の着手が開始されていること。

(5) 経済的合理性

事業者の主たる債務及び保証人の保証債務について，破産手続による配当よりも多くの回収を得られる見込みがあるなど，対象債権者にとって経済的な合理性が期待できること。

なお，経営者保証ＧＬが適用される場合では，以下の①の額が②の額を上回る場合には，破産手続による配当よりも多くの回収を得られる見込みがあると考えられます。
① 現時点において清算した場合における事業者の主たる債務の弁済計画案に基づく回収見込額及び保証債務の弁済計画案に基づく回収見込額の合計金額
② 過去の営業成績等を参考としつつ，清算手続が遅延した場合の将来時点（将来見通しが合理的に推計できる期間として最大３年程度を想定）における事業者の主たる債務及び保証人の保証債務の回収見込額の合計金額

(6) 優先債権等の弁済

事業者（主たる債務者）及び保証人に対する優先債権（公租公課，労働債権）が全額支払い可能であり，特定調停の対象としない一般商取引債権が金融機関の理解を得て全額支払可能であること。

(7) 事業者（主たる債務者）の弁済計画案

事業者（主たる債務者）の弁済計画案が次の①から④までの全ての事項が記載された内容であること。
① 財産の状況
② 主たる債務の弁済計画
③ 資産の換価及び処分の方針

④　対象債権者に対して要請する主たる債務の減免，期限の猶予その他の権利変更の内容
(8) 保証人の弁済計画案
　　保証人の弁済計画が次の①から④までの全ての事項が記載された内容であること。
　　①　財産の状況
　　②　保証債務の弁済計画（原則として，調停成立時から5年以内に保証債務の弁済を終えるものに限る。）
　　③　資産の換価及び処分の方針
　　④　対象債権者に対して要請する保証債務の減免，期限の猶予その他の権利変更の内容
(9) 事前協議及び同意の見込み
　　対象債権者との間で清算型弁済計画案の提示，説明，意見交換等の事前協議を行い，各対象債権者から調停条項案に対する同意を得られる見込みがあること。
(10) 労働組合等との協議
　　事業者（主たる債務者）が，労働組合等と清算型弁済計画案の内容等について話合いを行った又は行う予定であること。

第2　廃業支援型特定調停手続の進め方
1　事前準備及び相談対応
　事業者（主たる債務者）から事業の清算に関する相談を受けた弁護士は，概ね以下に掲げる事項を聴取・確認し，関係資料の提供を受けます。
- 事業者（主たる債務者）の概要
　　資料：商業登記簿謄本，定款，株主名簿
- 当面の資金繰りの状況
　　資料：資金繰り見込み表
- 公租公課の滞納状況等
　　資料：公租公課債務一覧表
- 債務の状況
　　取引金融機関，リース債務，一般取引先，労働債務等
　　資料：関係権利者一覧表（金融債務），リース契約一覧表，一般取引先債務一覧表，労働債務一覧表，就業規則（退職金規定）等
- 直近3年間の財務状況
　　資料：財務諸表，税務申告書等
- 事業形態，主要取引先等

- ○ 企業の体制，人材等の経営資源
- ○ 窮境に至った経緯，事業再生及び事業売却が困難な事情
- ○ 取引先金融機関との関係
- ○ 保証人の個人資産・負債（一体型の場合）
  資料：保証人用資産目録兼予想配当額試算表，保証人用関係権利者一覧表等

2 弁護士に求められる役割

(1) 事業廃止がやむを得ないことの確認

　過大な債務を負っているとしても，経営改善や事業売却が可能な段階（もしくは検討が未了な段階）で，弁護士が金融機関に対し，当該事業者の事業廃止の相談に行っても，それが受け入れられる可能性は乏しいです。

　そこで，弁護士は，過大債務を負っていることの確認のほか，当該事業者の経営改善が困難であること，第三者への事業売却の可能性がいずれも低いことを確認し，早期の事業廃止以外に方法がないこと（さらには経済的合理性があること）を十分に確認すべきです。

(2) 金融機関の金融債務以外の債務を支払えるめどが立っていることの確認

　廃業支援型の特定調停では，事業者（主たる債務者）及び保証人に対する優先債権（公租公課，労働債権）は完済しているか完済できる見込みであることが必要です。

　特定調停の対象としない金融債務以外の一般商取引債務を完済（債務の一部免除を受けて完済する場合も含みます。）するためには，対象債権者である金融機関の理解を得る必要があります。すなわち，対象債権者である金融機関の理解を得ることなく特定調停前に一般商取引債務の支払を行う場合には，詐害行為として取消の対象となり，又は法的倒産手続に移行した後においては否認権行使の対象となるリスクがある一方で，特定調停申立て後に一般商取引債務の支払を行う場合は債権者平等の問題や清算価値算定における取扱いの問題が生ずることになりますので，対象債権者である金融機関の理解を得ることが重要となります。ただし，これらの債務について，金額が大きくて完済が困難である等の事情により，当該事業者又は保証人の弁済計画の履行に重大な影響を及ぼすおそれがあると判断される場合には，対象債権者に加えることも検討することになります。

(3) 事前協議

　弁護士が，調停申立て前に弁済計画案等を作成し，対象債権者と事前協議して，同意の見込みを得る必要があります。

(4) 法的倒産手続（破産など）が相応しい場合でないことの確認

　すなわち，次のいずれにも該当しない場合であることの確認が必要です。

① 対象債権者間の意見・利害の調整が不可能又は著しく困難な場合であること。
② 否認権行使や役員の責任追及などの問題があること。
③ 個別の権利行使の着手が開始されていること。
(5) 経済的合理性を充たすことの確認
　対象債権者にとって，経済的合理性が期待できることを確認することが必要です。
(6) 保証人の保証債務の整理も同時に進める一体型の場合には，保証人について保証ＧＬの要件を充足することを確認しておく必要があります。
(7) 法人事業者については，原則として，最終的に法的な清算手続まで行う必要があります。

3　事前準備及び金融機関との協議の開始

　弁護士は，調停申立て前に，当該事業者と保証人の将来の清算時の回収見込額を算定し，現時点において清算した場合の事業者の主たる債務の弁済計画案及び保証債務の弁済計画案（清算型弁済計画案や調停条項案）を策定し，対象債権者にこれらを開示して協議を重ね，同意の見込みを得る必要があります。同意を得る見込みのない事案については，本特定調停スキームにはなじまないことから，法的整理手続を検討することが必要です。

　各対象債権者からの同意の見込みを得る手順は事案により異なると思われますが，一般的には，次のような手順で進められるものと考えられます。同時申立てを予定している場合には，保証人についても次の手順を同時に進めることが必要になります。

(1) 事業者（主たる債務者）及び保証人から受任の後，将来の清算時の事業者の主たる債務及び保証人の保証債務の回収見込額（シミュレーション）と現時点において清算した場合の事業者の主たる債務の弁済計画案及び保証債務の弁済計画案（清算型弁済計画案や調停条項案）をそれぞれ作成
　※　現時点において清算した場合の弁済計画案や将来の清算時の回収見込額については，適宜，税理士・公認会計士等と協力し作成することを考える必要があります。
　※　将来のみならず，現時点の清算貸借対照表の作成が求められることも考えられます。
　※　現時点において清算した場合における事業者の主たる債務の弁済計画案に基づく回収見込額及び保証債務の弁済計画案に基づく回収見込額の合計金額を説明するため，清算型弁済計画案や調停条項案を作成することが必要になります。

※ 主たる債務者である事業者と保証人双方の代理人となる場合には，両者間の利益相反の顕在化等に留意する必要があります。
(2) メインバンクへの現状と方針説明，事業廃止への協力・返済猶予の申入れ
※ 方針説明や返済猶予の申入れは，事業継続中に行うことが望ましいと考えられます。
※ 廃業支援型の特定調停申立ての場合には，金利の支払の適否について，慎重な検討が必要です。すなわち，金利の支払を行うことにより，事後的に偏頗行為として否認権行使の対象となったり，財産散逸防止義務違反等のリスクがある一方，金利を支払わない場合には，預金拘束のリスクも考えられますので，十分な検討が必要です。
(3) メインバンク以外の金融機関，信用保証協会等への現状と方針説明，事業廃止への協力・返済猶予の申入れ（別添書式12参照）
※ 必要に応じて全対象債権者を集めたバンクミーティングを開催します。
※ 経営者保証ＧＬ7項(3)①ロでは，返済猶予の申入れが全ての対象債権者に対して同時に行われていることが必要とされていることに留意が必要です。
※ 返済猶予の効力が発生した時点は，経営者保証ＧＬにおける経済的合理性を判断する「基準日」の意味を持ちますので，打合せメモ，バンクミーティング議事録，その他資料により，当該日時を明確に記録化しておくことが求められます。
※ 赤字事業の場合，返済猶予の効力が発生した日以降，債務者の財務内容が悪化することが見込まれますので，注意が必要です。
(4) 弁護士，税理士，公認会計士等による申立て時点の（想定）財産目録，（換価した財産がある場合には）収支計算書，清算貸借対照表，清算型弁済計画案，調停条項案の作成。主たる債務者である事業者及び保証人の同時申立てを予定している場合には，保証人の資産目録，調停条項（弁済計画）案，表明保証書・確認報告書等の作成
※ 申立て時点の財産目録（想定），収支計算書（財産換価が完了している場合），申立て時点の（想定）清算貸借対照表，清算型弁済計画案（一体型の場合には，将来の見込み清算貸借対照表を添付）を作成します。
※ 清算型弁済計画案が対象債権者による債務免除を内容とする場合には，債務者に対する債務免除益課税，債権者に対する貸倒損失の計上の点について留意することが必要です。
※ 清算貸借対照表及び将来の見込み清算貸借対照表の数値は処分価値（早期売却価格）で評価します。
※ 信用保証協会付融資に関しては，信用保証協会とは，代位弁済前であっても，

他の金融機関と同じタイミングで協議を開始することが必要です。
※　清算型弁済計画案が信用保証協会による求償権放棄を内容とする場合には，信用保証協会による求償権放棄の取扱いに適合する必要があります。例えば，資産の任意処分が先行し，現預金等しか資産がない場合は別として，原則として，財産目録や弁済計画の作成に外部専門家の税理士や公認会計士の関与が求められていることに留意する必要があります。また，保証人がいる事業者で，事業者のみを単独で廃業・清算させる場合，信用保証協会は原則として求償権放棄に対応できないため，特別清算手続等の法的整理手続による対応等留意が必要となります。

(5) メインバンクに対する清算型弁済計画案の提示，説明，意見交換，修正と同意の見込みの取得

※　「同意の見込み」とは，おおむね，金融機関の支店の取引担当者レベルの同意が得られており，最終決裁権限者（本店債権管理部など）の同意が得られる見込みがあることなどの状況をいいます。また，清算型弁済計画案に積極的に同意をするわけではないが，あえて反対もしない（従って，後述の民事調停法１７条の決定がなされた場合には異議の申立てをしないと見込まれる。）場合も含まれます。

(6) 各対象債権者に対する清算型弁済計画案の提示，説明，意見交換等と同意の見込みの取得

※　必要に応じてバンクミーティングの開催

(7) 調停条項案の作成，各対象債権者に対する特定調停についての説明と調停条項案に対する同意の見込みの取得

(8) 労働組合等との協議

ポイント：対象債権者との十分な事前調整の重要性

　特定調停手続を円滑に実施するためには，事前調整なく，いきなり調停を申し立てるのではなく，事前に十分に対象債権者と協議を行うことが肝要です。本手引きにおいては，保証債務の整理を図る一体型を原則としておりますが，経営者保証ＧＬにおいても，主たる債務者及び保証人の双方が弁済について誠実であり，対象債権者の請求に応じ，それぞれの財産状況等（負債の状況を含みます。）について適時適切に開示していることが求められており，十分な事前調整及び信頼関係の構築が大事とされています。

4　特定調停の申立て

(1) 当事者

申立人：事業者（主たる債務者）及び保証人
相手方：金融機関（債権者）。複数でも，1件として申立てが可能。

※　本特定調停スキームでは，前記のとおり，調停申立て前に弁済計画案について金融機関と調整し，同意の見込みを得ることになっていますので，債権者ごとに進行が区々になる可能性が極めて低いと思われます。したがって，相手方の数にかかわらず，原則として1件の申立て（したがって，申立書も1通）で足りると考えられます。なお，例外的に対象債権者ごとに進行が区々となる可能性がある場合には，申立てを対象債権者ごとに分ける（申立書を複数とする）必要があります。

※　信用保証協会の保証付債権がある場合は，代位弁済前であっても，信用保証協会を利害関係人として参加させることも可能です。

※　同時申立てをする場合，保証人の債権者と主たる債務者である事業者の債権者が全て同一であるときは，1通の申立書での申立てが可能です。保証人と主たる債務者である事業者の債権者が一部でも異なるときは，同時申立てであったとしても，別々の申立書により申立てをすることになります。なお，別々の申立ての場合にも，並行して審理することが望ましいことから，関連事件があることを申立書において明記する必要があります。

(2) 管轄裁判所

相手方の住所，居所，営業所若しくは事務所の所在地を管轄する簡易裁判所又は当事者が合意で定める簡易裁判所であり，かつ，地方裁判所本庁に併置されるもの。

※　本来の特定調停の場合，相手方の住所等を管轄する簡易裁判所又は当事者が合意により定める地方裁判所若しくは簡易裁判所が管轄裁判所となります（民事調停法3条参照）。しかしながら，中規模以下程度の事業者が対象となり，債権者との間の事前調整を前提とする本特定調停スキームでは地方裁判所への申立ては想定していません。また，専門性のある調停委員を速やかに選任してもらう必要があることから，本特定調停スキームを扱う裁判所としては，専門性のある調停委員を速やかに選任しやすい地方裁判所本庁に併置された簡易裁判所に申立てをすることをお勧めします。

なお，法定の土地管轄が地方裁判所本庁併置の簡易裁判所にはなく，事前合意がないときであっても，特定調停については広く自庁処理が認められていますので，それを前提として地方裁判所本庁併置の簡易裁判所に申し立てることは可能です（自庁処理するかどうかは，特定債務等の調整の促進のための特定調停に関する法律4条に基づき，各裁判所が判断することになります。）。

(3) 提出すべき書類（書式，記載例は，別添のとおり）。
添付資料等については，債権者に共通のものは，1部で問題ないと考えます。
- ○ 調停申立書（別添書式1）
  正本は1通，副本は相手方の数。
- ○ 訴訟委任状
- ○ 資格証明書（申立人，相手方）
- ○ 関係権利者一覧表（別添書式2）
- ※ 申立て時点において，対象債権としない債権者がいる場合には，当該債権者についても，関係権利者一覧表の記載が必要です。
- ○ 対象債権者の担当等一覧表（担当部署，担当者，連絡先（電話番号，ＦＡＸ番号）の一覧表）
- ○ 申立て時点の財産目録・清算貸借対照表・（換価した財産がある場合）収支計算書（別添書式3）
- ○ 将来の見込み清算貸借対照表兼清算型弁済計画案（別添書式4－1）
- ○ 清算型弁済計画案の説明文書（別添書式4－2）
  ※ 将来の清算見込み貸借対照表及び清算手続が遅延した場合の比較資料を付けるなどして，清算型弁済計画案の方が破産した場合よりも回収見込額が多く，経済的合理性が優れていることや弁済計画案の内容を説明します。
- ○ 特定債務者の資料等（別添書式5）
- ○ 調停条項案（別添書式6－1～6－3）
  書式は一体型を前提としています。
- ○ 経過報告書（別添書式7）
  ※ 事前の対象債権者や労働組合等との交渉状況の程度によって，調停期日の進行の見込みが異なることから，調停条項案に対する各対象債権者の同意の見込みがあることや協議に係る状況等を明らかにする具体的な交渉経過を記載してください。
- ○ 保証人用資産目録兼予想配当総額試算表（別添書式8）（同時申立ての場合。以下同じ。）
- ○ 保証人用関係権利者一覧表（別添書式9）
- ○ 保証人用月次収支表（別添書式10）
  ※ 調停条項案において対象資産を処分・換価して一括返済する内容であれば不要ですが，対象資産を処分・換価する代わりに対象資産の「公正な価額」に相当する額を分割返済する内容であれば添付しておくことが望ましいです。
- ○ 表明保証書・確認報告書（別添書式11）

※　対象債権者に資産内容を開示後に新たな財産が見つかる可能性を踏まえ，対象債権者と協議の上，申立て時に表明保証書・確認報告書を提出せず，調停成立時までに追完することも考えられます。

5　調停手続の進行

　本特定調停スキームは，弁済計画案に対する各対象債権者の同意が事前に見込まれていることが前提となっていますので，事前に全対象債権者との事前調整や協議を得た上，調停申立て後の準備期日において，申立代理人から調停委員会に対して，申立て前の経過，調停手続の進行見込み等に関する説明をし，質疑の機会を設けるなどして，1～2回の調停期日で終結することを想定しています。なお，以下の記述は，あくまでも典型的な期日の進行方法を想定したものであり，個別具体的な事案に応じた調停委員会の進行に委ねることになります。

(1) 第1回調停期日
　① 調停委員会による申立人及び各対象債権者（金融機関）の意向確認
　② （場合によっては）調停成立，民事調停法17条決定
　※　調停調書には「別紙弁済計画記載のとおり支払う」と定められ（書式6－1の3(1)ア），弁済計画が添付されますので，調停調書と弁済計画の一体性が確保されることになります。これにより，債務免除に関する税務上の処理，あるいは信用保証協会による求償権放棄の処理につき，合理性が担保されることになります。また，民事調停法17条決定の主文においては，「別紙条項」のとおりとし，弁済計画が引用され，弁済計画に合理性があることが示されることになります。

(2) 期日間
　　期日間に調整が必要な場合には，申立人代理人弁護士が各対象債権者（金融機関）との間で協議，調整

(3) 第2回以降の調停期日
　① 全ての対象債権者（金融機関）との間で調停条項につき合意に達すれば，調停成立
　② 一部ないし全ての対象債権者が調停条項につき裁判所の決定があれば異議を述べないという段階まで達すれば，民事調停法17条決定

以　上

廃業支援型手続として特定調停を活用するメリット

1　債務者及び保証人のメリット

　　債務超過の状態にて債務者を清算する方法としては，特定調停のほかに，破産や特別清算があります。本特定調停スキームを活用する場合，債務者及び保証人には以下のメリットがあります。

①　取引先を巻き込まないことが可能

　　破産手続の場合には，全債権者を対象とせざるを得ません。これに対し，特定調停手続の場合には，債務者は，対象債権者である金融機関の理解を得た上で，金融機関に対する債務以外の債務（一般商取引債務等）を支払うこともでき，商取引先等の関係者に大きな影響を与えません。

②　実質的に平等な計画も可能

　　破産手続の場合，形式的な債権者平等が貫徹されており，少額債権者を保護することは不可能です。これに対し，特定調停手続の場合には，経済的合理性の観点から全対象債権者の理解を得た上で，少額債権者は全額保護するなど，実質的債権者平等の計画を立案することも可能です。

③　手続コストが低廉

　　事業者（主たる債務者）の破産手続の場合，破産管財人が選任されることが原則ですので，申立人代理人弁護士費用のほかに，破産管財人報酬（予納金）などの手続コストを要することになります。これに対し，特定調停手続の場合には，通常清算手続又は特別清算手続のコストは要しますが，少なくとも破産管財人報酬（予納金）の支払は不要となりますので，手続コストが比較的低廉になることが多いと思われます。

④　債務者と一体的に保証債務の整理を行えること

　　事業者（主たる債務者）が破産手続や特別清算を申し立てる場合，保証人も破産することが通例です。経営者保証に関するガイドライン（以下「経営者保証ＧＬ」といいます。）を活用し，保証債務の整理のみを特定調停手続等で解決することも可能ですが，債務者の手続とは別個の手続となり，手間がかかる等の難点があり得ます。これに対し，特定調停手続の場合には，債務者と保証人の債務整理を併合して一体的に進めることが出来ますので，債務整理が円滑に行えます。

⑤　保証人の経済的更生を図りやすいこと

　　保証人が破産手続を申し立てる場合，自由財産と自由財産拡張財産しか残すことはできません。また，信用情報機関に登録されますし，官報

に掲載されるという問題もあります。これに対し，保証債務の整理を特定調停手続で進める場合，保証人の債務整理については，経営者保証ＧＬを活用することになりますので，自由財産と自由財産拡張財産以外にインセンティブ資産を残すことも可能です。信用情報機関に登録されませんし，官報等で個人情報が公表されることもありません。そのため，破産手続の場合に比べ，保証人の経済的更生が図りやすいといえます。

⑥ 特別清算と異なり，使える間口が広いこと

特別清算は株式会社以外の法人は対象外とされ，さらに会社を解散させた上での手続であるため，事業が継続している場合には利用しにくい場合があります。解散後の２か月間の弁済禁止期間を経てからの手続とならざるを得ない点も利用しにくい理由となります。また，申立ての際に対象債権者の債権額の３分の２以上の同意書の提出を求められる場合もあります。これに対し，特定調停手続は，株式会社以外の法人でも利用することができ，会社を解散させる前に手続に入ることができるため，迅速かつ，事業活動を完全に停止しないままでも対応が可能です。また，事前の協議は求めますが，同意書の提出までは求められておりませんので，債務者にとって間口が広く，使いやすい手続といえます。

2 金融機関のメリット

特定調停手続を申し立てることは，金融機関にとって以下の点でメリットがあるといえます。

① 経済的合理性

早期に廃業し，事業者の主たる債務と保証人の保証債務を一体で整理することで，破産手続の申立てが遅延する場合よりも高額の債権回収が見込めます。調停条項は，「公正かつ妥当で経済的合理性を有する内容のものでなければならない」（特定債務等の調整の促進のための特定調停に関する法律１５条，１７条２項）とされていますので，経済的合理性のある計画であることが担保されています。

② 裁判所が関与すること

特定調停手続には，裁判官のほか，調停委員が選任されますので，手続が公正であることが担保されています。

③ 資産調査や事前協議が実施されること

破産手続の場合には，破産手続前に事前調整することは予定されていません。これに対し，特定調停手続の場合には，事前に事業者（主たる

債務者）の資産調査，保証人の資産調査，金融機関との事前協議を行うことが予定されております。資産調査等の管理コストが低減されること，ソフトランディング型の清算が可能であることもメリットといえるでしょう。

④　債権放棄額を貸倒損失として損金算入が可能です。

第3部　資料編

別紙2

各手引きの適用場面

	金融円滑化法終了への対応策としての特定調停スキーム利用の手引き	経営者保証に関するガイドラインに基づく保証債務整理の手法としての特定調停スキーム利用の手引き	事業者の廃業・清算を支援する手法としての特定調停スキーム利用の手引き（本手引き）
事業再生（事業継続）する場合で，一体型（主たる債務者も保証人も特定調停を利用）	○	×	×
事業再生（事業継続）する場合で，事業者単独型（主たる債務者は特定調停を利用し，保証人は特定調停を利用しない（破産等））	○	×	×
事業再生（事業継続）する場合で，保証人単独型（主たる債務者は特定調停を利用せず（再生支援協議会等），保証人は特定調停を利用）	×	○	×
事業清算・廃業する場合で，一体型（主たる債務者も保証人も特定調停を利用）	×	×	○
事業清算・廃業する場合で，事業者単独型（主たる債務者は特定調停を利用し，保証人は特定調停を利用しない（破産等））	×	×	○
事業清算・廃業する場合で，保証人単独型（主たる債務者は特定調停を利用せず（破産や特別清算等），保証人は特定調停を利用）	×	○	×

※一体型や保証人単独型は，経営者保証に関するガイドラインに基づく保証債務整理を行うことを前提にしています。
※「保証人が特定調停を利用しない」ケースは，保証人が存在していない場合も含みます。

事項索引

あ 行

アウフヘーベン……………………18,71
悪性格の証拠……………………………90
異議申立て……………………………33,87
移送………38,43,57,58,66,78,81
一事不再理の効力………………………16
一部執行猶予制度……………………103
違法収集証拠排除………………………96
動かない事実の層の意義………………9
訴えの変更………………………………15
疑わしきは被告人の利益に…………23
ＡＤＲ………………………………50,51

か 行

確信………………17,23,24,45,66
科刑権……………………………………78
可知論と不可知論……………………114
間接事実………6,8,27,44,61,89,91
間接証拠……………………………7,8,34
関連性…………31,32,91,93,94,95
期日間の準備………………………9,38
起訴状一本主義………………3,14,76
供述写真……………………………94,95
挙証責任……………………………17,22,23
クレプトマニア
　……………105,106,107,109,113,114
経験則……6,8,17,23,27,30,44,61,71
刑事責任能力………………………13,109
形式的証拠力と実質的証拠力…………19
厳格な証明…………20,22,26,77,90
現場供述……………………………92,93,94
現場指示……………………………92,93
現場写真…………………………………94

合意形成のためのツール………48,62
公開主義……………………………75,76
交換的変更………………………………15
攻撃防御方法………………25,39,40
更生緊急保護…………………………100
公訴事実対象説……………………14,16
公知の事実………………………………25
口頭議論……………………………37,38
口頭主義………………41,42,75,76,85
高度の蓋然性ある真実…………………23
公判廷における自白……………………24
公判前（期日間）整理手続………9,38
公判手続の更新……………42,76,85
公判手続の停止…………………………13
コートマネージメント…………………39
コートマネージャー……………………4
国家訴追主義……………………………82

さ 行

再現実況見分調書………………93,94
裁判所に顕著な事実……………………25
採証方法………………………34,95,96
債務名義
　判決・和解調書・調停調書……48,51
事件審理の見極め………………41,43
事後審…………………………………46,85
指示説明……………………………92,93
事実上推定………………………………26
自主的合意形成…………………………2
施設内処遇と社会内処遇
　………………………………103,104,107
自然的関連性……………………………95
実況見分調書と不同意…………92,94

— 201 —

実体的真実主義	12, 40, 97
自白に拘束力	5
自白等の証拠能力・証明力	77
ＧＰＳ捜査	96
事物管轄	78
遮蔽措置	82, 102
自由心証主義	19
自由な証明	26, 90
17条決定	49, 50, 64
情況証拠	34
証拠価値の比較	28
証拠原因	19
証拠構造	7, 17, 41, 43, 47
証拠裁判主義	20, 26, 77
証拠調べの方式	24, 31
証拠資料	19, 24, 31, 39, 65, 112
証拠能力・証明力	20, 77
証拠の優越	24
証拠物	31, 43, 86, 88, 94
証拠物たる書面	31, 88, 94
証拠方法	1, 19, 24, 27, 31
証明責任の分配	22, 44
証明の程度	17, 23
職権主義	49, 51
職権証拠調べ	12, 75
処分権主義	5, 11, 12, 14, 49, 97
処分証書	19, 37
進行協議期日	7
心証形成のプロセス	18
心神喪失・心神耗弱	110
真正に作成されたものであることの供述	21
人定質問	42, 83, 85
信用性判断への寄与	9, 10, 30
審理の現状	39
推定	6, 8, 20, 21, 23, 26
推認力	8
スキルアップ	59, 67, 69
3ステップ	104, 105, 107
請求の基礎	15, 16
請求の趣旨及び原因	14
精神鑑定	112, 113
窃盗罪における近接所持の理論	26
専属管轄	78
専門委員	66
専門的処遇プログラム	105
訴因と公訴事実	14
訴因制度	14, 77
訴因対象説	14, 16
訴因変更	15, 16
訴因変更命令	12, 75
争点及び証拠の整理	36, 37, 81
訴訟指揮	3, 45, 86
訴訟法上の事実	24, 26, 90
訴訟能力	12, 13
訴訟の客体	11, 12, 18
訴訟の主体	12, 13
訴訟物と訴因	14
疎明	24

た　行

調停運営	49, 59, 62, 70
調停事件の類型化	59
調停前置主義	52
調停手続の機能強化	57, 58, 59, 67
調停に代わる決定	49, 50
調停物	49, 61
直接主義	42, 75, 76, 85
直接証拠	7, 8, 34

追加的変更	15
ＤＮＡ鑑定	34
提示命令	92
適正手続保障	3
伝聞証拠	77, 116
伝聞法則	32, 76, 77, 112
電話会議	53, 58
動作によって表現された供述	32
当事者主義	11, 14
当事者主義と職権主義	75
当事者能力	12, 13
同時傷害の特例	23
同種前科	90, 91
特信状況	91, 92

な 行

二重起訴禁止	16
二重危険	16
二段の推定	20, 21
任意性立証	92

は 行

犯罪被害者等の権利利益の保護	101, 102
反証	17, 20, 21, 22, 23, 37, 75
犯人識別供述	34, 35, 36
被害者参加制度	82, 101
非供述証拠	32, 94, 95
非訟事件	49, 50, 55, 58
被告事件に対する陳述	42, 81, 83, 84, 85
被告人質問	84, 89, 90, 91, 95
ビデオリンク方式	102
秘匿	38, 76, 82, 101, 102
評議	62, 63, 73
不告不理の原則	14, 15, 99

物証	27, 30, 31
不同意	38, 89, 90, 91, 99
文書の成立の真正	19, 20, 21
弁護人依頼権	13
弁証的論証	72
弁証法的思考	71
弁論主義	5, 11, 14, 40, 49, 51, 75, 85, 97
弁論準備手続	7, 37
弁論の全趣旨	6, 19, 24, 25, 26, 27, 40
法的三段論法	5, 6
補強証拠	20, 25, 77, 88, 99
保護観察	103, 105, 106, 108

ま 行

無辜を罰しない	85
無罪推定の法理	23
申立事項	16, 49, 51
目撃供述	34, 43, 44
黙秘権	13, 26, 42, 44, 83

や 行

要件事実	3, 6, 22, 64
要証事実	8, 93, 94, 95
余罪と量刑	91, 99
予断排除の原則	3, 14, 38, 72, 76, 77, 80

ら 行

了解可能性	111
立証責任	17, 22, 84
立証の程度	22, 44
立証命題	6, 7, 9
類似事実	91
歴史的証明	23, 71
労働審判	50

あ と が き

　本書は，民事・刑事裁判の高尚な理論に基づいた解説書ではありません。もとより浅学非才の筆者としては，冒頭に述べたとおり，転勤の度に，民事及び刑事事件を担当処理するなかで常に感じていたこと，覚書としてまとめていたものを，後進の方々に何かお役に立てればと思い，まとめあげたものです。内容については，雑ぱくの感は否めず，厚顔無恥のそしりを免れないことは十分承知しておりますが，多少なりとも参考にして頂くことができましたら幸いです。

　また，簡易裁判所判事に任官してから，ささやかながらもバックボーンのようなものを持って裁判に当たっていたつもりですので，さらに，それをくみ取って頂けましたら望外の幸せです。バックボーンを築いてくださった方は，裁判所に勤務以来，所々でお世話になり，ご指導を賜った同僚，上司，裁判官の方々です。

　大学時代，中央大学の渥美東洋教授に刑事訴訟法のご指導を賜る機会があり，一度は刑事訴訟の勉強を続けようとは思いつつも，昭和49年7月，事情により裁判所に勤務するようになりました。東京地裁民事部で書記官をしているときに東京国税不服審判所〈国税庁〉に審査官として出向することになりましたが，行政庁では，担当者が十分調査の上，全てを起案する，そして決裁のために合議を開き，起案の根拠につき責任を持って説明説得するという行政庁の決裁制度のシステムに新鮮さを覚えました。その後，東京高裁に戻り，書記官研修所において実務講師をする機会に恵まれたことから，責任をもって仕事に臨むことの重要性（当時，折しも書記官権限の拡充の気運が高まっていた）や裁判官とのパートナーシップ関係の構築及び単独事件における裁判官と書記官の2人合議の必要性を提案したりもしました。

　平成12年8月，簡裁判事に任官してから現在に至るまで，この考えは変わらず，今まで多くの担当書記官とパートナー意識をもって各事件に取り組み，2人合議をしながら，多くの貴重なアドバイスや意見を戴き，大過なく各事件を解決できたと感謝の思いで一杯です。簡裁事件は単独でしか事件処理にあたれず，ややもすれば独断の弊に陥りやすく，したがって独りよがりになりがちです。そのようにならないためにも，担当書記官と話し合うことにより意外なヒントを頂けます。神奈川簡裁勤務中，民事事件を担当するなか，担当書記官から「一件落着で仕事を終わしても当事者は何ら満足しない，『顧客（当事者）満足度』に心がけて審理をしないと自己満足しか残らないのではないか」というような手厳しいアドバイスをもらいました。けだし，名言だと思います。法廷での審理に当たっても，『顧客（当事者）満足度』を心がけるようになってからは和解で落ちることも一段と多くなり，判決

になっても控訴が少なくなりました。
　また，筆者が簡易裁判所において裁判官として事件処理にあたり心がけたことは，民事刑事にかかわらず，争う事件はほとんど事前に，可能な限り，主張を整理して法廷に臨み，大方の証拠が出た段階で大筋の起案を済ませて和解手続に臨みました。起案をしておくことにより，当事者それぞれの主張の長所短所を把握でき，説得力も増すと感じました。刑事においても，既出の証拠からの大筋の心証に基づいて新たな人証に臨むと，主尋問あるいは反対尋問中に矛盾や問題点に気づくことが多く，適切に補充尋問ができたように思いました。ただ，刑事の場合には，特に予断や先入観の排除の問題もあり，思い込みを排除するため，弁証法的思考，アプローチを心掛けました。その功を奏した例として，当初は，検察官の起訴事実に対し，有罪の心証でいたところ，弁護人の主張（アンチテーゼ）に謙虚に耳を傾けたところ，目撃供述や識別供述には問題があるのではないかと疑問（ジンテーゼ）が生まれ，十分審理をした結果，犯人ではないのではないかとの判断に至りました。弁証法的アプローチを心がけた結果生まれた判断だと思いました。検察官は控訴審議の結果，結局，控訴を断念し確定はしましたが，気にはなっておりました。当該事件の国選弁護人の方は調停委員をしていたことから，後日，調停の席で再びお会いすることになり，被告人のその後を尋ねたところ，被告人は，判決後，郷里の東北に戻り，震災にあったものの，まじめに生きていることを伺い，胸のつかえが下りました。

　簡裁事件は，民事においては請求額が低額であり，刑事事件は窃盗など比較的軽微な事案が多いです。しかしながら，それであるからこそ，民事の場合は，当事者双方とも，金で割り切れないものを抱えたまま法廷に臨むことが多く，それらを取り除かないと決着に至らず，解決までには多くのエネルギーを要することが多いです。刑事においては，比較的軽微であることから，罪の意識が薄く，この裁判により今後犯罪に親和的な生活を送るようになるか，きっぱり立ち直れるか，人生の分水嶺に立つ事案も多いように思われます。そのような民事・刑事裁判に接したとき，生きた人間の複雑な利害や心理，思いを，幾ばくなりとも理解しようとせずして当事者（顧客）の満足の得られる裁判にはならないと思い続けている次第です。

著者略歴

髙倉　武
　（たかくら　たけし）

1948年（昭和23年）茨城県生

1974年（昭和49年）7月東京地裁に勤務。その後，東京簡裁，東京高裁，最高裁裁判部等において民事・刑事各裁判手続に携わる。その間，3年間大蔵事務官（国税審査官）として国税庁（東京国税不服審判所）に出向。2000年（平成12年）8月から簡裁判事として東京簡裁，いわき簡裁，東京簡裁，水戸簡裁，東京簡裁，神奈川簡裁勤務を経て，2016年（平成28年）4月から東京簡裁判事　現在に至る。

趣味　平成3年から気功，太極拳に勤しむ。

簡裁事件における事実認定の在り方
―民事裁判，刑事裁判，民事調停における異同を中心として―

平成30年7月　第1刷発行
平成31年3月　第2刷発行

　　著　　者　　髙　倉　　　武
　　発 行 人　　境　　敏　博
　　発 行 所　　一般財団法人　司　法　協　会
　　　　　　〒104-0045　東京都中央区築地1-4-5
　　　　　　　　第37興和ビル7階
　　　　　　　　出版事業部
　　　　　　　　電話　(03)5148-6529
　　　　　　　　FAX　(03)5148-6531
　　　　　　　　http : //www.jaj.or.jp

落丁・乱丁はお取り替えいたします。　　　印刷製本／奥村印刷(株)
ISBN978-4-906929-73-3　　C3032　￥1800E